에너지 지정학

에너지 지정학

무기 혹은 평화,
어떻게 에너지는 우리 삶에 개입하는가

페르 회그셸리우스 지음
권효재 옮김

메디치

이 책은 두 가지 지점에서 시작한다. 첫 번째는 내가 스웨덴 왕립 공과대학교(KTH) 동료인 아르네 카이세르(Arne Kaijser)와 안나 오베리(Anna Åberg)와 함께 개발한 대학원 과정 '에너지와 지정학(Energy and Geopolitics)'이다. 2009년에 처음 개설된 이 강의는 초국가적(transnational)이며 역사적인 관점에서 에너지를 연구한 우리의 연구 성과와 더불어, 21세기 초 급격한 유가 상승, 러시아의 가스 공급 중단, 초국가적 태양광에너지 프로젝트 등의 당시 상황에서 영감을 받았다. 그러나 적절한 교재를 찾는 과정에서 우리는 놀라운 사실을 발견했다. 에너지 지정학을 종합적으로 다룬 기본적인 개론서가 거의 없었던 것이다. 특히 1970년대 석유 위기 같은 대표적인 사건을 제외하면 과거 경험과 현대 에너지 이슈를 함께 분석한 책을 찾기 어려웠다. 또한, 기존 연구는 석유에 편향되어 있어 다른 에너지원은 상대적으로 소홀히 다루고 있었다. 결국 여러 차례 강의를 진행한 후에도 적절한 교재가 없다는 점에 불만을 느끼던 나는 불평만 할 것이 아니라 직접 책을 쓰기로 결심했다.

두 번째 출발점은 '장기적 지속 가능성과 단기적 에너지 안보의 갈등(Long-term Sustainability vs. Short-term Security)'이라는 연구 프로젝트였다. 스웨덴 연구위원회 포르마스(Formas)의 지원을 받아 이 프로젝트를 수행하면서, '에너지와 지정학' 강의에서 다룬 핵심 주제 중 특히 위험(risk)과 관련된 내용을 보다 심층적으로 탐구할 기회를 얻었다. 원래 이 프로젝트에서는 여러 인프라 시스템에서의 위험에 대한 해석과 대응 방식의 차이를 연구하기로 했지만, 연구가 진행될수록 초국가적 에너지 인프라에 더욱 집중하게 되었다. 그리고 서로 다른 공간적·시간적 규모에서 위험 인식이 어떻게 상호작용하며 글로벌 에너지 공급 체계를 형성하고 재구성하는지를 분석하는 데 몰입하게 되었다. 이러한 연구 과정은 이 책의 집필 방향을 결정하는 데 중요한 영향을 미쳤다.

나는 이 과정에서 영감을 주고 도전 정신을 북돋워 준 뛰어난 학생들과 동료들, 그리고 도움을 주신 분들께 깊이 감사드린다. 특히 '에너지와 지정학' 강의를 함께 개발한 아르네와 안나는 결정적인 기여를 했다. 또한 2012년 이후 이 강의의 운영과 발전을 함께 도와준 다그 아방고(Dag Avango), 한나 빅스트뢰(Hanna Vikström), 수야시 졸리(Suyash Jolly)에게도 감사의 뜻을 전하고 싶다.

KTH 과학기술환경사 연구소(Division of History of Science, Technology and Environment)의 여러 동료들도 나에게 많은 영감을 주었다. 특히, '에너지 수호(Stand Up for Energy)' 전략 연구 프로그램은 자연과학자 및 엔지니어들과 교류할 수 있는 중요한 기회를 제공해 주었으며, 이들의 지식 없이는 에너지의 지정학적 차원을 명확히 이해하는 것이 불가능했을 것이다.

'유럽의 긴장(Tensions of Europe) 네트워크'는 다양한 배경을 가진 기술사학자들을 유럽 차원에서 연결하는 연구 공동체로, 초국가적 에너지 문제에 대한 비판적 사고를 발전시키는 데 큰 자극이 되었다. 또한, 2013~14년 중국과학원(Chinese Academy of Sciences)에서 1년간의 연구 펠로우십을 통해 중국의 시각에서 본 에너지 지정학을 연구할 기회를 가졌으며, 2015년과 2017년 인민대학교 국제 하계학교(Renmin University International Summer School)에서 중국 학생들과 교류하며 이에 대한 이해를 더욱 넓힐 수 있었다.

책 집필의 마지막 단계에서는 독일 델멘호르스트(Delmenhorst)의 한제-비센샤프트콜레크(Hanse-Wissenschaftskolleg)에서 마가리타 발마세다(Margarita Balmaceda)가 주관한 '에너지 물질성 연구 그룹(Energy Materiality Study Group)'의 활동에서 많은 도움을 받았다. 또한, 2018년 겨울 독일 보훔(Bochum)의 독일 광업 박물관(German Mining Museum)에서 열린 '제왕 석탄(King Coal)' 학술대회에서 기조 연설을 하면서, 상대적으로 연구가 부족한 석탄의 지정학에 대해 다시 한번 깊이 고민할 기회를 얻었다.

이 책의 집필을 지원해 준 스웨덴 연구위원회 포르마스와 중국과학원에 감사드리며, 출판을 적극적으로 권유해 준 루틀리지(Routledge)의 애너벨 해리스(Annabelle Harris)에게도 고마움을 전한다. 또한, 익명의 심사자 4인에게도 감사드린다. 그들은 책의 원고를 검토하며 열정적이고 건설적인 비판을 아끼지 않았다. 원고의 언어 표현을 다듬어 준 수잔 리히터(Susan Richter), 그리고 도판 작업을 도와준 캐서린 케이-무아트(Katherine Kay-Mouat)에게도 깊이 감사드린다.

마지막으로, 이 책을 나의 위대한 멘토이자 친구인 아르네 카이세르에게 바친다. 나에게 그 누구보다도 사회 속 에너지에 대해 깊이 사유할 수 있도록 영감을 주었다.

차례

3장 에너지 의존성 이해하기

4장 지정학적 맥락에서의 취약성 관리

에너지 지정학이란 무엇인가?

일상 속 에너지 지정학

오늘날 '에너지가 지정학을 형성하고, 또 지정학에 의해 형성된다'는 생각은 대중의 인식 속에 깊이 자리 잡고 있다. 21세기가 시작된 지 20여 년이 지난 지금, 글로벌 에너지 공급이 본질적으로 지정학적이라는 생각이 널리 퍼져 있다. 이는 글로벌 에너지 시스템에서 정치적 요소와 무관한 구성 요소를 찾는 것이 거의 불가능하기 때문이다. 반대로 현대 지정학을 논하면서 화석연료, 원자력, 재생에너지 등 에너지에 대한 논의를 빼놓는 것 또한 상상하기 어렵다.

많은 경우 사람들은 '에너지'와 '지정학'이라는 단어를 동시에 들으면 1973년 아랍 석유 수출 금지 조치, 러시아가 천연가스를 외교적 도구로 활용한 사례, 또는 미국의 '에너지 독립 프로젝트'와 같은 국제적 사건과 위기를 떠올릴 것이다. 어떤 이들은 두 차례의 세계대전 당시 에너지 공급이 급격히 중단된 사례, 현대 이란의 우라늄 농축 기술 확보 시도, 혹은 유럽이 북아프리카의 태양에너지를 활용하려는 계획을 생각할 수도 있다. 그러나 이러한 사건들은 전체 그림의 극히 일부에 불과하다. 21세기에 들어선 지금, 에너지의 지정학적 의미는 어디에나 존재한다. 이는 단순히 '어딘가 먼 곳'에서 벌어지는 일이 아니라, 인류 모두에게 영향을 미치며 우리의 일상 속으로 파고든다.

스웨덴에 사는 나는 겨울 아침 어두운 방에서 불을 켤 때 가끔 이런 생각을 한다. 조명을 켜는 순간, 나는 북극해로 흘러 들어가는 강에 설치된 거대한 터빈에서 생산된 전력을 국제적으로 연결된 송전망을 통해 스톡홀름의 집에서 받아 사용하는 전력망의 일부가 된다. 또한 나는 호주에서 채굴되어 바다를 건너 프랑스에서 농축된 우라늄을 사용하는 원자력 발전소, 혹은 발트해에 설치된 해상 풍력 터빈에도 의존하고 있다. 북부 스웨덴의 폭포에서 전력을 생산할 수 있는 것은 20세기 초 산업 및 정부 지도자들이 영국산 석탄 의존도가 증가하는 것을 우려하고, 자국 내 수자원 에너지원을 '백색 석탄(White Coal)'이라 부르며 이에 투자하기로 결정했기 때문이다. 이 과정에서 북부 지역의 취약한 환경이 물리적으로 훼손되었고, 토착 사미족의 항의는 철저히 무시되었다. 스웨덴의 원자력 발전소가 전력을 생산할 수 있는 것은 스웨덴 정부가 국제 핵확산금지조약(NPT, Non-Proliferation Treaty)에 서명했기 때문인데, 이 조약에 따라 외교적으로 승인된 경로를 통해서만 우라늄을 수입할 수 있다. 또한 호주 정부가 우라늄 채굴로 인한 심각한 환경 파괴를 감수하기로 결정했기 때문이기도 하다.

한편 같은 시간, 유럽 대륙의 동료 연구자들은 아침 식사를 준비하며 가스레인지에 불을 붙이고 있을 것이다. 이들이 사용하는 가스는 복잡한 분배 시스템을 통해 각 가정으로 공급된다. 이 가

사진: 維基小霸王

현대 베이징의 도로 교통. 중국에서 자가용에 대한 열망은 매우 강력하며, 이는 국가의 급격한 원유 수입 의존도 증가에 결정적인 영향을 미치고 있다. 베이징에서 가장 중요한 도로 중 하나인 동장안로(东长安街)의 아침 출근 시간 모습(2021년 4월).

스의 주요 공급원은 시베리아 툰드라의 사암층, 사하라사막의 지층, 그리고 북해의 해저 깊은 곳에 묻혀 있다. 사하라의 천연가스가 유럽 여러 나라의 부엌까지 흘러올 수 있는 것은 알제리, 리비아 등의 급진적 탈식민화 과정에서 유럽의 정치 및 경제 지도자들이 장기적인 가스 수입 계약을 체결했기 때문이다. 현재 유럽에서 수입하는 천연가스의 양은 상당하여 요리뿐만 아니라 난방과 온수 공급에도 활용되고 있다. 공장과 발전소 역시 이러한 가스를 적극적으로 사용하고 있으며, 유럽의 식량 생산 또한 비유럽산 가스에 의존하고 있다. 질소 비료 생산의 주요 원료가 천연가스이기 때문이다. 그러나 이 가스 공급이 앞으로 얼마나 지속될 수 있을지는 불확실하다. 천연가스는 결국 한정된 화석연료이며, 대부분 국가에서 이미 고갈되고 있다. 한때 주요 가스 생산국이었던 네덜란드는 빠르게 생산량이 감소하고 있는데, 특히 흐로닝언(Groningen) 지역에서는 천연가스 생산으로 인해 이상 지진이 일어났다. 가스 추출로 지표면 아래 암석에 가해지는 압력이 줄어들었기 때문이다. 그럼에도 불구하고 유럽의 많은 전문가들은 재생에너지로의 전환을 원활히 하기 위해 천연가스가 반드시 필요하다고 보고 있다. 따라서 앞으로 가스는 점점 더 먼 지역에서 공급될 것이다.

한편, 7시간 시차를 가진 베이징의 중국과학원에서 근무하는 내 친구들은 교통 체증을 피해 퇴근을 서두르고 있을 것이다. 베이징은 수년 동안 극심한 교통 체증에 시달려 왔다. 2000년대 이후 10개 이상의 지하철 노선을 새로 개통했지만, 여전히 대중교통보다는 개인 차량이 중국 도시 중산층의 상징이 되고 있다. 자가용에 대한 꿈은 널리 퍼져 있으며, 이 글을 집필하는 시점에도 베이징 시민들은 내연기관 차량 구매를 가장 선호한다. 중국 내 자동차 수는 2008년 6,400만 대에서 2016년 1억 9,400만 대로 세 배 이상 늘어났다.[1] 이에 따라 주유소 수도 급격히 증가했으며, 대부분 중국 국영 석유 기업들이 운영하고 있다. 이 기업들은 중국 시민들이 안정적으로 주유할 수 있도록 대량의 원유를 확보하는 임무를 맡고 있다. 원유 조달 방식은 단순히 공개 시장에서 원유를 구매하는 것뿐만 아니라, 카자흐스탄, 앙골라, 콩고민주공화국 등의 석유 산업과 '전략적 파트너십'을 구축하는 방식으로 이루어진다.

중국 석유 기업들의 이러한 공격적인 투자 행태는 비판론자들 사이에서 새로운 형태의 식민주의로 해석되기도 하며, 중앙아시아에서는 19세기 후반 영국, 러시아, 중국 간의 패권 다툼을 연상시키는 '신 그레이트 게임(New Great Game)'의 일부로 여겨지기도 한다.

결국 에너지의 지정학적 영향은 우리가 생각하는 것보다 훨씬 가까이에 있으며, 우리의 세계관을 형성하는 데 중요한 역할을 한다. 이는 때때로 부정적인 방식으로, 때로는 긍정적인 방식으로 작용한다. 이는 모든 것이 파국으로 향하고 있다거나, 반대로 인류 역사나 개별 국가에 있어서 희망찬 새 시대가 등장하고 있다는 인식을 수반한다. 일부 사람들은 에너지와 지정학의 결합이 필연적으로 점점 더 희소해지는 필수 자원을 두고 벌이는 '남은 것을 차지하기 위한 경쟁'을 가속화하며, 결국 종말론적 전쟁으로 귀결될 것이라고 본다.[2] 또 어떤 사람들은 지구온난화라는 전혀 다른 형태의 종말이 에너지의 지정학적 맥락에서 비롯되었다고 확신한다. 전 세계를 가로질러 막대한 양의 화석연료가 이동하고, 그로부터 대규모 연소와 그로 인한 대량의 탄소 배출이 일어나기 때문이다. 한편 '제3세계' 대부분에서 보이는 빈곤과 불평등, 그리고 이라크와 콩고민주공화국과 같은 국가에서 발생하는 내전의 원인을 천연자원의 풍부함과 그에 대한 남용에서 찾으려는 시각도 존재한다.

낙관론자들은 에너지 지정학이 국가 및 국제 정치에서 창조적인 역할을 한다고 본다. 예를 들어, 블라디미르 푸틴의 러시아에서는 석유와 가스 부문에서의 글로벌 영향력이 러시아의 상실된 초강대국 지위를 대체하는 역할을 하며, 나아가 러시아 국가 정체성의 핵심 요소로 자리 잡았다. 외부의 시각에서 볼 때 이를 긍정적으로 평가하기는 어렵지만, 러시아 내에서는 풍부한 자원을 활용해 번영하는 현대적인 국가를 건설하려는 야망이 강하게 남아 있다. 프랑스의 국가 정체성은 원자력에너지와 연결되어 있으며, 이는 세계 속에서 프랑스의 국가적 위상을 드높인다. 노르웨이는 작은 나라지만 풍부한 자원에 대한 '책임감 있는' 관리를 통해 자국을 '인도주의 강대국'으로 인식하고 있다. 아제르바이잔에 있어 에너지는 2011년 유로비전 송 콘테스트에서의 우승과 함께 자국을 '유럽 국가'로 인식하게 만드는 중요한 요소다.

EU 내부 정치에서 에너지는 난민 위기, 예산과 부채 문제를 둘러싼 북유럽과 남유럽 간의 경제 갈등, 그리고 분리주의 정치로 인해 발생하는 위기 속에서 유럽을 단결시키는 반가운 기회를 제공하는 듯하다. 그뿐만 아니라, 러시아에서 한반도로 연결되는 천연가스 파이프라인이야말로 남북한의 정치적 통합을 촉진할 수 있는 촉매제가 될 수도 있지 않을까?

에너지란 무엇인가?

'에너지'와 '지정학'은 모두 정의하기 까다로운 개념이다. 에너지는 물리학의 역사와 밀접하게 연관되어 있지만, 이후 사회과학을 비롯한 여러 학문에서도 널리 사용하는 개념이 되었다. 사전적 정의에 따르면 에너지는 '일을 할 수 있는 능력'을 의미하지만, 이는 사회 및 정치적 맥락에서의 에너지를 이해하는 데에는 별 도움이 되지 않는다. 물리학자들은 에너지가 생성되거나 소멸될 수 없다고 말한다. 하지만 사회적 맥락에서 에너지를 논하려면 '생산', '소비', 그리고 '낭비'라는 개념을 사용할 수밖에 없다. 어떤 형태의 에너지가 '재생 가능하다'는 개념은 물리학적 관점에서는 마치 마법처럼 들릴 수도 있지만, 현대 에너지 정책에서는 필수적인 요소다. 또한 열역학 법칙은 에너지가 항상 어떤 방식으로든 '보존'된다고 보장하지만, 에너지 보존과 저장 문제는 여전히 풀기 어려운 숙제다.

사회 및 (지리)정치적 맥락에서 에너지원은 객관적인 실체로 존재하는 것이 아니라 다양한 사회적, 정치적, 경제적 활동을 통해 비로소 '에너지'가 된다.[3] 이를 잘 보여주는 예가 석유다. 석유 산업은 19세기 후반부터 본격적으로 발전했지만, 석유 자체는 산업화 이전부터 존재했다. 고대 철학자 아리스토텔레스와 대 플리니우스는 땅에서 스며 나오는 검은 액체에 대해 언급한 바 있으며, 그리스와 바빌로니아에서는 이를 의학, 약학, 농업 등의 분야에서 활용했다. 또한 정제된 석유는 무기─오늘날처럼 은유적인 것이 아니라 문자 그대로의 무기─로 사용되기도 했다. 중국에서도 석유는 오랜 역사를 가지고 있으며, 북아메리카의 선사시대

선주민 인디언들은 석유를 대량으로 채취하여 종교적 의식에 사용했다.

수 세기가 흐른 뒤, 1840년대 중반에 상황이 변하기 시작했다. 이제 가정뿐만 아니라 공장에서도 조명 연료에 대한 수요가 크게 늘었다. 산업화가 본격적으로 진행되면서 공장주들은 특히 겨울철처럼 어두운 환경에서도 값비싼 기계들이 멈추지 않고 돌아가기를 원했다. 전통적인 조명 연료인 장작이나 식물성 기름은 이러한 필요를 충족시키기에 부족했다. 고래기름이 대안으로 떠오르긴 했으나 공급이 제한적이었다. 그러던 중 석탄을 활용해 조명용 기름을 만드는 아이디어가 등장했다. 1850년대에는 석유를 증류하면 고래기름과 유사한 조명 기름을 얻을 수 있다는 사실이 발견되었고, 이 새로운 연료는 '등유'라고 불리며 엄청난 인기를 끌었다. 그 결과, 수천 년 동안 단순한 원료로만 활용되던 '암석 기름'이 본격적인 에너지원으로 자리 잡게 되었다.[4]

한편, 천연가스는 오랫동안 석유 채굴 과정에서 발생하는 골칫덩어리 부산물로 여겨졌다. 폭발 위험이 높아 원유 생산 시설과 기업의 이윤을 위협하는 요소였기 때문이다. 이에 따라 생산업자들은 천연가스를 공기 중에서 태워 없애는 '플레어링(flaring)'을 일반적인 처리 방법으로 사용했다. 오늘날에도 많은 유전 지대에서는 공기 중에서 불타는 거대한 가스 불꽃들을 볼 수 있는데, 이는 여전히 천연가스가 가치 있는 자원이 아닌 불필요한 부산물로 여겨지는 경우가 많다는 점을 시사한다. 그러나 이후 석유 산업계는 천연가스를 독립적인 에너지원으로 활용할 방법을 모색하기 시작했다. 이를 위해 유전 및 가스전과 산업 및 도시 지역을 연결하는 파이프라인을 건설하기 시작했으며, 그 결

사진: A.W. Cronquist / 스웨덴 국립과학기술박물관

1903년 러시아 바쿠(Baku) 지역의 유정. 수천 년간 에너지와 무관하게 사용되었던 석유는 19세기 후반부터 대규모 에너지원으로 등장하였다. 현 아제르바이잔의 바쿠는 1846년 유정 굴착이 시작되면서 이후 '캅카스 오일러시'의 중심지역이 되었다. 19세기 후반부터 20세기 초반까지 바쿠의 석유 생산량은 전 세계 석유 생산량의 절반 이상을 차지했다. 교수이자 화학자인 크론퀴스트는 1903년 바쿠 석유지구를 방문해 '노벨형제석유회사'의 시설을 둘러보고 사진을 남겼다.

과 천연가스는 요리, 난방 및 다양한 산업적 용도로 활용되면서 본격적인 에너지원으로 자리 잡게 되었다.[5]

우라늄이 에너지원으로 수용되기까지의 과정도 흥미롭다. 로마 시대에 우라늄 산화물은 도자기 산업에서 착색제로 사용되었으며, 중세 시대에는 현재 체코의 야호모프 근처 은광에서 대규모로 채굴되어 유리 제조업에 활용되었다. 19세기 후반에 들어서는 철강 산업이 우라늄에 주목하며 이를 합금 금속으로 사용하기 시작했다. 그러나 당시 대부분 지역에서 우라늄은 천연가스처럼 불필요한 부산물로 취급되었으며, 남아프리카의 금광에서는 건강 문제를 유발하는 성가신 물질로 여겨졌다. 그러던 중 제2차 세계대전 동안 핵폭탄 연구자들은 우라늄에서 이전의 어떤 물질에서도 상상할 수 없던 막강한 위력을 발견했다. 1950년을 전후로 우라늄이 진지하게 에너지원으로 논의되기 시작했으며, 오늘날에는 많은 국가에서 중요한 (그러나 논란의 여지가 있는) 전력 공급원으로 자리 잡았다.[6]

이러한 사례들은 인간이 에너지원들을 단순히 '발견'한 것이 아니라, 그것들을 '발명'했다는 점을 보여준다. 이 과정이 여전히 진행 중이라는 사실을 인식하는 것이 중요하다. 예를 들어, 현대의 바이오에너지 논쟁에서는 어떤 나무나 작물을 에너지원으로 간주할 수 있는지 명확하지 않은 경우가 많다. 식량 생산을 비롯해 이들 재료를 어떻게 활용할지 여러 다른 용도들과 경쟁해야 하기 때문이다. 그렇다면 미래에는 어떤 물질이 새로운 에너지원으로 떠오를 것인가? 최근에는 해양에서 밀려오는 파도를 새로운 에너지 자원으로 활용하는 가능성에 대해 엔지니어들이 주목하고 있으며, 심지어 일부 과학자와 엔지니어들은 바닷물 자체가 에너지원으로 전환될 수 있다고 믿기도 한다.

일부 학자들은 이러한 발명 과정을 '사회적 구성'으로 설명하며, 이는 글로벌 에너지 시스템의 상당 부분이 사회적 영역에서 '형성'된다는 점을 시사한다. 예를 들어, 파도 에너지가 성공적인 에너지원이 될 수 있을지는 단순히 기술적 성공이나 실패의 문제가 아니라 투자자, 정치인, 규제 당국, 그리고 대중 사이에서 이 아이디어에 대한 충분한 지지와 동원이 얼마나 이루어지느냐에 크게 좌우된다. 마찬가지로 에너지원뿐만 아니라 에너지와 관련된 다양한 위험과 불확실성, 그리고 '에너지 무기화' 같은 개념 또한 사회적, 정치적 과정에서 구성되고 논의된다.[7]

인간은 또한 에너지원이 '상품(commodities)'으로서 국제적으로 거래될 수 있다는 아이디어를 고안해 냈다. '에너지'는 주로 물질적으로 유용한 것을 의미하지만, 석탄, 석유, 가스 및 기타 에너지원이 상품으로서 다뤄진다는 생각은 명확히 경제적이다. 이는 주울(Joule)이나 와트(Watt), 혹은 뜨거운 목욕물 같은 물리적 단위가 아니라, 달러, 유로, 위안화 등 화폐 단위와 관련이 있다. 에너지원에 시장 가치를 부여하는 상품화 과정(마르크스주의자들이 말하는 이른바 '교환 가치')은 에너지 지정학에 관심 있는 사람들에게 핵심적인 문제다.[8] 이 과정이 없었다면 대부분의 화석연료와 우라늄 광석은 아마도 땅속에 그대로 남아서 에너지가 되지 못했을 것이다. 연료를 채굴하고 소비자에게 공급하는 데 드는 막대한 투자를 보상할 수 있는 수익원이 없다면, 이를 대규모로 개발하는 데 관심을 둘 사람이 거의 없을 것이기 때문이다. 에너지원이 상품으로 거래된다는 사실의 중요성은 시장 경제에서 가장 분명하게 나타난다. 그러나 구 소련과 그 위성국들인 중앙유립 및 동유럽 국가들처럼 시장 경제가 아닌 체제에서도 연료는 국내외에서 대규모로 거래되었다. 오늘날 글로벌 에너지 시스템은 국제 원자재 시장과 불가분의 관계를 맺고 있으며, 이는 에너지 지정학을 결정적으로 형성하는 요인이 되고 있다.

이 책은 에너지원을 물질적 형태, 즉 '에너지'를 구성하는 물질로서뿐만 아니라 거래 가능한 상품으로서도 분석한다. 우리는 석탄, 석유, 가스를 포함한 다양한 화석연료와 함께 원자력, 재생 가능 에너지 및 그 사이에 있는 모든 다양한 에너지원들을 살펴볼 것이다. 또한 석유나 우라늄 광석과 같은 '원초적' 형태의 에너지원만을 연구하지 않고, 정제된 형태의 에너지인 휘발유나 전기 등이 중요한 역할을 하는, 더 큰 시스템 안에서 1차 에너지의 추출 및 생산을 연구할 것이다. 이 책의 핵심 주장은 글로벌 에너지를 전체적으로 바라보지 않고서는 에너지 지정학을 올바로 이해할 수 없으며, 서로 다른 에너지원과 에너지 형태를 하나의 통합된 체계의 구성 요소로 봐야 한다는 것이다. 예를 들어 석유만 연구하는 것은 유용하지 않다. 석유를 둘러싼 지정학은 다른 에너지원의 지정학과 밀접하게 얽혀 있다. 앞으로 살펴보겠지만, 이러한 거시적 관점의 필요성은 재생에너지의 비중이 증가하고, 현재 진행 중인 '에너지 전환'이 지정학적 권력관계에 미치는 영향을 고려할 때 더욱 절실해진다.

지정학이란 무엇인가?

'지정학'은 '에너지'만큼이나 까다로운 개념이다. 가장 일반적인 의미에서 지정학은 지리적 요소, 정치, 국제관계 간의 상호작용에 관한 것이다. 이 용어 자체가 특정한 가치 판단이 반영된 것으로 여겨질 수 있고, 역사적으로는 국제관계 이론에서 '현실주의 학파'와 자주 연관되었다. 이 용어는 아돌프 히틀러에서 아우구스토 피노체트에 이르기까지 여러 독재자가 이를 좋아했다는 사실로 인해 부정적인 평가를 받기도 한다. 이 주제를 다룬 최고의 저자 중 하나인 클라우스 도즈(Klaus Dodds)는 오늘날에도 지정학이 종종 "정치적으로 보수적인 언론인들과 전문가들에 의해 (…) 정치적 행동에 대한 강력한 태도를 전달하려는 용어로 사용된다."고 지적한다.[9] 지정학 관련 분석에서는 '세력권', '신흥 강대국', '핵심 지역', '생활 공간'을 비롯해 이와 유사한 용어들이 즐겨 사용된다. 한편으로는 이러한 용어나 분석에 대한 대안적인 개념화가 가능하며, 심지어 바람직하다. 특히 지정학적 분석에서는 일국의 대통령, 외교부 장관, 국가안보 보좌관이 활동하는 고위 정치 무대뿐만 아니라 훨씬 더 폭넓은 범위의 행위자들을 고려할 필요가 있다. 장소 측면에서도 '백악관'이나 '크렘린'에서 일어나는 일만 고려하는 것으로는 충분하지 않다. 우리는 지정학적 시각을 확장하고 훨씬 더 넓고 다채로운 지리적 팔레트를 사용해야 한다.

에너지에서 이 점은 특히 분명하다. 우리는 시진핑이나 블라디미르 푸틴이 무엇을 말하는지 확인할 수 있다. 두 사람 모두 국제 정치 현안에 대해 논평할 때 에너지를 자주 언급하지만, 최고위층의 발언만으로 국제 에너지 분야의 정치적 역동성을 오롯이 이해하기는 어렵다. 우리는 다양한 유형의 다국적 기업과 국제기구 같은 '상위' 주체는 물론, 지역 및 지방 차원의 '하위' 주체들에게까지 시야를 넓혀야 한다. 또한 크고 작은 기업, 독립 기업가, 전문협회, 노동조합 및 환경 운동 단체 등의 관점도 고려해야 한다. 이들 모두는 역사적으로 글로벌 에너지 분야에서 다양한 기회와 위험을 인식하고 행동해 왔다. 미국 텍사스 철도위원회, 독일 바이에른 주정부, 리투아니아의 반핵 운동, 남아프리카 개발 공동체(SADC), 오스트리아의 철강업자들, 파업을 벌인 영국의 석탄 광산 노동자들이 그 사례로, 이들은 역사적으로 에너지 지정학을 형성하는 데 결정적인 역할을 한 주체들이었다.

또한 과학자들과 엔지니어들의 활동도 살펴봐야 한다. 그들의 대담한 아이디어와 꿈, 발명은 글로벌 에너지 분야를 여러 번 뒤집어 놓았다. 에너지 지정학은 핵분열, 촉매 분해, 고압 가스관의 발명으로 큰 변화를 겪었고, 오늘날에는 전기차, 태양광 발전, 2세대 바이오연료, 셰일가스, 탄소 포집 및 저장, 초심해 유전 개발 등으로 인해 바뀌고 있다.

에너지 지정학은 어디에서 결정되는가? 테헤란, 브뤼셀, 베이징 등처럼 주요 국가의 수도에서 일어나는 정치적 활동은 분명히 주목할 만하지만, 글로벌 에너지는 그 자체의 지리적 공간을 만들어 낸다. 여기에는 일반적인 정치·지리적 분류에서는 보이지 않는 중요한 지점들이 포함된다. 예를 들어, 콜롬비아의 세레혼 지역에는 유럽 에너지 공급에 엄청난 영향을 미치는 거대한 탄광이 있으며, 시베리아 북서부의 야말-네네츠 자치구에는 세계에서 가장 큰 천연가스 매장지가 있다. 브라질 앞바다 심해에서는 미래의 석유 자원을 확보하기 위한 숨 막히는 활동들이 진행 중이며, 싱가포르는 석유 수송로의 중요한 전략적 지점 중 하나인 말라카해협에 위치해 있는 세계 최대의 팜오일 바이오디젤

2010년 4월 20일 미국 뉴올리언즈 남동부 해역에서 발생한 딥워터 호라이즌 (Deepwater Horizon) 폭발 사고 당시 현장. 딥워터 호라이즌은 영국의 글로벌 에너지 대기업 BP 소속 시추선이다. 쉽게 접근할 수 있는 지역의 화석연료가 고갈되면서 글로벌 에너지 생산 지도가 변화하고 있으며, 석유 회사들은 점점 더 오지나 심해와 같은 극한 환경에 도전하고 있다. 딥워터 호라이즌 사고에서 볼 수 있듯이, 이러한 변화는 자연 환경에 대한 새로운 위험을 동반한다. 이 사고의 여파로 최소 약 490만 배럴의 석유가 해저에서 유출되었다.

공장도 가지고 있다.

‘중간에’ 있는 익명의 지역들, 즉 글로벌 에너지 지리에서 생산과 소비의 중심지 사이에 위치한 지역들도 중요한 역할을 한다. 예를 들어, 바움가르텐은 오스트리아 북동부 니더외스터라이히주의 작은 마을에 불과하지만, 유럽과 러시아 가스 회사들의 지도에는 유럽을 가로지르는 동서 가스 무역의 중요한 ‘허브’로서 마치 주요 도시들처럼 거대하게 표시된다. 그리고 만약 글로벌 석유 산업의 지리적 중심이 있다면, 그것은 페르시아만 입구의 호르무즈해협이다. 이 해협은 관광객이 많이 찾는 곳은 아니지만, 석유로 생계를 유지하는 사람들에게는 런던, 파리, 뉴욕보다 더 크고 상징적인 곳이다.

에너지와 마찬가지로, 세계의 지리적·지정학적 특징들 역시 ‘만들어졌다’거나 ‘발명되었다’고 이해하는 것이 타당하다. 이는 매우 구체적인 방식으로 이루어진다. 예를 들어 농지를 확보하기 위해 숲을 개간하고, 마을과 도시가 농촌 지역으로 팽창하며, 강을 직선화하고 인공 운하와 댐을 건설하며 얕은 해역을 준설해 인위적으로 습지 지역을 재편하는 식이다.[10] 이러한 자연지리의 물리적 변화는 인문지리의 지속적인 변화와 밀접하게 연결되어 있다.

한편 우리는 지리적·지정학적 특성을 상상 속에서 구성하기도 한다. 지리적 어휘는 ‘북’과 ‘남’, ‘동’과 ‘서’, ‘중심’과 ‘주변’ 같은 용어들을 필연적으로 필요로 한다. 하지만 우리가 독일이 유럽의 ‘중심’에 위치한다고 말할 때, 그것은 실제로 무엇을 의미할까? 리투아니아아인들은 ‘유럽’의 자연지리학적 정의에 따라 유럽의 ‘진짜’ 중심이 빌뉴스 근처의 푸르누슈케스라는 마을에 있다고 주장한다. 북유럽 사람들은 포르투갈과 그리스를 명확히 남유럽 국가로 생각하지만, '남북 관계'에 대한 세계적 담론에서 이들은 북쪽 '진영'에 포함된다. 분명히 '중심'과 '주변', '북'과 '남'이라는 개념은 과학적으로 측정 가능하거나 객관적인 지리적 사실과 항상 일치하지는 않는다. 오히려 이런 개념들은 사회적, 경제적, 정치적 권력관계를 반영한다. 그렇다고 해도 우리는 이러한 개념들이 분석에 필요하다는 것을 인정해야 한다.

글로벌 에너지 공급의 변화는 에너지 지정학에서 '중심'과 '주변'을 규정하는 우리의 생각을 끊임없이 바꿔 왔다. 미국에서 석유 생산의 중심은 19세기 후반에 펜실베이니아에서 캘리포니아로 이동했고, 20세기 초에는 텍사스와 오클라호마로 이동했다. 러시아 석유는 캅카스의 바쿠에서 볼가-우랄 지역으로, 그리고 냉전 시대에는 북서 시베리아로 이동했다. 이 지역은 '제3의 바쿠'라고도 불리며, 원래의 바쿠는 석유 산업의 변방으로 전락했다. 1850년대부터 1940년대까지 미국은 전 세계 석유 시장을 지배했지만, 이후 중동으로 중심이 이동했다. 수 세기 동안 세계 석탄 생산의 중심은 중국 북부에 있었으며, 그곳 사람들은 이미 송나라 시기부터 공장과 가정에서 석탄을 주요 에너지원으로 사용했다. 이후 영국이 그 자리를 차지해 세계 석탄의 중심으로 떠올랐고, 유럽 대부분이 영국 석탄에 의존하게 되었다. 한때 중국은 석탄의 변방이 되었다가, 21세기 초에 다시 석탄 산업의 심장부로 떠올랐다. 한편, 영국은 이제 국내 석탄 채굴을 완전히 중단했다.

오늘날 우리는 재생에너지의 지리적 공간에서 새로운 중심을 차지하기 위한 치열한 경쟁을 목격하고 있다. 일부에서는 방대한 태양에너지 잠재력을 지닌 사막지대가 재생에너지 시대의 중심지로 떠오를 것이라고 믿는다. 다른 이들은 전기차 배터리에 필수적인 광물인 리튬의 주요 산지로 곧 '리튬의 사우디아라비아'가 될 볼리비아를 지목한다. 또 어떤 이들은 독일과 일본처럼 재생에너지와 관련된 여러 분야에서 기술 우위를 점한 국가들이 미래의 중심지라고 이야기한다.

복잡한 에너지 세계를 이해하는 지도

이 책은 여섯 개의 주요 장으로 구성되어 있다. 1장은 글로벌 에너지를 사회기술적 시스템의 관점에서 분석함으로써 나머지 장들의 토대를 마련한다. 이 장은 과학기술학과 기술사 속의 인프라 연구, 그리고 공간, 거리, 연결, 물질성 등을 폭넓게 다루는 지정학의 이해에서 영감을 받았다. 'geo'라는 접두사는 라틴어로 '지구'를 의미하지만, '에너지 지정학'에서는 지구 안팎의 에너지―화석연료, 우라늄, 숲, 바람, 파도―그 이상을 다룬다. 이는 에너지의 장거리 이동, 이러한 무역을 가능하게 만드는 유조선, 송유관, 송전망 등의 인프라, 그리고 에너지가 다양한 형태로 생산, 정제, 저장, 소비되는 장소 등을 포함한다. 에너지 지정학은 '혼란스러운 복잡성'으로 특징지어지며, 시스템 접근법은 이 복잡하고 흥미로운 세계를 분석하는 데 필요한 질서를 부여하고 가장 중요한 패턴을 파악하는 데 도움을 준다.

2장은 에너지 지정학에서 직간접적으로 중요한 역할을 수행하는 다양한 행위자들을 다룬다. 우선, 에너지를 거래 가능한 상품으로 보는 시각을 중심으로 강력한 행위자로 자리 잡은 민간 기업의 역할을 살펴본다. 이어서 국가라는 행위자의 복합성을 살펴보고, 국가가 국제적 맥락에서 에너지에 대한 통제권을 확보하는 과정에 대해 논의한다. 또한 공공 부문의 특수한 범주로서 국영 에너지 기업의 운영 방식도 분석한다. 나아가 국가 행위자 중에서 지역 및 지방 정부와 같은 하위 국가 차원의 역할도 고려해야 한다. 마지막으로 노동조합, 환경 단체와 비정부기구(NGO), 과학자, 언론 등 에너지 지정학의 형성에 결정적인 영향을 미쳐 온 다양한 추가 행위자들에게 초점을 맞춘다.

3장은 앞선 두 장에서 다룬 시스템 관점과 행위자 기반 접근법을 토대로 에너지 의존성이 어떻게 형성되고 작동하는지를 분석한다. 우선, 글로벌 에너지 (상호)의존의 주요 패턴과 그것이 종종 예상치 못한 방식으로 변해 온 과정을 개괄한다. 시스템 관점은 의존성을 단순한 통계 수치로 파악하려는 접근 방법의 한계를 보여주며, 국가 간 에너지 공급 자체보다는 에너지가 이동하고 변환되는 국제 시스템에 대한 의존성이 더욱 중요하다는 점을 강조한다. 이러한 시각을 통해 통념을 넘어서는 새로운 에너지 의존의 지리적 구조가 드러난다. 또한 행위자들이 국제 에너지 관계에 참여하는 (혹은 참여하지 않는) 근본적인 동기를 알아보며, 특히 기회와 위험에 대한 주관적 인식이 글로벌 에너지 공급 구조에 어떻게 결정적인 역할을 해왔는지를 분석한다.

4장은 국제 무대에서 행위자들이 에너지 문제의 의존성과 취약성을 인식하고 이를 해결하기 위해 '어떤 대안'을 시도하는지 다룬다. 핵심적인 두 가지 전략이 있다. 하나는 국내 에너지 생산 확대 등의 수단을 이용해 대외 의존도를 줄이는 전략이고, 다른 하나는 의존성을 관리하는 것이다. 이 장에서는 전략적 비축 프로그램, 연료 공급의 지리적·연료별 다변화를 통한 위험 분산, 무력 시위와 군사 행동, 그리고 여러 형태의 '에너지 외교' 등 다양한 하위 전략과 대응 방안을 논의한다. 특히 국가 행위자들이 해외 에너지를 '안보화'하는 방식, 즉 이를 국가 생존과 직결되는 '전략적' 자산으로 규정하는 과정이 중요한 분석 대상이다.

5장은 에너지 시스템이 단순한 기술적 구조가 아니라 사회기술적 구성체이므로, 그 목적이 객관적으로 정의될 수 없다는 점을 강조하며 시작한다. 즉, 각각의 다른 행위자들은 에너지 시스템의 목적을 다르게 해석한다. 이러한 시각을 바탕으로 외교 정책 결정자들이 에너지를 단순한 공급 수단 이상의 외교적 도구로 활용해 온 방식을 분석한다. 여기에서는 에너지 공급 통제와 가격 조작을 주로 다루면서, 동시에 에너지 시스템 구축 과정과 에너지에 대한 공적 담론이 어떻게 통제의 대상이 되어 왔는지도 살펴본다. 또한 '에너지 무기'라는 개념이 사회적으로 만들어진 것임을 강조하며, 국가 기관뿐만 아니라 다양한 비국가 행위자들 역시 이를 외교 정책의 도구로 활용해 왔음을 살펴본다.

마지막으로 6장은 앞선 장의 논의를 확장하되, 에너지의 외교적 활용에서 부정적 측면이 아닌 긍정적 측면에 초점을 맞춘다. 6장의 핵심 개념인 에너지 초국가주의는 에너지를 국제정치적 안정 강화, 전쟁 예방, 그리고 국제적 협력을 위한 수단으로 활용하려는 시도를 의미한다. 이는 1800년대를 전후하여 형성된 철학적 개념에 뿌리를 두고 있으며, 오늘날의 글로벌 환경에서도 강한 영향력을 발휘하고 있다. 나아가 이 개념은 에너지 지정학이 본질적으로 글로벌 패권과 통제를 둘러싼 치열한 전쟁일 뿐이라는 통념을 다시 생각하게 만든다.

더 생각할 거리

- 서문에서 언급한 것 이외에 미래에 '에너지가 될' 가능성이 있는 물리적 물질이나 자연 현상이 있는가? 반대로 과거에는 에너지로 여겨졌으나 더 이상 그렇게 여겨지지 않는 물질이나 현상이 있는가?

- 모든 에너지원이 상품화되었는가? 전 세계적으로 혹은 특정 지역에서 '오직' 에너지원으로만 사용되고, 상품으로 거래되지 않는 물질이나 자연 현상이 있는가?

- 최근 국제 에너지 문제에서 중요한 역할을 한 지리적 장소들은 어디인가? 그중 10곳 이상을 적어 볼 수 있는가?

1장

국제 에너지 시스템

국제 에너지 시스템

시스템적 관점으로 보는 얽히고설킨 에너지의 세계

'복잡한 혼란(messy complexity)'[1]이라는 표현이야말로 21세기 글로벌 에너지 현실을 가장 적절하게 설명하는 용어일 것이다. 때때로 현재 무슨 일이 벌어지고 있으며, 그 이유가 무엇인지 이해하는 것이 불가능해 보이기도 한다. 이를테면 천연가스를 예로 들어보자. 최근 몇 년간 천연가스의 세계적 흐름을 이해하려면, 미국 셰일가스 산업의 급격한 성장이나 러시아가 천연가스를 '에너지 무기'로 활용한다는 논란과 같은 익숙한 주제만 살펴보는 것으로는 부족하다. 우리는 액화천연가스(LNG) 기술, 해저 파이프라인 건설, 가스터빈 제조, 천연가스를 대체할 합성연료 개발과 같은 새로운 기술 발전을 고려해야 한다. 또한 천연가스가 기후변화를 유발하는 동시에 이를 완화하는 역할을 할 수 있다는 점, 그리고 세계 여러 대도시에서 심각한 대기오염이 발생하는 가운데 중국과 같은 국가들이 이를 해결하기 위해 천연가스를 활용하려 한다는 점 등 다양한 환경 문제도 분석해야 한다.

예기치 못한 사건이 미친 영향도 추적해야 한다. 예를 들어 2011년 일본의 후쿠시마 원전 사고는 전 세계 원자력에너지의 미래를 바꿨을 뿐만 아니라, 동아시아 가스 시장에 예상치 못한 충격을 주었다. 카스피해에서 남유럽으로 연결되는 정치적으로 논란이 많은 가스 파이프라인과 같은 새로운 인프라 프로젝트, 그리고 미국 셰일가스를 아시아로 비교적 수익성 있게 수출할 수 있도록 만든 파나마 운하 확장 사업 등도 연구해야 한다. 더 나아가 EU의 규제 개혁과 가스 관련 지침, 아시아 및 중동 지역의 수출입 보조금, 미국에서 보호무역 정책이 어떻게 전개되고 있는지 그 과정까지도 살펴야 한다. 가스 산업 내 합병과 인수, 외국인 투자 동향을 추적해야 하며, 국제 사회가 전 세계 바다를 어떻게 정치적으로 관리할 것인지에 대한 논쟁도 주목해야 한다. 마지막으로 러시아의 알타이 자치공화국이나 이집트의 시나이사막처럼 정치적·민족적으로 민감한 지역에서 천연가스의 채굴 및 수송을 둘러싼 갈등도 세밀하게 분석해야 한다.

하지만 이렇게 복잡할 정도로 고려할 것들이 많다고 해서 현재 벌어지고 있는 여러 사태를 이해하려는 노력을 포기해서는 안 된다. 이 장에서는 글로벌하고 지정학적인 맥락에서 에너지를 분석하기 위해 시스템적 관점이 유용하다는 점을 제안한다. '시스템'이라는 단어는 여러 가지 의미를 가질 수 있으며, 컴퓨터 전문가, 진화생물학자, 경제학자, 사회학자 등 다양한 학문 공동체에서 사용된다. 하지만 이들에는 한 가지 공통점이 있다. 사안을 넓고 종합적인 시각에서 바라보며, 전체가 어떻게 구성되어 있고, 서로 어떻게 연결되어 있는지를 이해하려 한다는 점이다. 이러한 접근법에는 분명한 장점이 있다. 즉 개별적인 요소들을 분석의 중심으로 삼는 것이 아니라, 모든 요소를 하나의 통합된 이해로 연결하는 것이다. 모든 것이 연결되어 있다고 믿는 불교에서처럼, 이들은 개별 조각보다는 전체적인 그림을 맞추는 것이 더 중요하다고 주장한다. 이러한 시스템적 관점은 익히기 어렵지만, 에너지와 지정학을 이해하는 방식에 매우 중요한 새로운 시각과 깊이를 더해 줄 수 있다.

에너지 시스템이란 무엇인가?

그렇다면 에너지 시스템은 정확히 무엇을 의미할까? 에너지 시스템은 기술적 요소와 비기술적 요소—그리고 이들 간의 연결고리—로 구성된 하나의 체계로 정의할 수 있으며, 이러한 시스템을 통해 특정한 형태의 에너지가 최종 소비자에게 전달된다. 시스템의 경계를 어떻게 정의하느냐에 따라 실제 분석 단위가 달라질 수 있다. 이론적으로는 세계의 에너지 생산과 소비를 모두 포함하는 '지구'(또는 '글로벌') 에너지 시스템을 정의할 수 있지만, 그보다는 에너지 공급을 좀 더 좁게 정의된 (하위) 시스템 내에서 이루어지는 것으로 생각하는 것이 더 유용하다. 예를 들어, 구체적인 하나의 에너지원을 골라 석유 공급 시스템, 원자력 에너지 시스템, 바이오디젤 시스템 식으로 해당 에너지원의 역학과 진화를 분석할 수 있다. 또는 국가적, 지역적, 혹은 지방으로 한정된 (하위) 시스템을 연구하는 것도 유용하다.

그러나 이러한 하위 시스템들은 대개 서로 닫혀 있는 존재가 아니다. 각자의 환경과 소통하며, 다양한 방식으로 서로에게 영향을 미친다. 따라서 글로벌 에너지 연구에서 중요한 과제 중 하나는 바로 서로 다른 하위 시스템들 사이의 상호작용을 이해하는 것이다. 예를 들어, 두 나라의 에너지 시스템 간의 관계를 살퍼보거나, 화석연료 시스템과 재생 가능 에너지 시스템 간의 상호작용을 분석할 수 있다.

에너지 순환이 시스템 내에서 이루어지는 것으로 개념화될 수 있다고 해서 그것이 꼭 글로벌 에너지 흐름을 '통제'하는 중앙의 운영자나 '조정자'가 존재한다는 의미는 아니다. 에너지 시스템은, 특히 국제적인 맥락에서 볼 때 반드시 중앙집중식으로 구성되지는 않는다. 오히려 이들은 분산되어 있거나 여러 개의 중심을 동시에 지니는 경우가 많으며, 다양한 행위자들이 권력과 영향력을 두고 경쟁한다.[2] 이는 에너지 시스템을 단순한 기술적 구조로만 보지 않을 때 특히 분명해진다. 뒤에서 살펴보겠지만, 사회적 요소와 기술적 요소가 결합된 '사회기술적' 성격의 체계로 이해하는 편이 훨씬 더 유용하다. 에너지 시스템은 단지 석유 드럼통, 원자력 발전소, 고전압 송전선, 풍력 터빈, 가로등과 같은 기술적 요소들뿐만 아니라, 시스템을 계획하고 구축하고 관리하고 운영하고 규제하며 사용하는 수많은 사람으로 구성된다. 시스템의 인간 행위자들과 그들이 기술적 구성 요소와 어떻게 관계를 맺는지 분석하는 것은 글로벌 에너지 공급에서 (지정학적) 권력 구조를 이해하고자 하는 사람에게 필수적인 작업이다.[3]

1차 에너지 시스템과 2차 에너지 시스템,
그 복잡한 얽힘

먼저 1차 에너지 시스템과 2차 에너지 시스템을 구분하는 것이 필요하다. 1차 에너지 시스템은 장작, 석탄, 원유, 천연가스, 우라뉴, 팜오일과 같은 1차 에너지원의 추출, 가공 및 사용을 중심으로 작동한다. 이러한 자원들은 자연에 존재하며 인간이 연료로 사용하기로 결정한 물질들이다. 또한 햇빛, 바람, 흐르는 물, (동물과 인간의) 근력과 같은 비연료 1차 에너지원도 존재한다.

그에 비해 2차 에너지 시스템은 말 그대로 2차 에너지원에 중심을 둔다. 이들은 자연 상태로 존재하지 않으며, 하나 이상의 1차 에너지원을 바탕으로 만들어진다. 오늘날 전기는 가장 중요한 2차 에너지원이다. 중요한 2차 에너지원의 다른 사례로는 물을 매개로 한 냉·난방 시스템과, 인공적으로 제조된 가스(석탄 기반 가스나 바이오가스 등)를 공급·분배하는 시스템이 있다.

1차 에너지 시스템과 2차 에너지 시스템 간의 복잡한 연결 구조는 글로벌 에너지 공급의 전반적인 복잡성을 증대시키며, 이는 에너지 지정학에 광범위한 영향을 미친다. 예를 들어, 함부르크의 도시 전력 공급망이 얼마나 취약한지 평가하려면 단순히 함부르크의 지역 전력망만을 살펴보는 것으로는 충분하지 않다. 먼저 이 전력망이 독일 북서부 지역 전력 시스템에서 어떤 역할을 하는지 분석해야 하며, 나아가 이 지역 시스템이 유럽 전체 전력망과 어떻게 연결되어 있는지 살펴봐야 한다.

또한 유럽의 전력망은 2차 에너지 시스템이므로 여러 1차 에너지 시스템과 복잡하게 얽혀 있다. 연관 관계의 범위를 파악하려면 해외의 다양한 자원 생산 지역까지 살펴봐야 한다. 결과적으로 함부르크의 전력 소비자는 유럽 내 가스 발전소에 천연가스를 공급하는 가스 파이프라인이 원활히 운영되는지에 따라 그 공급이 좌우되는데, 이 가스는 북서부 시베리아, 사하라사막, 북해 해저에 매장된 가스전에서 유입된다. 또한 콜롬비아, 남아프리카, 호주 등의 대규모 탄광이 정상적으로 운영되는지, 니제르 사막, 중앙아시아 카자흐스탄의 초원, 캐나다 서스캐처원 북부에서 우라늄이 지속적으로 채굴되는지에 따라서도 영향을 받는다. 심지어 (비록 그 비중은 적지만) 동남아시아의 대규모 플랜테이션에서 수확된 팜오일도 전력 공급망에 일부 기여한다. 가까운 미래에는, 함부르크의 전력 안정성이 북아프리카, 중동, 중앙아시아에 건설될 대규모 태양광 발전 단지에 의해 좌우될 가능성이 있다.

　전등이 계속 켜져 있는 한 이러한 복잡한 연결 구조는 눈에 잘 보이지 않는다. 그러나 위기가 발생하면, 1차 에너지 시스템과 2차 에너지 시스템이 어떻게 더 큰 하나의 체계로 연결되어 있는지 실감하게 된다. 제1차 세계대전은 다양한 시스템 간의 복잡한 연결망이 얼마나 취약한지를 극명하게 드러낸 첫 번째 대규모 위기였다. 특히 유럽에서는 가스와 전력 공급이 중단되면서 도시가 암흑에 휩싸였고, 땔감, 식물성 기름, 이탄(peat)과 같은 전통적인 에너지원이 뜻밖에도 다시 중요한 역할을 맡았다.[4] 제2차 세계대전에서는 훨씬 더 심각한 에너지 위기가 발생하여, 각국은 1차 에너지원 부족 속에서 전력과 제조가스 공급을 유지하기 위해 극단적인 조치까지 취했다. 오늘날 인도와 남아프리카공화국 등에서 간헐적으로 발생하는 대규모 정전은, 전력 시스템이 때때로 제대로 작동하지 않는 1차 에너지 시스템과 긴밀하게 연결돼 있다는 사실을 보여주는 사례이기도 하다.

에너지와 정보통신기술(ICT)

에너지는 공간적으로 광범위한 정보통신 시스템과 긴밀히 통합되며, 이는 또 다른 차원의 얽힘을 구성한다. 이는 전기, 천연가스, 지역난방과 같은 그리드 기반 에너지 시스템에서 특히 중요하다. 전기 엔지니어들은 정보통신기술이 전력 흐름에 대한 제어력을 강화할 수 있는 잠재력을 빠르게 인식했다. 초기의 제어 시스템은 지역 단위에 한정되어 있었다. 그러나 20세기 초 몇십 년 동안 지역 전력망이 상호 연결된 더 큰 규모의 전력 시스템으로 대체되면서 조정의 필요성이 커졌다. 이 상황에서 전화망은 전력 생산을 조정하는 데 중요한 역할을 하게 되었다. 전기와 전화가 얽히면서 새로운 의존성과 취약성이 생겨났다.

1930년, 오슬로의 정전

1930년 어느 날, 노르웨이의 수도 오슬로에서 갑자기 전기가 끊어졌다. 처음에는 과잉 전력 생산이 원인인 것처럼 보였다. 그러나 사실 위기의 근본적인 이유는 전화선에 문제가 있었기 때문이다. 보고서에 따르면, 노르웨이의 한 수력 발전소의 시설 운영자가 발전소의 유일한 전화를 사용해 지역 노동당의 동료와 정치적 문제를 논의하고 있었으며, 바로 그때 긴급한 발전기 조정 지시를 전달받는 데 그 전화가 필요했다. 오슬로의 전력망 관리자는 시스템 과부하를 감지했지만, 전화선이 통화 중이어서 발전기를 멈추라는 명령을 전달할 수 없었다.[5]

오늘날, 전기의 디지털화와 데이터 통신 네트워크와의 얽힘은 새로운 '스마트' 전력망 구축을 위한 기회로 여겨진다. 그러나 20세기 초와 마찬가지로, 시스템 제어를 위해 정보통신기술에 과도하게 의존하는 것은 새로운 취약점을 낳고 있다. 중요한 전기, 가스, 지역난방 시스템을 대상으로 한 '사이버 공격'의 가능성은 전 세계 시스템 운영자들에게 큰 고민거리가 되고 있다. 에너지 안보는 점점 더 사이버 보안과 결합되고 있다.[6]

추가적인 얽힘: 물, 광물, 식량

에너지는 물, 광물, 식량과도 깊숙이 얽혀 있으며, 그 영향력은 매우 광범위하다. 물은 에너지 공급에서 결정적인 역할을 한다. 전력 생산을 위해 대규모로 활용되고 있는 전 세계의 강들이 분명한 사례다. 세계 곳곳에서 수력 발전소 건설이 진행되었는데, 이는 강물을 활용하는 기존의 여러 분야에 상당한 영향을 미치면서 종종 큰 논란을 불러일으켰다. 어업, 관개, 운송, 뗏목 운반, 식수 공급 등이 수력 발전소 건설로 인해 위협을 받을 수 있다. 반면, 많은 경우 수력 발전이 이러한 활동들에 더 도움이 될 기회를 제공하기도 한다. 수력 발전의 역사는 수많은 갈등으로 점철되었으며, 그중 상당수는 국제적 차원의 정치 대립으로 발전했다. 최근 들어 논란이 된 사례로는 티그리스강, 브라마푸트라강, 나일강의 댐 건설이 있다.

대규모 원자력 및 화석연료 발전소를 냉각시키는 과정에도 물이 필요하다. 원자력 발전소를 홍수 및 해일 등에 매우 안전하게 가동하기 위해서는 초당 약 50m³의 물이 계속 흘러야 한다. 이 흐

사진: 도쿄전력(TEPCO) / 국제원자력기구(IAEA)

일본 후쿠시마 원자력 발전소(2007년 촬영). 세계 대부분의 원자력 발전소는 대규모의 냉각수를 지속적으로 공급받기 위해 큰 강이나 바다 근처에 자리 잡고 있다. 그러나 이러한 입지는 원자력 발전소를 홍수 및 해일 등에 매우 취약하게 만든다. 그 위험성은 2011년 3월 후쿠시마에서 발생한 재난을 통해 가장 비극적으로 드러났다.

름이 중단되면 원자로 온도가 급격히 상승하며, 결국 노심 용융 사고로 이어질 위험이 커진다. 이 때문에 전 세계의 원자력 발전소는 대부분 바다, 호수, 강과 같은 대형 자연 수자원 근처에 건설되었다. 일부 국제 유역에서는 원자력 발전을 위한 막대한 수자원 소비가 일찍부터 국가 간 협력을 유도했다. 유럽의 라인강과 다뉴브강 유역이 대표적인 사례다. 독일, 프랑스, 스위스, 네덜란드는 라인강과 그 지류를 따라 원자력 발전소를 건설했다. 라인강 보호를 위한 국제기구가 이미 만들어져 있던 덕분에 이들 국가는 협력을 통해 갈등을 조정할 수 있었다. 그래도 라인강과 다뉴브강 유역에서의 원자력 발전은 여전히 유럽 정치에서 큰 논쟁거리다.[7]

에너지와 물의 얽힘과 관련된 가장 최근의 논란은 셰일가스와 같은 비전통적 방식의 석유 및 가스 생산이 지하수 대수층을 오염시킬 것이라는 우려에서 비롯되었다. 이러한 우려는 유럽에서 미국의 셰일가스 혁명을 모방하려는 꿈을 사실상 좌절시켰으며, 미국 내에서도 여전히 찬반 논쟁이 뜨겁다. 폴란드와 우크라이나 같은 국가에서는 셰일가스가 러시아로부터의 에너지 독립을 위한 경로로 각광받았지만, 깨끗한 수자원을 희생하면서까지 에너지 공급 안보를 강화할 가치가 있는지에 대해서는 의견이 엇갈린다.[8]

광물도 에너지 시스템에서 중요한 역할을 한다. 물이 주로 에너지 시스템의 정상적인 운영에 필요하다면, 광물은 주로 시스템의 형성 및 성장 단계에서 필요하다(에너지 시스템의 진화에서 개발 단계에 대한 논의는 아래에서 다룬다). 전력 시스템에서 구리는 항상 매우 중요한 역할을 맡아 왔으며, 현재 세계 구리 생산량의 상당

부분이 전력망에 사용된다. 원자력 산업에서는 지르코늄이 중요한 광물 중 하나다. 최근에는 화석연료에서 재생에너지로 전환하는 과정에서 리튬, 코발트, 희토류 원소 같은 '핵심 금속'에 얼마나 잘 접근할 수 있는지가 중요한 문제가 되었다. 리튬과 코발트는 전기차 배터리와 ESS(에너지 저장 장치, 간헐적인 태양광과 풍력 전력을 처리할 수 있도록 전력 시스템에서 중요한 역할을 한다) 생산에서 중요한 역할을 한다. 네오디뮴이나 디스프로슘 같은 희토류 원소는 풍력 터빈에 사용되는 강력한 자석에 중요하며, 백금족 금속은 고효율 태양광 셀의 생산에 필수적이다. 이러한 광물의 공급 가능성과 시장 가격은 재생에너지가 화석연료와 원자력에너지에 대해 경쟁력을 갖는 데 영향을 미친다. 그 결과, 이러한 광물에 대한 접근권을 둘러싼 국제적인 갈등이 에너지 지정학의 중요한 부분이 되었으며, 서구 세계의 재생에너지 정책은 칠레와 아르헨티나(리튬), 콩고민주공화국(코발트), 중국 내몽골(희토류)과 같은 지역에서의 대규모 채굴 활동과 깊게 연관되었다.[9]

식량과 에너지 공급 시스템 역시 수천 년 동안 밀접하게 연결되어 왔다. 일부 에너지 역사학자들은 특히 산업혁명 이전 시대를 다룰 때, 식량을 그 자체로 하나의 에너지원으로 보아야 한다고 주장한다. 식량과 사료는 오래도록 인간과 가축이 노동을 수행하는 힘의 근원이었기 때문이다.[10] 예를 들어, 환경사학자 요아힘 라드카우(Joachim Radkau)는 산업화 이전 유럽의 육상 운송의 한계를 '귀리 한계(oat limits)'라고 불렀다. 석탄과 철도의 등장 이전에는 육상 운송이 말의 사료로 사용되는 귀리의 공급에 의존했으며, 자연스럽게 이 귀리의 공급량은 이용 가능한 농경지의 규모에 의해 제한되었다는 것이다.[11]

화석연료로의 전환은 에너지와 식량 사이에 새로운 얽힘을 만들어 냈다. 질소와 수소를 합성하여 암모니아를 생산하는 하버-보슈(Haber-Bosch) 공정의 발명과 확산을 통해 화석연료가 비료 생산에 사용되기 시작했다. 이로 인해 농업의 집약도가 크게 올라가고, 세계 식량 생산이 전례 없는 수준으로 확대되었다.[12] 오늘날 천연가스는 질소 비료 생산에 사용되는 가장 중요한 원료이며, 세계 천연가스의 상당량이 바로 이 목적으로 사용된다. 따라서 천연가스 수입의 차질은 한 국가의 식량 공급에 부정적인 영향을 미칠 수 있다.

가장 최근의, 그리고 크게 논란 중인 에너지와 식량의 연관성 사례로는 바이오에너지를 들 수 있다. 21세기에 들어 문자 그대로 에너지를 '재배'하는 데 거대한 투자가 이루어졌다. 바이오에너지는 오랜 역사를 가지고 있지만, 최근 바이오연료의 원료 작물 생산이 급격히 증가한 것은 유례없는 현상이다. 옥수수, 유채, 야자유와 같은 작물의 경우, 에너지와 식량으로서의 사용이 경쟁하고 충돌한다. 각 작물의 글로벌 시장 가격은 해당 작물이 연료로 사용될지, 혹은 식량으로 소비될지를 결정하는 중요한 요소다. 21세기 초, 연료 가격이 급등했을 때 이러한 경쟁은 개발도상국에서 심각한 식량 위기를 초래한 주요 요인 중 하나였다.[13]

에너지 시스템 간의 경쟁

다양한 1차 및 2차 에너지원에 기반한 에너지 시스템은 따로 떨어져 운영되지 않는다. 우리는 이미 2차 에너지 시스템이 다양한

1차 에너지 시스템과 얽혀 있다는 점을 언급했다. 동시에 두 개 이상의 시스템이 우위를 차지하기 위해 서로 경쟁할 수 있다. 예를 들어, 화석연료 기반 시스템은 전력 시장에서 재생에너지 시스템과 치열하게 경쟁하고 있으며, 전기와 바이오연료는 교통 부문에서 석유 및 가스 기반의 다양한 에너지원들과 경쟁한다.[14]

다양한 에너지 시스템을 대표하는 기업들은 경쟁에서 승리하기 위해 여러 가지 전략을 사용한다. 첫째, 그들은 고객들에게 자사의 에너지 시스템이 경쟁자가 제공할 수 없는 기술적 기회를 제공하거나, 더 환경친화적이라고 주장한다. 예를 들어 전기 회사들은 일찍이 19세기 후반 조명 시장에서 조명용 가스 및 등유 공급업체와 경쟁할 때 이러한 논리를 동원했다. 제2차 세계대전 이후, 석유 공급업체들은 석탄 회사들과 경쟁하면서 석유가 석탄보다 취급이 더 용이한 점을 강조했다. 또한 난방 시장에서 석유로 전환할 경우 석탄 연소와 같은 수준의 대기 오염을 발생시키지 않으므로 환경적 이점이 있다고 소비자에게 강조했다. 오늘날, 전기와 천연가스 회사들은 석탄과 석유보다 자사 에너지 시스템이 우수하다고 주장하면서 기술적 성능 요소와 환경적 장점을 내세운다.

둘째, 서로 다른 에너지 시스템은 가격 경쟁을 벌인다. 예를 들어, 일부 에너지 시장에서 석탄에서 석유로의 전환은 기술적·환경적 측면에서 매력적인 선택이었지만, 실제로 소비자들이 석탄에서 석유 시스템으로의 전환을 진지하게 고려한 건 1950~60년대에 석유 가격이 석탄보다 낮아졌을 때였다. 또한 노르웨이나 스웨덴처럼 전기 가격이 특히 낮은 일부 국가에서는 난방용 에너지 시장에서 전기가 석탄 및 석유와 성공적으로 경쟁할 수 있었다. 가격은 화석연료에서 재생에너지 시스템으로의 전환 속도를 결정하는 데 중요한 요소로 기능한다.

셋째, 에너지 회사들과 다른 관련 주체들은 세금, 보조금, 에너지 정책 결정과 같은 사안에서 정부와 국가 기관에 로비를 펼쳐 지원을 얻으려고 할 수 있다. 역사적으로 정부는 에너지 시스템 간 경쟁에 직접적인 영향을 미치는 결정을 내린 경우가 많았다. 이런 맥락에서 지정학적 요인이 중요한 역할을 해왔다. 특히 정부는 수입 에너지보다 국내에서 조달 가능한 에너지원을 더 선호하는 경향이 있다. 비록 국내 에너지원이 더 비싸거나 기술적, 환경적으로 더 열악하더라도 말이다. 폴란드의 거대한 석탄 산업이 대표적인 사례다. 폴란드는 석탄이 수입 천연가스보다 더 비싸고 환경적인 측면에서도 타당하지 않음에도 불구하고, 석탄을 더 선호한다. 이는 수입 천연가스의 대부분이 러시아에서 오기 때문이다. 인도가 주로 자국산 석탄에 크게 의존하는 것도 지정학적 고려의 결과로 해석될 수 있다. 인도가 우라늄이나 천연가스와 같은 대체 에너지원에 접근하는 문제는 복잡한 국제관계와 연결되어 있다. 예를 들어, 이란과 투르크메니스탄에서 인도로 향하는 천연가스의 경유지로서 잠재적 역할을 할 수 있는 파키스탄과 인도는 관계가 좋지 않다. 또한 인도가 핵확산금지조약(NPT)에 가입하지 않았다는 이유로 2005년 인도-미국 간 핵 협정이 체결되기 전까지 서방 국가들은 인도의 국제 우라늄 시장 접근을 막아 왔다. 이러한 요인들로 인해 인도에서는 석탄이 가장 경쟁력 있는 에너지원으로 자리 잡았다.

20세기 초, 영국 정부가 해군 연료로 국내 석탄 대신 수입 석유로 전환한 결정은 흥미로운 반례로서 살펴볼 만하다. 당시 해군

사진: Bruno Kelly / 그린피스 브라질

누군가에겐 환영받지 못하는 재생에너지. 2014년 11월 26일, 브라질의 그린피스 활동가들과 문두루쿠(Munduruku) 원주민들이 브라질 북부 파라주(州) 이타이투바 근처 타파조스 강변 모래 위에 돌을 이용해 '타파조스 자유'라는 문구를 만들었다. 약 60명의 문두루쿠 원주민이 참여한 이 시위는 정부가 타파조스 유역에 건설할 예정인 5개 수력 발전소 중 첫 번째 발전소가 들어설 지역에서 진행됐다. 타파조스강 댐 프로젝트는 브라질 아마존 지역에 계획된 대규모 수력 발전 단지로, 특히 브라질에서 세 번째 큰 댐으로 계획된 상루이스두타파조스(SLT) 댐을 중심으로 했다. 이 프로젝트는 원주민 영토(특히 문두루쿠 땅), 생물 다양성, 지역 사회에 미치는 파괴적인 영향으로 인해 강력한 반대에 부딪혔다. 2016년 브라질 환경청(IBAMA)이 원주민 영토에 대한 회복 불가능한 영향을 이유로 SLT 댐 허가를 취소하면서 환경보호 측면에서 중대한 승리로 기록되었다. 그러나 2022년 1월, 브라질의 전기와 에너지 분야 규제기관인 국가전력국이 다시 타파조스강에 대형 수력 발전소 3곳을 건설하는 계획을 승인하면서 갈등이 재연되고 있다. 문두루쿠 원주민들과 그린피스 등은 마을에 태양광 패널을 설치하는 등 태양광에너지가 수력 발전보다 더 합리적인 대안이라고 주장하고 있다.

장관이었던 윈스턴 처칠은 대형 전함 운영에서 훨씬 더 높은 기술적 성능을 위해 국내 에너지 시스템(=석탄)을 희생하고 국제화된 에너지(=석유)를 선택했다. 또 다른 예는 스웨덴 정부가 자국산 우라늄 채굴을 단계적으로 중단하고, 수입을 중심으로 한 핵연료 공급 체제로 전환한 결정이다. 이 경우, 가격과 환경적 문제들이 자급자족에 대한 선호보다 더 중요하게 작용했다.[15] 오늘날 정치적 결정은 여전히 에너지 시스템 간 경쟁에 중요한 역할을 하고 있으며, 특히 화석연료와 원자력에 연계된 '구식' 시스템과 재생에너지 자원에 기반한 '신식' 시스템 간의 치열한 경쟁에서 그러하다. 그러나 이제 대부분의 국가에서 직접적인 정부 개입은 상대적으로 드물어졌으며, 에너지세, 국가 보조금, 수입 관세 및 환경 규제와 같은 간접적인 조치로 대체되었다.

에너지 시스템 간의 경쟁 정도는 역사적으로 성능(특히 다양한 기술적 돌파구), 가격, 정치적 흐름의 변화에 따라 크게 달라졌다. 예를 들어, 석탄은 산업화 초기 놀라운 성공을 거두었다. 20세기 초 석탄은 제련 공정, 산업용 증기기관, 기관차와 선박은 물론 건물 난방에 이르기까지 산업 전반에서 활용되었다. 석탄은 거의 모든 용도에 적합한 보편적인 연료로 자리 잡았다. 그러나 이후 대부분의 기존 용도에서 다른 에너지원과의 경쟁에서 밀려났다. 오늘날 선진국에서는 석탄이 거의 전적으로 전력 생산(보일러용 석탄)과 철강 생산(코크스용 석탄) 등의 목적으로만 사용된다.[16] 많은 개발도상국에서는 여전히 난방과 취사용으로 이용되지만, 전반적인 추세는 어디에서나 동일하다. 석탄은 점점 더 많은 전통적 시장에서 퇴출되고 있다.

석유도 마찬가지다. 한때 석유는 진정한 '범용 연료'가 될 것으로 보였다. 저렴하고 취급이 용이하며 환경적으로도 유리한 측면 (특히 비수송 부문에서 주 경쟁 상대였던 석탄보다)이 있어 여러 에너지 시스템과의 경쟁에서 우위를 점했다. 그러나 1970년대 석유 위기 이후, 자체 석유 매장량이 없는 많은 국가에서 발전과 난방용 석유 사용을 단계적으로 축소하기 시작했다. 유일하게 대체가 어렵거나 불가능하다고 여겨졌던 분야는 운송 부문이었다. 하지만 최근 전기차, 바이오연료 등 비석유 기반 기술들이 본격적으로 휘발유, 디젤, 항공유와 경쟁하기 시작하면서 석유 산업은 남아 있는 마지막 시장을 지키기 위한 치열한 싸움을 벌이고 있다. 만약, 혹은 필연적으로, 석유가 운송 시장에서도 밀려나게 된다면, 석유는 석유화학 산업을 제외하고는 더 이상 의미 있는 시장을 찾지 못할 수도 있다.

반면, 2차 에너지원인 전기는 다른 1차 및 2차 에너지 시스템과의 경쟁에서 점점 더 성공을 거두고 있다. 특히 현재 진행 중인 재생에너지로의 전환과 전기차 개발 과정에서 전기의 역할은 더욱 커지고 있다. 전기는 넓은 지역에 걸쳐 확대되는 풍력·태양광·파력·조력에너지를 효과적으로 통합할 수 있는 유일한 에너지 운반체다. 더욱이 운송 부문에서도 전기가 주도권을 잡을 것으로 기대된다. 이는 차량 자체뿐만 아니라 전기를 기반으로 한 새로운 도로 인프라의 구축을 포함한 전반적인 전동화의 확산을 의미한다. 이러한 추세는 필연적으로 전기를 에너지 지정학의 중심으로 더욱 부각시킬 것이다.

에너지 시스템을 움직이는 핵심 활동들

시스템의 관점에서 에너지를 분석할 때의 중요한 과제 중 하나는 에너지 시스템에서 이루어지는 다양한 활동을 이해하는 것이다. 역사적으로, 지역에서 구할 수 있는 목재가 글로벌 에너지 공급의 중심이던 시기에는 세계 대부분 지역에서 에너지와 관련된 활동이란 인근에서 땔감을 모아 이를 태워 사용하는 수준에 머물렀다. 그러나 현대의 에너지 시스템에서는 상황이 훨씬 더 복잡해졌으며, 훨씬 더 다양한 범위의 활동들이 이루어진다.

먼저 가장 명확한 변화는 에너지 수요가 지역적으로 가용한 자원만으로 충족될 수 없을 때 나타나는 운송의 중요성이다. 이와 관련하여 두 가지 유형의 운송 인프라가 존재한다. 첫 번째는 도로, 철도, 강, 운하, 해상 운송로로 구성된 일반적인 운송 인프라다. 산업화 이전 시기에도 목재 연료는 강과 하천을 따라 통나무를 띄워 보내는 식으로, 혹은 해안을 따라서 이동하거나 바다를 건너 운송되기도 했다. 그러나 이러한 운송 방식은 기술적 한계와 높은 비용으로 인해 장거리 연료 무역의 실용성을 제한했다.

근대 초기에는 인공 수로의 활용이 점점 증가했다. 17세기 네덜란드의 황금기는 값싸고 풍부한 이탄과 이를 운송하기 위해 구축된 독특한 운하망을 빼고는 생각하기 어렵다. 이후 석탄 운송에도 운하가 적극 활용되었으며, 석탄 회사들이 운하 건설에 직접 참여하는 경우도 많았다. 예를 들어, 영국에서는 프랜시스 에거턴 공작이 1761년 브리지워터 운하를 건설하여 자신의 광산에서 맨체스터 석탄 시장으로 석탄을 운송했다. 프랑스에서도 프랑스 혁명 전후로 많은 운하가 석탄 운송에 광범위하게 사용되

사진: 青空白帆

일본 도쿄만의 우라가해협을 지나고 있는 액화천연가스(LNG) 운반선 '샤하마(Shahamah)'호의 운항 모습. 천연가스는 운송이 매우 어려운 연료이며, 해외로 수출하기 위해서는 액화가 필수적이다. 아랍어로 기사도 정신이나 고귀함, 고상한 마음을 뜻하는 '샤하마'는 LNG를 해상 수송하기 위해 설계된 LNG 운반선으로 1994년부터 운항을 시작했다. '샤하마'호는 모스형 탱크로 알려진 독특한 구형 탱크를 갖추고 있으며, 이 탱크들은 극저온 상태에서 LNG를 저장한다.

었다. 철도의 등장은 이러한 운송 기회를 더욱 확대했다. 철도 시대의 막을 연 영국의 스톡턴-달링턴 철도를 비롯해 독일이 중국에 건설한 산둥 철도와 같은 식민지 프로젝트에 이르기까지 많은 철도망이 주로 석탄 운송을 목적으로 운영되었다. 또한 철도회사 자체가 주요 석탄 소비자였기 때문에 철도 건설과 석탄 운송의 확장은 서로를 강화하는 효과를 가져왔다.[17]

일반적인 운송 인프라가 여전히 중요한 역할을 수행하고 있지만, 점점 더 많은 '에너지 전용 인프라'가 이를 보완하고 있다. '에너지 전용 인프라'는 에너지의 전송과 분배 이외의 다른 용도로 활용될 수 없는 네트워크를 의미하며, 일반 운송망을 이용하지 않는다. 시간이 지나면서 이러한 전용 인프라는 글로벌 에너지의 국제화를 결정적으로 촉진시켰다. 대표적인 예로 석유와 천연가스 수송선, 송유관 및 전력 송전망이 있다. 역사적으로 등장한 최초의 에너지 전용 인프라는 도시가스 공급을 위한 배관망이었다. 영국 런던의 가스 라이트 앤드 코크 회사는 1814년 세계 최초로 도시가스 시스템을 구축했다.[18] 1870~80년대에 들어서면서 도시가스 네트워크와 함께 또 다른 에너지 전용 인프라인 전력망이 등장했다. 초기에는 가스와 전력 네트워크 모두 지역 단위에서 운영되었으나, 20세기에 접어들면서 점점 더 대규모의 상호 연결된 시스템으로 성장했다. 오늘날 가스 및 전력 네트워크는 종종 대륙 전체를 가로지르는 규모로 확장되었다. 석유 산업에서도 에너지 전용 인프라가 구축되었으며, 특히 유조선과 송유관이 중요한 역할을 담당했다. 심지어 경우에 따라 석탄도 장거리 이동을 위해 파이프라인을 통해 운송된다.[19]

둘째, 석탄, 석유, 우라늄, 태양에너지와 같은 현대의 주요 에너지원은 일반적으로 직접 사용할 수 없으며, 먼저 어떤 형태로든 변환이나 정제 과정을 거쳐야 한다. 목재가 주된 에너지원이었던 시기에도 일부 목재는 제철소용 숯으로 가공되었으나, 대부분은 그대로 연료로 사용되었다. 그러나 현대에는 상황이 크게 다르다. 정유 시설은 가장 널리 알려진 현대의 에너지 변환 시설로, 정유 과정이 없다면 원유는 쓸모없는 연료에 불과하다. 원자력 발전에서도 정제 과정이 핵심적인 역할을 한다. 다만 여기서는 이를 '전환'(채굴된 우라늄 광석을 육불화우라늄으로 변환)과 '농축'(핵분열을 일으킬 수 있는 우라늄 동위원소인 U-235의 비율을 증가시키는 과정)이라고 부른다. 특히 우라늄 농축은 오래전부터 지정학적으로 민감한 문제였다. 미국을 비롯한 강대국들은 소규모 국가나 개발도상국이 농축 기술을 확보하는 것을 막아 왔다. 해당 기술이 민간 원자력 발전뿐만 아니라 핵무기 개발에도 활용될 수 있다는 이유에서였다. 이란의 우라늄 농축 기술 확보 시도와 이를 저지하려는 서방국가들의 제재 조치는 대표적인 사례다.

석탄과 천연가스의 경우 정제 과정이 비교적 덜 중요하다. 많은 경우 이러한 연료는 거의 그대로 사용할 수 있다. 그러나 양질의 매장지가 점차 고갈되면서 이들 연료에서도 정제의 중요성이 커지고 있다. 예를 들어, 가스 생산 지역 곳곳에 가스 처리 시설이 운영되며, 이는 가스 품질을 높이고 불순물을 제거하는 역할을 한다. 한편 석탄 정제는 상대적으로 가치가 낮은 갈탄과 같은 저품질 석탄의 경우 특히 중요하다. 역사적으로 갈탄 정제 기술의 발전은 갈탄 기반 에너지 시스템이 보다 발전된 에너지 시스템과 경쟁할 수 있도록 만드는 데 핵심적인 역할을 해왔다.[20]

셋째, 비재생에너지원의 매장지는 영원히 지속되지 않는다. 따라서 시스템이 계속 작동하고, 나아가 확장되려면 고갈을 상쇄할 대체 매장지를 지속적으로 발굴할 필요가 있다. 따라서 지질 조사, 탐사 및 시추는 비재생에너지 시스템을 유지하는 데 결정적으로 중요한 활동이 된다. 특히 석유와 가스를 포함해 새로운 대규모 화석연료 매장지의 발견은 글로벌 에너지 역사에서 상징적인 사건이 되었다. 1959년 네덜란드 흐로닝언 가스전의 발견과 1968년 알래스카 프루도베이 유전의 발견이 대표적인 사례다. 화석연료 개발 초기에는 국내에서의 새로운 매장지 발견이 에너지 자립 강화에 도움이 될 것이라는 기대 속에 국가 주도의 탐사 및 시추 활동이 활발히 장려되었다. 그러나 시간이 흐르면서 대부분의 국가들이 자국 내 자원의 고갈을 직면했고, 결국 해외에서 새로운 매장지를 발견하는 데 의존하게 되었다. 오늘날 탐사 및 시추는 강력하게 국제화된 활동이 되었다. 점점 더 많은 국가 기관과 민간 기업들이 남아 있는 연료 매장지를 두고 치열하게 경쟁하고 있으며, 이 매장지들은 점점 더 적은 수의 국가에 집중되고 있다.[21]

넷째, 많은 현대 에너지원은 시스템의 '후단(back end)'에서 문제를 야기한다. 이는 에너지를 생산하는 과정에서 건강과 환경 문제를 유발할 수 있는 여러 종류의 바람직하지 않은 부산물이 발생하기 때문이다. 따라서 이러한 부산물을 어떤 방식으로든 처리·처분해야 하며, 이 과정 역시 종종 지정학적 문제와 연결된다. 대표적인 사례가 사용 후 핵연료 및 방사성 폐기물 처리이며, 특히 사용 후 핵연료의 재처리는 국제적인 쟁점으로 떠올랐다. 1970년대부터 프랑스, 영국, 러시아의 사용 후 핵연료 재처리 시설은 여러 소규모 원전 보유국들이 사용 후 핵연료를 이들 국가로 보내 재처리를 의뢰하면서 국제적으로 중요한 시설이 되었다. 이러한 국제적 연료 운송은 곧 논란의 대상이 되었다. 재처리 과정에서 생성되는 플루토늄이 핵무기 제조에 사용될 수 있기 때문이다. 또한 자국 내 폐기물 문제를 해외 반출을 통해 해결하는 게 윤리적으로 정당한지에 대한 논란도 커졌다.

현재 사용 후 핵연료의 해외 반출은 감소하는 추세이며, 반출이 이루어지더라도 재처리를 통해 발생한 핵폐기물은 원산지 국가로 다시 반환되는 것이 일반적이다. 한편 사용 후 핵연료를 직접 처분하는 방안 역시 국제적으로 활발한 논의의 대상이 되었다. 지금까지 일반적인 원칙은 각국이 자체적인 지층처분시설(geological repository)을 구축해야 한다는 것이었다. 그러나 국제원자력기구(IAEA, International Atomic Energy Agency)는 오랫동안 다수의 국가가 공동으로 핵폐기물을 매립할 수 있는 대규모 국제 처분시설의 건설을 주장해 왔다. 이는 지질학적 안전성과 경제적 효율성을 높이는 방안이라는 것이 IAEA의 논리다.[22]

사용 후 핵연료를 제외하면, 21세기에 가장 중요한 '후단' 문제는 화석연료와 바이오에너지를 태울 때 불가피하게 발생하는 이산화탄소 배출 문제다. 이 사안에 대한 주요 논쟁은 이산화탄소 배출량 감축에 집중되었으며, 탄소 문제를 해결하기 위한 다양한 (지구공학적) 해결책들이 제시되고 있다. 그중 가장 잘 알려진 방법은 탄소 포집 및 저장(CCS)이다. 현재로서는 CCS가 돌파구를 마련할 수 있을지 불확실하지만, 만약 성공한다면 화석연료와 바이오에너지 시스템에 새로운 운송 인프라가 추가될 것이다.[23]

마지막으로, 현대 에너지 시스템은 종종 에너지 생산과 소비가 동일한 '리듬'으로 이루어지지 않는다는 문제에 직면한다. 따라서 다양한 형태의 저장 시설이 필요하다. 현재까지도 에너지 저장은 시스템 구축자들에게 가장 해결하기 어려운 도전 과제 중 하나로 남아 있다. 가장 널리 알려진 저장 시설은 석유 저장 시설이다. 이에 못지않게 중요한 것이 가스 저장 시설이지만, 이는 일반적으로 지하에 구축되므로 대중의 시야에 잘 드러나지 않는다. 가스와 전기는 저장과 관련하여 기술적·경제적으로 매우 까다로운 과제를 안고 있으며, 그럼에도 불구하고 원활한 시스템 운영을 위해 저장 시설은 필수적이다. 전기의 경우, 재생에너지 시스템 구축자들은 현재 간헐적 에너지원에서 생산된 전기를 효과적으로 저장할 수 있는 기술을 개발하기 위해 고군분투하고 있다.[24]

시간이 지나면서 에너지 저장 기술은 에너지 흐름에서 발생하는 다른 종류의 변동에 대응하기 위한 주요 도구 중 하나로 부상했다. 특히 에너지 저장은 정치적 이유로 발생할 수 있는 공급 중단과 국제 연료 거래에서의 가격 충격에 대한 표준적인 안전장치가 되었다. 따라서 국제에너지기구(IEA, International Energy Agency)의 회원국들에게 최소한 90일 분량의 소비량만큼 석유 저장을 요구하는 것은 국제 석유 흐름의 일상적인 변동과는 관련이 없다. 오히려 이는 지정학적 원인으로 발생할 수 있는 대규모 공급 중단(석유 위기)에 대한 두려움을 반영한다.

'저장 시설'이 정확히 무엇을 의미하는지는 해석에 따라 달라질 수 있다. 예를 들어, 취약성 관리 도구로서의 석유와 가스 비축은 전통적으로 종종 '폐정(shut-in)' 형태로 이루어졌다. 이는 평상시에는 석유·가스전을 잠재적 생산 능력보다 덜 활용해 두었다가, 위기 상황이 발생하면 이를 가동해 다른 공급원이 중단되거나 감소한 부분을 보완하는 방식이다. 예를 들어, 제2차 세계 대전 동안 미국의 '폐정' 석유 공급은 유럽에서 연합군이 충분한 석유를 확보하는 데 중요한 역할을 했다. 이러한 조치는 성공적이었으며, 전후에도 여러 차례 재도입되었다. 첫 번째로 한국전쟁(1950~53년)과 이란 국유화 위기, 두 번째로 수에즈 위기(1956~57년), 마지막으로 1967년 중동의 6일 전쟁 당시에도 같은 방식이 활용되었다. 그러나 1970년대에 이르러 미국의 국내 석유 공급이 부족해지면서, 더 이상 이와 같은 '폐정' 전략을 사용할 수 없게 되었다. 이는 1973년 아랍의 석유 수출 금지 조치에 서방 세계가 극도로 취약했던 주요 이유 중 하나였다.[25]

에너지 시스템의 형성과 발전

에너지 시스템은 영구적인 구조물이 아니다. 생성과 소멸을 반복하며, 시간의 흐름에 따라 큰 변화를 겪는다. 안정성은 기껏해야 일시적일 뿐이다. 그렇다면 에너지 시스템은 어떻게 형성되며, 그 발전 양상을 결정하는 힘은 무엇인가?

에너지 시스템은 마법이나 단순한 우연으로 생겨나지 않았다. 이는 대담한 비전, 공학적 창의성, 재정적 위험 감수, 기업가들의 고뇌와 결단, 치열한 협상, 그리고 수많은 노력이 결합된 결과물이다. 종종 한 명 또는 소수의 핵심 인물들이 시스템의 형성과 발전 과정에서 결정적인 역할을 했다. 미국의 기술사학자 토머스 P. 휴즈(Thomas P. Hughes)가 사회기술 시스템을 분석하는 '대규모 기술 시스템' 접근법에서 사용한 개념을 빌리자면, 이 핵심 인물들을 ‘시스템 구축자’라고 부를 수 있다.[26] 이들은 기술 중심의 혁신가일 수도 있지만, 대개는 강한 열정을 지닌 비즈니스 리더이거나 핵심적인 위치에 있는 정부 관계자들이다. 이들은 대규모 인프라 프로젝트를 추진할 수 있는 능력과 권한, 그리고 인맥을 갖추고 있으며, 모호하고 종종 논란이 되는 비전을 실제로 구현하는 역할을 한다.

시스템을 전체적으로 조망하고, 그 안에서 다양한 기술적, 정치적, 경제적 요소들이 어떻게 연결되는지 포착하는 능력을 갖춘 성공적인 시스템 구축자는, 시스템 내 약한 구성 요소와 연결 지점을 ‘역돌출부(reverse salient)’로 식별한다. 그리고 이를 분석적으로, 또한 담론적으로 해결해야 할 ‘핵심 문제’로 전환하여, 시스템이 바람직한 방향으로 구축되고 확장되도록 한다. 역사적으로 잘 알려진 에너지 시스템 구축자로는 19세기 후반 석유 공급 시스템을 주도적으로 구축한 존 D. 록펠러, 그리고 미국 최초의 전력 시스템을 만드는 데 핵심적인 역할을 한 발명가 토머스 에디슨이 있다.

휴즈는 시스템의 발전 과정을 네 개의 단계로 구분한다.[27] 첫 번째 단계는 시스템이 발명되고 초기 개발이 이루어지는 ‘형성 단계’다.[28] 이 단계는 기술사 연구자들이 큰 관심을 가지는 부분으로, 아직 명확한 미래가 없는 기술적 비전이 중요한 역할을 한다. 형성 단계에 있는 시스템은 여전히 규모가 작고 본격적인 도약을 경험하지 않았을 수 있기 때문에, 통계 보고서상으로는 전혀 인상적으로 보이지 않는다. 따라서 해당 시스템이 성공적으로 자리 잡고 대규모 상업적 시스템으로 성장할지 여부를 예측하기란 매우 어렵다. 예를 들어, 핵융합에너지 시스템은 반세기 이상 형성 단계에 머물러 왔으며, 상업화가 가능할지 여부조차 여전히 불확실하다. 과학이나 공학 저널을 살펴보면, 형성 단계에 있는 시스템들이 다양한 형태로 등장하며, 기술적·사회적 비전, 기존 시스템과의 경쟁력, 그리고 실패 가능성에 대한 논의가 활발하게 이루어진다. 이 단계에 있는 시스템은 기술적·경제적·제도적·정치적 불확실성에 의해 생존 가능성이 크게 좌우되므로, 과소평가되거나 과대평가되기 쉽다.

에너지 시스템의 발전 과정 중 두 번째 단계는 기술 이전에 초점을 맞춘다. 즉, 다른 지리적 환경을 가진 시스템 구축자들이 원래의 시스템을 모방하거나, 혹은 그와는 다른 버전을 개발하려는 시도를 의미한다. 어떤 경우에는 새로운 에너지 시스템이 두 개 이상의 지역에서 동시에 등장하기도 하지만, 대부분의 경우 먼저 한 지역에서 등장한 후 그 성공 소식이 세계 각지의 관련 행위자들에게 영감을 주어 이를 '복제'하려는 움직임이 나타난다. 예를 들어, 1880년경 뉴욕에서 에디슨이 구축한 최초의 전력 시스템은 런던과 베를린의 시스템 구축자들에게 영향을 주어 그들만의 전력 시스템을 개발하도록 만들었다. 초기 석유 산업에서도 록펠러의 시스템이 핵심 기술과 (논란이 많았던) 사업 방식을 포함하여 러시아 석유 산업가들에게 유사한 시스템을 구축하도록 자극을 주었다.

이러한 기술 이전 과정은 종종 지정학적 문제와 연결된다. 앞서 언급했듯이, 서방의 강대국 정부들은 군사적으로 중요한 기술들을 포함하는 그들의 핵연료 시스템을 다른 나라가 모방하지 못하도록 외교적 수단과 기타 방법을 통해 오랫동안 막아 왔다. 비슷한 맥락에서 냉전 시기 여러 미국 행정부는 소련이 미국

식 석유 및 천연가스 시스템을 성공적으로 구축하는 것을 막고
자 했다. 현재 진행 중인 재생에너지 전환 과정에서도 기술 이전
을 둘러싼 지정학적 갈등이 더욱 심화될 가능성이 크다. 최근 중
국과 EU 간 태양광 패널 분쟁은 이러한 갈등의 본질을 보여주는
단적인 사례라 할 수 있다.

에너지 시스템 발전의 세 번째 단계는 물질적 성장과 지리적
확장을 특징으로 한다. 이 단계에서는 초기의 지역적 시스템들이
장거리 운송 시스템을 통해 서로 연결되는 복잡한 통합 과정이
진행된다. 시스템 구축자들에게 있어 주요 과제는 다양한 핵심
활동 간의 균형을 맞추는 것이다. 예를 들어, 석유 시스템의 역사
적 성장은 단순히 새로운 대규모 유전의 발견과 원유 생산 확대
에 그치지 않았다. 여기에 더해, 초대형 유조선과 같은 석유 운송
방식의 혁신, 전 세계적인 대규모 정유 시설 건설, 새로운 석유
저장 시설 확충, 그리고 마지막으로 국가 및 민간 석유 기업들이
서로 경쟁하는 한편 다른 에너지 시스템에 맞서 새로운 시장을
개척하려는 공격적인 노력이 수반되었다.

네 번째이자 마지막 단계에서 시스템은 성숙기에 접어든다. 성
장 속도는 둔화되지만, 시스템은 계속 발전한다. 이 시점에서 시
스템은 강한 관성을 갖게 되어 쉽게 '방향을 바꾸기' 어렵다.[29] 이
미 막대한 자본이 투입되었으며, 수많은 사람과 그들의 경력이
시스템과 깊이 연관되어 있다. 또한 시스템이 정치적·경제적·사
회적 핵심 기능과 긴밀히 통합되어 있어서, 이를 제외한 세상을
상상하기조차 어려워진다. 지금의 석유 시스템이 대표적인 예다.

오늘날 점점 더 많은 사람들이 화석연료를 완전히 단계적으
로 퇴출하는 것이 지구 환경과 인류 문명 모두를 위해 바람직하

다는 데 동의하고 있다. 그러나 강한 관성을 가진 석유 시스템의 내부 동력은 석유 생산과 소비의 지속적인 성장과 발전을 '자연스러운' 방향으로 가리키고 있다. 석유 시스템의 내부 논리에 따르면 접근하기 쉬운 자원의 고갈은 큰 문제가 되지 않는다. 이는 '수압 파쇄'나 심해 시추 같은 신기술의 발전과 북극해 및 아프리카의 분쟁 지역을 포함한 새로운 지역에서의 탐사 및 개발 확장을 통해 극복될 수 있다. 화석연료 연소로 인한 탄소 배출 문제는 CCS와 같은 혁신적 기술을 통해 대응할 수 있다는 식이다.

석유 시스템이 계속 확장되면서 기술적 창의성은 더욱 중요한 요소가 되었고, 이에 따라 고등 교육과 연구도 함께 확대되고 있다. 러시아, 미국, 인도, 중국 등 여러 나라의 석유 특화 대학들은 점점 더 많은 학부 및 대학원생을 석유 관련 전공으로 유치하고 있으며, 이들은 앞으로 석유 산업과 밀접한 경력을 쌓게 될 것이다. 또한 모든 방법이 실패할 경우 불법적인 방식이 동원되기도 한다. 예를 들어, 최근 자동차 산업에서 디젤 연료 차량의 실제 오염 물질 배출 수준에 관한 진실을 숨기려 시도한 일이 있다. 석유 시스템의 관성은 시스템이 이전과 동일한 방향으로 계속 확장되도록 '강제'한다.

에너지 지정학을 분석할 때, 특정 시스템이 특정 시점에서 어떤 단계에 있는지를 인식하는 것이 중요하다. 예를 들어, 북미, 일본, 유럽의 석유 시스템은 현재 명백히 성숙기에 접어들었지만, 많은 개발도상국의 석유 시스템은 여전히 성장 단계에 있다. 오늘날 유럽의 과제는 기본적으로 현재의 공급 수준을 유지하는 것이며(실제로 유럽의 석유 수요는 감소하고 있다), 이에 비해 중국과 인도의 경우 석유 수요가 더 급격히 증가할 것으로 예상된다.

이들 국가의 석유 기업들은 점점 더 많은 원유를 확보해야 하는 어려운 도전에 직면해 있다. 이러한 이유로 중국과 인도는 아프리카를 비롯해 중앙아시아, 남아메리카, 기타 여러 지역의 해외 석유 생산에 적극적으로 투자하고 있다.

국제적 시스템 구축: 경제 vs 정치

국제적인 맥락에서 시스템을 구축하는 일은 특히 어렵다. 표준과 규제, 정치적 전통, 비즈니스 문화의 차이뿐만 아니라, 과거 양자 및 다자 관계에서 비롯된 복잡한 유산이 시스템 구축 과정에서 걸림돌이 될 수 있다. 외국인 혐오와 역사적 트라우마는 에너지 분야에서 국제적인 시스템 구축 시도를 여러 차례 좌절시켰다. 특히 다른 나라나 다른 주체와 함께 시스템을 만들려는 경우, 지역이나 국가 차원의 시스템 구축과는 달리 전 과정을 주도하며 통제하기는 어렵다. 그 결과, 초국가적 에너지 시스템의 구축은 여러 개의 중심축을 가진 과정이 된다.

이 과정에서 중요한 요소는 참여 주체들 간의 신뢰 축적이다. 특히 시스템이 형성되는 초기 단계에서는 신뢰가 필수적이다. 만약 공동으로 구축하려는 시스템이 나중에 정치적 압력을 행사하는 수단, 즉 '정치적 무기'로 사용될 가능성이 있다는 의심이 존재한다면, 해당 시스템은 실제로 구축되지 않을 가능성이 크다. 실제로, 신뢰 부족으로 인해 실현되지 못한 초국가적 에너지 시스템의 사례는 수없이 많다. 그러나 다른 경우에는 초국가적 시스템 구축이 매우 역동적인 과정으로 발전하여, 효과적인 시스템

구축자들의 연합이 국경을 초월한 긴장과 격차를 상호 이익이
되는 발전과 성장의 기회로 전환시키기도 했다. 이러한 초국가적
협력의 성공 사례가 없었다면, 오늘날 글로벌 에너지 공급은 여
전히 대부분 지역적인 수준에 머물러 있을 것이다.[30]

국제적 차원에서 시스템 구축이 어떻게 이루어지는지를 이해
하려면 우선 세계의 에너지원이 불균등하게 분포되어 있다는 사
실을 떠올릴 필요가 있다. 일부 국가와 지역은 풍부한 자원을 보
유하고 있지만, 다른 국가들은 그렇지 않다.

글로벌 에너지 자원의 불균등한 분포

세계 주요 연료 매장지는 어디에 있는가?(2016년 기준)[31]

화석연료: 석유, 천연가스, 석탄

에너지원	구분	상위 국가 및 비중(%)
석유	매장량	베네수엘라(17.3%), 사우디아라비아(15.6%), 캐나다(10.0%), 이란(9.3%), 이라크(9.0%), 러시아(6.4%), 쿠웨이트(5.9%), 아랍에미리트(5.7%), 미국(2.8%), 리비아(2.8%), 나이지리아(2.2%), 카자흐스탄(1.8%), 카타르(1.5%), 중국(1.5%). (이 중 71.5%는 OPEC, 즉 석유수출국기구의 통제 아래 있었다.)
	생산량	사우디아라비아(13.4%), 미국(13.4%), 러시아(12.2%), 이란(5.0%), 이라크(4.8%), 캐나다(4.8%), 아랍에미리트(4.4%), 중국(4.3%), 쿠웨이트(3.4%), 브라질(2.8%), 멕시코(2.7%), 베네수엘라(2.6%), 노르웨이(2.2%), 카타르(2.1%), 앙골라(2.0%). (OPEC 회원국들의 생산량은 전체의 42.7%를 차지했다.)

천연가스	매장량	이란(18.0%), 러시아(17.3%), 카타르(13.0%), 투르크메니스탄(9.4%), 미국(4.7%), 사우디아라비아(4.5%), 아랍에미리트(3.3%), 베네수엘라(3.1%), 중국(2.9%), 나이지리아(2.8%), 알제리(2.4%).
	생산량	미국(21.3%), 러시아(16.3%), 이란(5.7%), 카타르(5.1%), 캐나다(4.3%), 중국(3.9%), 노르웨이(3.3%), 사우디아라비아(3.1%), 호주(2.6%), 알제리(2.6%), 말레이시아(2.1%), 인도네시아(2.0%).
석탄	매장량	미국(22.1%), 중국(21.4%), 러시아(14.1%), 호주(12.7%), 인도(8.3%), 독일(3.2%), 우크라이나(3.0%), 카자흐스탄(2.2%), 인도네시아(2.2%).
	생산량	중국(46.1%), 미국(10.0%), 호주(8.2%), 인도(7.9%), 인도네시아(7.0%), 러시아(5.3%), 남아프리카공화국(3.9%), 콜롬비아(1.7%).

기타 에너지원 생산: 우라늄, 바이오연료

에너지원	구분	상위 국가 및 비중(%)
우라늄	생산량	카자흐스탄(39.4%), 캐나다(22.5%), 호주(10.1%), 나미비아(5.9%), 니제르(5.6%), 러시아(4.8%), 우즈베키스탄(3.9%), 중국(2.6%), 미국(1.8%).
바이오연료	생산량	미국(43.5%), 브라질(22.5%), 독일(3.9%), 아르헨티나(3.4%), 인도네시아(3.0%), 프랑스(2.7%), 중국(2.5%), 태국(2.0%), 네덜란드(2.0%).

재생에너지 소비: 수력, 기타 신재생

에너지원	구분	상위 국가 및 비중(%)
수력 발전	소비량	중국(28.9%), 캐나다(9.7%), 브라질(9.6%), 미국(6.5%), 러시아(4.6%), 노르웨이(3.6%), 인도(3.2%).
기타 신재생	소비량	중국(20.5%), 미국(20.0%), 독일(9.0%), 브라질(4.5%), 일본(4.5%), 영국(4.2%), 인도(3.9%), 스페인(3.7%), 이탈리아(3.6%).

에너지를 보유하지 못한 국가들에게 희소식은 국제 에너지 시스템의 구축을 통해 에너지 자원이 풍부한 국가들로부터 에너지를 공급받을 수 있다는 점이다. 예를 들어, 스웨덴은 화석연료나 우라늄 광석을 전혀 생산하지 않는다. 그러나 이 나라는 수입한 석탄과 코크스를 활용해 철강 산업을 성공적으로 운영하고 있으며, 3,300여 개의 주유소를 통해 자동차와 트럭 운전자들이 휘발유와 디젤을 손쉽게 공급받을 수 있다. 또한, 여러 공항에서 이착륙하는 항공기 역시 전적으로 수입 석유에 의존하고 있다. 덴마크로부터 단 하나의 가스 파이프라인을 통해 공급되는 천연가스는 스웨덴 남부와 남서부 지역의 도시와 산업시설에 난방과 산업 공정용 열을 제공하며, 수입 우라늄을 연료로 사용하는 대형 원자력 발전소들은 막대한 양의 전력을 생산해 스웨덴 가정과 국제 경쟁력을 지닌 에너지 다소비 공장들을 뒷받침하고 있다.[32]

유럽 대부분의 국가들과 동아시아 및 동남아시아의 선진국들도 이와 유사한 상황에 처해 있으며, 물론 수입 연료 의존도의 정도는 국가마다 다르다. 가장 일반적인 경우는 일부 국내 에너지원이 있지만(스웨덴은 이례적으로 풍부한 수력 발전 잠재력을 보유하고 있다), 여전히 대부분의 에너지 수요를 충족하기 위해 해외 자원에 의존해야 하는 국가들이다. 따라서 대부분의 국가에서 해외 에너지 자원을 도입하는 것은 에너지 시스템 구축자들에게 필수적인 활동이 된다.

21세기에 이르러, 한 지역이 완전히 자급자족할 수 있는 에너지원을 보유하는 경우는 극히 드물다. 심지어 자원이 풍부한 국가들조차도 외국의 에너지 공급으로부터 완전히 독립할 수는 없다. 에너지 지정학에서 중요한 과제는 장거리 연료 운송과 송전이 이루어지는 조건을 규정하는 것이다. 특히 이는 다양한 운송 경로의 기술적, 경제적, 정치적 실행 가능성을 평가하는 과정과 밀접하게 연관된다. 여기서 우리는 두 가지 상반된 논리를 구별할 수 있다. 첫 번째 논리는 연료 자원의 자연적 지리를 출발점으로 삼는 반면, 두 번째 논리는 세계의 정치적 지형을 중심으로 접근한다.

자연적 지리 논리는 연료가 풍부하고 생산 비용이 저렴한 지역에서 해당 연료에 대한 수요가 높은 지역으로 운송하는 편이 경제적으로 합리적이라는 점을 강조한다. 예를 들어, 한 세기 전 유럽에서 석탄이 주요 에너지원으로 자리 잡았을 때, 영국과 독일의 주요 탄광 지역에서 석탄을 채굴하여 유럽의 대도시 및 산업 중심지로 운송하는 것이 합리적인 선택으로 여겨졌다. 수출국과 수입국의 시스템 구축자들은 이를 인식하고, 이에 맞는 무역 체계를 공동으로 구축했다. 전후 시대에 네덜란드, 리비아, 알제리, 소련에서 대규모 천연가스 매장지가 발견되었을 때도 마찬가지였다. 자연적 지리 논리는 이러한 국가들에서 서유럽의 산업 중심지로 가스를 운송하는 것이 합리적임을 시사했고, 시스템 구축자들은 이에 대응하여 가스를 필요한 곳으로 보낼 수 있는 방대한 파이프라인 인프라를 구축했다.

호주의 에너지 수출도 같은 맥락에서 이해할 수 있다. 인구 밀도가 낮지만 화석연료와 우라늄이 풍부한 호주는 자연적 지리 논리에 따라 해외 시장으로 연료를 공급하는 것이 유리했다. 석탄의 경우, 제1차 세계대전 이전까지는 경쟁력이 부족했지만, 이후 수십 년간 해상 운송 비용이 급격히 감소하면서 호주의 석탄은 유럽과 같은 먼 시장에서도 수익을 낼 수 있는 상품이 되었다. 오늘날 호주는 글로벌 에너지 시스템의 핵심 공급국으로 자리 잡았으며, 석탄뿐만 아니라 우라늄과 천연가스까지 주요 수출 품목으로 확대하고 있다.

그러나 정치적 지형은 이러한 '자연스러운' 무역 패턴에 이의를 제기한다. 이는 '비우호적'이거나 '신뢰할 수 없는' 국가를 보이콧하고 제재할 필요성을 강조하며, 경제적으로 비합리적일지라도 해외 고객보다 국내 소비자를 우선시해야 한다고 주장한다. 예를 들어, 제1차 세계대전 이전까지 독일은 자국 남동부에 위치한 실레시아(Silesia) 탄광에서 생산된 석탄을 대량으로 수출했다. 이러한 무역은 경제적으로 명백한 이점을 가지고 있었다. 그러나 제2차 세계대전 이후 같은 탄광이 폴란드 영토로 편입되면서 동일한 석탄 수출이 심각한 논란을 불러일으켰다. 특히 자본주의 서유럽의 정치적 통합성을 우려하던 영국과 미국은, 지리적으로 이 탄광과 가까운 스웨덴과 덴마크 같은 국가들이 폴란드산 석탄을 수입하는 것을 저지하려 했다.[33]

이와 유사하게, 소련의 서유럽에 대한 에너지 수출도 정치적 이유로 여러 차례 도전에 직면했다. 비록 대부분의 수출이 경제적으로 상당한 이점을 지닌 것으로 보였지만, 서방 국가들은 이를 지속적으로 문제 삼았다.

또 다른 사례로, 한국전쟁 이후 북한에서 남한으로의 대규모 석탄 수출이 중단된 것을 들 수 있다. 한반도 내 석탄 무역은 전쟁 이전까지 자연스러운 흐름을 보였으나, 이후 정치적 갈등으로 인해 완전히 차단되었다. 오늘날에도 국제 바이오연료 완제품 및 원재료의 무역, 특히 글로벌 남반구에서 북반구로의 이동은 정치적으로 조율된 다양한 관세와 규제에 의해 방해받고 있다. EU와 기타 지역에서 시행되는 이러한 조치들 중 일부는 EU 내부의 바이오연료 생산업체를 보호하기 위한 것이며, 또 다른 일부는 글로벌 남반구에서 환경적·사회적으로 책임 있는 에너지 작물 재배를 촉진하려는 목적으로 시행되고 있다.[34]

대체로 자연적 지리 논리와 정치적 지형 논리 모두 지지자와 반대자가 존재한다. 일부 시스템 구축자는 경제적·기술적 요인보다 정치적·안보적 요인을 더 중요하게 여긴다. 반면 그 반대로 생각하는 사람들도 있다. 중요한 점은, 두 논리와 그 지지자들 간의 경쟁에서 어떤 결과가 나올지는 결코 정해져 있지 않다는 것이다. 냉전 시기 유럽에서는 정치적 지형 논리가 여러 차례 승리를 거두었다. 자본주의 국가와 공산주의 국가를 연결하던 기존 전력망이 실제로 단절되었고, '철의 장막'을 넘어 새로운 전력망을 구축하려던 여러 구상도 실현되지 못했다. 그러나 천연가스 분야에서는 자연적 지리 논리가 승리했다. 이념적·군사적 대립에도 불구하고, 소련에서 대량의 천연가스가 서유럽으로 공급되었고, 이를 위한 광범위한 천연가스 파이프라인 네트워크가 구축

되었다.[35]

자연적 지리 논리는 이집트와 이스라엘 간의 국경을 넘는 가스 시스템 구축에서도 승리를 거두었다. 정치적 지형 논리로 보면 양국이 협력할 이유가 없지만, 실제로는 협력이 이루어졌다. 두 논리 간의 불일치는 수단과 남수단, 인도와 파키스탄의 에너지 관계에서도 명확히 드러난다. 경제적으로 보면 이들 국가가 에너지 협력을 통해 상당한 이익을 얻을 수 있을 것처럼 보이지만, 정치적 지형 논리는 협력을 피해야 한다고 주장한다. 이러한 이유로, 이러한 지역들은 현대 에너지 지정학에서 가장 흥미로운 연구 대상이 된다.

결국, 글로벌 에너지의 변화하는 지리는 국제 시스템 구축 과정에서 정치적 지형 논리와 자연적 지리 논리 간의 지속적인 경쟁으로 이해할 수 있다. 그러나 시간이 경과하여 국제 에너지 시스템이 형성되고 나면 상황은 더욱 복잡해진다. 일단 하나의 시스템이 성숙하면, 자연적 지리 논리에 따라 기존 시스템을 유지하는 것이 더욱 타당하게 받아들여진다. 구축된 시스템을 포기하는 것은 거의 불가능한 선택지가 된다. 오히려 시스템 구축자들은 '자신들의' 시스템을 더욱 발전시키려 한다. 반대로, 이미 자리 잡은 시스템을 급하게 변경하는 것은 매우 어렵고 비용도 많이 든다.

높은 수준의 관성을 지닌 성숙한 에너지 시스템은 바다, 강, 숲, 산과 같은 자연 지리 위에 덧씌워져, 사실상 자연 환경의 일부처럼 기능하게 된다. 이는 다른 대규모 기반 시설과 마찬가지로, 현대 세계에서 '이차적 자연'으로 자리 잡는다. 그러나 정치적 지형이 변화하면 이러한 성숙한 시스템은 어떻게 될까? 변화하는 것은 에너지 시스템뿐만이 아니다. 국가들은 흥망성쇠를 거듭

하며, 정치적 경계도 다시 그려진다.

예를 들어, 1991년 소련 붕괴는 러시아 대통령 블라디미르 푸틴이 '20세기 최악의 지정학적 재앙'이라고 부를 만큼 중대한 사건이었다. 소련 시절에는 여러 공화국을 아우르는 통합 전력망이 구축되어 있었다. 특히, 소련 전력 시스템의 북서부는 자연적 지리 논리와 정치적 지형 논리를 모두 충족하도록 설계되었다. 이 지역에서 가용한 1차 에너지원이 소련 전체의 이익을 위해 활용되었으며, 동시에 러시아, 벨라루스, 그리고 발트 3국(에스토니아, 라트비아, 리투아니아)을 하나로 묶으려는 소련 중앙정부의 정치적 목표에도 부합했다. 그러나 1991년 소련이 붕괴되고 발트 3국이 독립하면서, 기존의 통합 전력망은 더 이상 정치적으로 바람직하지 않게 되었다. 하지만 경제적인 면에 있어서는, 러시아와 벨라루스에서 분리된 전력망을 따로 구축하는 것이 합리적이지 않았다. 기존 광역 전력망의 설계 자체가 모든 참여국에 경제적 이익을 주는 구조였으며, 에스토니아와 리투아니아는 러시아와 벨라루스로 전력을 수출하여 상당한 수익을 올릴 수 있기 때문이었다. 시스템의 관성 때문에 이를 여러 개의 국가별 전력망으로 나누는 것은 비합리적으로 보였고, 심지어 불가능해 보이기까지 했다.

그 결과, 소련 붕괴 후 25년이 지나고도 발트 3국의 전력망은 여전히 러시아와 벨라루스의 전력망과 동기화된 상태로 유지되었다. 이는 발트 3국이 이미 EU와 북대서양조약기구(NATO)의 회원국이 된 이후에도 지속되었다.[36] 중앙아시아 전력망이나 통합된 남캅카스 천연가스망이 공산주의 붕괴 이후 어떻게 변화했는지, 혹은 과거 하나의 국가였던 수단의 공동 석유 시스템이 두 개의 독립국으로 분리된 이후 어떻게 운명이 갈렸는지도 이와 유사한 사례로 설명될 수 있다. 결국, 에너지 시스템이 가지는 강한 관성은 이를 구축했던 정치 체제보다도 더 오래 지속되는 경우가 많다.

더 생각할 거리

- 한 도시, 지역 또는 국가를 선택하여 해당 지역의 에너지 공급이 국내외 다른 지역과 어떻게 연결되어 있는지 조사해 보자. 이때, 1차 에너지 시스템과 2차 에너지 시스템 간의 연관성을 고려하여 분석하자.

- 하나의 국가적 또는 국제적 에너지 시스템을 선택하여 그 형성과 발전 과정을 개괄해 보자. 현재 이 시스템은 어떤 단계에 있으며, 시스템의 관성이 얼마나 강하게 작용하고 있는지 평가하자.

- 본 장에서 언급되지 않은 국경을 초월한 시스템 구축자들의 연합을 최소 하나 이상 찾고, 이들이 새로운 국경 간 에너지 연결을 형성하는 데 어떠한 역할을 했는지 설명해 보자.

스프롬(Gazprom)의 수출 정책을 분석해야 한다. '중국'을 연구하는 것이 아니라, 시진핑 국가주석과 시노펙(Sinopec) 전 사장 왕톈푸(뇌물수수 혐의로 현재 수감 중)의 관계를 살펴봐야 한다. '독일'을 연구하는 대신, 석탄 수입업자들과 급진적 환경 단체 사이의 권력 투쟁을 분석해야 한다. 국가는 독립적인 행위자가 아니다.[1]

2장에서는 여러 유형의 행위자들을 검토한다. 먼저, 주로 이윤을 목적으로 에너지와 관련된 사업을 영위하는 민간 기업과 기업가들의 역할을 살펴본다. 다음으로, 보다 다양한 동기를 지닌 국가 기관의 행위자들과 국영 에너지 기업을 분석한다. 이후, 지역 및 지방에 존재하는 다양한 행위자들이 국제 에너지 분야에서 때때로 핵심적인 역할을 해온 사례를 살펴본다. 또한, 환경 단체, 노동조합, 과학자 및 엔지니어들의 역할을 논의한다. 마지막으로, 국제기구와 언론이 에너지 및 지정학에 미치는 영향을 검토한다. 그리고 장의 끝에서, 다시 처음의 질문으로 돌아가 '글로벌 에너지를 실제로 통제하는 주체는 누구인가?'에 대해 고찰할 것이다.

글로벌 에너지와 민간 기업

부를 쌓겠다는 꿈은 인간이 글로벌 에너지 산업에 뛰어들도록 하는 강력한 동인이었다. 지난 200여 년 동안, 민간 기업가들은 에너지 자원 채굴과 에너지 시스템 구축을 통해 막대한 재산을 축적해 왔다. 가장 대표적인 사례는 석유 산업이다. 19세기 미국과 러시아 제국에서 각각 석유 산업을 주도했던 존 D. 록펠러와

에마누엘 노벨(Emanuel Nobel)은 엄청난 부를 축적하여 자국 내에서 가장 부유한 인물이 되었다.

오늘날 에너지 기업들은 세계에서 가장 강력한 기업들 중 하나로 자리 잡고 있다. 2017년 기준으로, 로열 더치 쉘(Royal Dutch Shell, 이하 쉘)과 엑슨모빌(ExxonMobil)은 포춘 글로벌 500대 기업 순위에서 상위 10위권에 포함되었으며, BP(British Petroleum), 셰브론(Chevron), 코노코필립스(ConocoPhillips) 등도 그 뒤를 바짝 쫓고 있었다. 유가 하락에도 불구하고, 쉘은 2017년 한 해 동안 2,400억 달러의 매출을 기록했는데, 이는 핀란드나 포르투갈 같은 국가의 국내총생산(GDP)과 맞먹는 규모였다. 이렇게 막대한 현금 흐름을 보유한 대형 석유 기업들은 당연히 전 세계 에너지 공급을 상당 부분 통제할 수 있는 강력한 권력을 행사해 왔다.

그러나 이른바 '슈퍼메이저(supermajors)'라 불리는 대형 석유 기업들은 거대한 빙산의 일각에 불과하다. 민간 기업은 글로벌 에너지 산업의 모든 분야와 다양한 규모에서 활발히 활동하고 있다. 일반적으로 대형 원자재 채굴 기업들이 비즈니스 뉴스에서 주목받지만, 이들이 유일한 주요 행위자는 아니다. 에너지 생산업체와 시스템 운영업체에 제품과 서비스를 공급하는 협력업체들 역시 막대한 영향력을 행사한다. 예를 들어, 석유를 직접 생산하지는 않지만 핵심 기술과 서비스를 제공하는 대형 기업인 슐럼버거(Schlumberger)는 2016년 280억 달러의 매출을 올렸다. 전력 산업에 주요 설비를 공급하는 ABB(Asea Brown Boveri)는 340억 달러의 매출을 기록했으며, 풍력 터빈 제조업체인 베스타스(Vestas)는 80억 달러의 매출을 올렸다.[2]

이 외에도 원자력 발전소 건설업체, 태양광 패널 제조업체, 연구개발(R&D) 기업, 석유 및 가스 산업용 강관 제조업체, 화력 발전소용 증기 터빈 생산업체 등 다양한 기업들이 글로벌 에너지 시스템 형성에 결정적인 역할을 해왔다. 때때로 이들은 에너지 지정학의 중심에 서기도 했다. 냉전 시기, 미국과 유럽이 소련에 천연가스 시스템 구축용 강관과 압축기를 수출하는 문제는 서유럽과 소련의 에너지 관계에 대한 논쟁의 중심에 있었다.[3] 보다 최근에는, EU가 중국이 유럽 시장에 값싼 태양광 패널을 '덤핑'하고 있다고 비난하면서 양측의 관계가 악화된 바 있다. 또한, 원자력 발전과 관련된 장비의 공급 문제는 유럽과 미국이 이란을 대상으로 한 제재의 핵심 이슈 중 하나였다.

그뿐만 아니라, 에너지 산업을 지원하는 수천 개의 중소기업들도 존재한다. 이들은 유지보수, 부품 공급, 컨설팅 등 다양한 방식으로 에너지 산업에 기여하지만, 언론의 관심을 거의 받지 못한다. 그러나 이들은 글로벌 에너지 흐름을 유지하는 데 필수적인 역할을 한다. 예를 들어, 에너지 시스템에서 공급이 중단되는 가장 흔한 원인은 정치적 이유에서 비롯된 에너지 '무기화'가 아니라, 유지보수를 제대로 수행하지 못한 경우인 경우가 훨씬 더 많다.[4]

글로벌 에너지 산업에서 민간과 공공 부문 간의 권력 균형은 시대에 따라 바뀌었다. 또한, 국가나 지역에 따라서도 상당한 차이를 보여왔다.[5] 제1차 세계대전 이전까지, 지역 단위의 가스 및 전력 산업은 초기부터 부분적으로 공공 부문의 통제를 받기도 했지만, 글로벌 에너지 산업은 본질적으로 민간 기업이 주도했으며, 특히 석유와 석탄 부문에서 그러했다. 그러나 1920년대부터 1970년대까지는 주요 에너지 기업의 민간 소유 비율이 감소하는 시기가 이어졌다. 이러한 변화에는 몇 가지 주요 요인이 작용했다. 첫째, 제1차 세계대전 이후 국가가 연료 자원을 '전략적' 자산으로 인식하기 시작하면서, 에너지를 민간 기업에 전적으로 맡기는 것이 바람직하지 않다고 판단했다. 둘째, 소비에트 연방과 동유럽, 중국, 베트남 등 세계 여러 지역에서 자본주의적 소유권 자체가 철폐되었다. 셋째, 특히 석유 산업에서 외국계 기업이 운영하던 회사들이 과거 식민지에서 독립한 국가들이나 기타 개발도상국에서 국유화되는 경향이 두드러졌다.

그러나 이러한 흐름은 1980년대부터 반전되었다. 이 시기 세계적으로 자유화와 민영화의 바람이 불었으며, 1990년대에는 러시아와 동유럽에서 공산주의 체제가 붕괴하면서 이러한 변화가 더욱 가속화되었다. 그 결과, 많은 국영 에너지 기업이 부분적으로 혹은 완전히 민영화되어 주식 시장에 상장되었다. 다만, 이러한 민영화 과정에서 일부 기업은 특정 에너지 '올리가르히(oligarch, 과두제적 기업가)'의 손에 넘어가기도 했다. 전력 회사들 역시 주식 시장에 상장되었는데, 가장 대표적인 사례는 중국의 거대 국영 전력망 기업인 중국국가전력망공사(SGCC)다. 이 기업은 현재 포춘 500대 기업 순위에서 상위 10위권에 포함되어 있다. 또한, 세계 최대 석유 기업인 사우디 아람코(Aramco, Arabian American Oil Company)도 부분적인 민영화를 준비하고 있다. 그러나 동시에, 국가가 에너지 부문에 대한 통제를 다시 강화하려는 움직임도 감지되고 있다. 최근 러시아와 남아메리카 등지에서 정부의 개입이 증가하는 것은 그러한 흐름을 보여주는 대표적인 사례다. 이는 에너지 산업에서 민간과 공공 부문 간의 권력 균형이 다시 국가 중심으로 이동할 가능성을 시사한다.

'슈퍼메이저'의 부상과 몰락?

석유 산업에서 흔히 언급되는 '슈퍼메이저'는 엑슨모빌, 셰브론, 코노코필립스, BP, 쉘, 토탈, ENI 등 7개 주요 석유 기업을 가리킨다. 이들은 원유 및 정유 제품의 전 세계 공급을 상당 부분 통제하고 있다. 토탈과 ENI를 제외한 나머지 기업들은 19세기에 설립되어 오랜 역사를 지니며, 특히, 당시 가장 중요한 석유 재벌이었던 존 D. 록펠러의 유산은 오늘날 석유 산업에서 여전히 뚜렷하게 드러난다. 록펠러는 1870년 스탠더드 오일(Standard Oil)을 설립했으며, 이후 몇십 년 동안 이 기업은 막대한 영향력을 행사했다. 결국 1911년, 미국 대법원은 독점 금지법을 적용해 스탠더드 오일을 7개의 개별 기업으로 분할하도록 명령했다. 이렇게 분할된 기업들은 미국 각 주에 본사를 두게 되었다.

이들 중 가장 규모가 컸던 뉴저지 스탠더드 오일(Standard Oil of New Jersey)은 이후 엑슨으로 발전했다. 뉴욕 스탠더드 오일(Standard Oil of New York)은 모빌이 되었고, 결국 1999년 엑슨과 다시 합병했다. 캘리포니아 스탠더드 오일(Standard Oil of California)은 셰브론으로 성장했으며, 이후 켄터키 스탠더드 오일(Standard Oil of Kentucky)을 인수했다. 인디애나 스탠더드 오일(Standard Oil of Indiana)은 후에 아모코(Amoco)로 이름을 바꾸었으며, 1998년 BP에 흡수되었다. BP는 또한 오하이오 스탠더드 오일(Standard Oil of Ohio)도 인수했는데, 이는 원래 록펠러가 이끌었던 스탠더드 오일의 핵심 법인이었다. 오늘날 세계 7대 석유 기업(슈퍼메이저) 중에서 네덜란드에 본사를 두었지만 역사적으로 영국과 긴밀한 관계를 맺어온 쉘, 프랑스의 토탈, 그리고 이탈리아의 ENI를 제외하면, 대부분의 거대 석유 기업들은 록펠러가 구축한 광대한 비즈니스 제국의 흔적을 포함하고 있다.

　슈퍼메이저들이 강력한 영향력을 행사하는 이유는 단순히 규모 때문만이 아니라, 이들의 수직적 통합 구조 덕분이다. 이들은 원유 생산(업스트림, upstream)뿐만 아니라 정제 및 유통(다운스트림, downstream)까지 모든 과정에 걸쳐 사업을 운영한다. 또한, 천연가스 생산 및 석유화학 산업에서도 중요한 역할을 담당한다. 이들의 활동은 철저히 국제적으로 이루어진다. 예를 들어, 쉘은 네덜란드 헤이그에 본사를 두고 엑슨모빌은 미국 텍사스 어빙(Irving)에 본사를 두고 있지만, 이들이 관리하는 석유 공급망은 전 세계적으로 확산되어 있다. 2016년 기준으로 쉘은 48개국에서 석유 및 가스 탐사·생산에 참여하고 있으며, 12개국에서 정유시설을 운영하고, 8개국에서 석유화학 공장을 운영하고 있다.[6] 심지어 상대적으로 규모가 작은 노르웨이의 에퀴노르(Equinor)조차 20개국에서 탐사 및 생산 활동을 진행 중이었다.[7]

　슈퍼메이저는 자본력, 기술력, 정치적 네트워크를 바탕으로 개발도상국에서 막대한 영향력을 행사해왔다. 이러한 권력 불균형은 역사적으로 수많은 정치적·상업적 논쟁의 원인이 되었다. 특히, 서구 석유 기업들의 공격적인 확장은 종종 제국주의적 야망의 연장선으로 해석되었으며, 멕시코, 베네수엘라, 이란, 이라크, 이집트, 리비아 등에서 반서구적, 반식민주의적 움직임을 촉발했다. 1950년대 이후, 개발도상국의 국가 기관들은 자국 영토 내 석유 자원에 대한 더 많은 통제권과 의사 결정 권한을 요구하기 시작했으며, 특히 석유 기업들이 거둔 수익에서 더 큰 몫을 돌려받으려 했다. 그 결과, 다국적 기업들이 장악하던 석유 산업은 점진적으로 국유화되었다.

　국유화 과정은 국가마다 달랐다. 베네수엘라, 이란, 리비아, 알제리에서는 급진적이고 혁명적인 방식으로 진행된 반면, 사우디아라비아와 쿠웨이트에서는 협상을 통해 비교적 점진적으로 진행되었다. 사우디아라비아의 경우, 1973년 이전까지 사우디 정부는 아람코에 대한 지분이 전혀 없었지만, 이후 점진적으로 25%, 60%, 그리고 1980년에는 100%의 지분을 인수하며 완전한 국유화에 성공했다. 1988년에는 운영권까지 정부가 직접 통제하게 되었다. 역사적 흐름을 살펴보면, 개발도상국과 슈퍼메이저 간의 권력 격차는 점차 축소되었으며, 슈퍼메이저의 지배력은 약화되었다. 1973~74년 석유 위기는 이러한 권력 이동의 정점이었다. 현재의 슈퍼메이저들이 여전히 막강한 영향력을 행사하고 있음에도, 과거 서구 석유 기업들이 개발도상국에서 누렸던 절대적인 권력과 비교하면 상당히 약화된 상태다.

　21세기 석유 산업에서 생산 및 수입의 대부분은 이제 국영 석유 기업들이 담당하고 있다. 북아프리카와 중동뿐만 아니라, 중국, 인도, 브라질, 말레이시아 등의 국가에서도 국영 석유 기업들이 주요 행위자로 자리 잡았다. 더 나아가, 이들 국영 기업들은 단순한 원유 생산을 넘어 정제, 운송, 판매 부문까지 진출하며 슈퍼메이저의 기존 영역을 잠식하고 있다. 대표적인 사례로 사우디 아람코는 이제 사우디아라비아뿐만 아니라 필리핀, 중국, 일본, 한국, 미국 등지에서도 정유 사업을 운영하고 있으며, 자체 유조선 선단을 이용한 글로벌 석유 수송망을 구축했다. 결국, 과거 서구 석유 기업들이 절대적인 주도권을 행사하던 시대는 지나가고 있으며, 글로벌 석유 시장에서 국영 기업들의 비중이 점차 커지고 있다. 슈퍼메이저는 여전히 강력한 존재지만, 과거와 같은 독점적 지위는 더 이상 유지하기 어려운 상황이다.

국가 행위자: 그들은 누구이며, 무엇을 원하는가?

글로벌 에너지 분야에서 민간 기업의 영향력은 막대하지만, 공공 부문의 행위자들도 이에 필적하는 힘을 가지고 있다. 이들은 다양한 이해관계와 통제 의지를 가진 개인과 조직으로 구성된 복잡한 집단이다. 그중에서도 가장 강력한 존재는 각국의 대통령과 총리다. 이 글을 집필하는 시점에서 국제 에너지 관계에 직접적인 영향을 미치는 대표적인 정부 수반으로는 러시아의 블라디미르 푸틴과 미국의 도널드 트럼프가 있다. 이들은 역사적으로도 강한 영향력을 행사해온 여러 지도자들의 계보를 잇고 있다. 예를 들어, 멕시코의 라사로 카르데나스(Lázaro Cárdenas) 대통령과 이란의 모하마드 모사데그(Mohammad Mosaddegh) 총리는 각각 1938년과 1951년에 자국의 석유 산업을 국유화하여 세계를 놀라게 했다. 미국의 드와이트 아이젠하워 대통령은 1953년 '평화를 위한 원자력(Atoms for Peace)' 구상을 발표하며 원자력에너지의 지정학적 지형을 변화시켰다. 이집트의 안와르 사다트(Anwar Sadat) 대통령은 1973년 이스라엘을 상대로 '욤키푸르 전쟁'을 일으켜 에너지 위기를 촉발시켰다.

대통령과 총리는 자신이 통치하는 국가의 이익을 대변해야 한다. 그러나 국가의 이익이란 무엇인가? 역사적으로 정부의 에너지 정책을 형성해 온 주된 이익은 크게 세 가지로 나눌 수 있다. 첫째, 외교 정책적 이익, 둘째, 경제적 이익, 셋째, 환경적 이익이다. 이상적으로는 이 세 가지를 균형 있게 고려하는 지도자가 국제 에너지 관계를 평화롭고 생산적인 방향으로 이끌면서도 자국 경제를 성장시키고 환경을 보호할 것이다. 하지만 현실에서 이러한 목표들을 동시에 달성하기는 쉽지 않다. 오히려 대부분의 경우, 이익 간의 충돌이 발생한다. 예를 들어, 경제적 이익을 추구하는 과정에서 외교적 이익을 희생해야 하는 상황이 벌어지곤 한다.

이러한 (잠재적인) 이해 충돌은 특정 정부 각 부처의 활동을 분석할 때 더욱 분명해진다. 이러한 분석을 통해 우리는 국가 정부가 매우 이질적인 조직이라는 사실을 쉽게 확인할 수 있다. 예를 들어 외교 업무를 담당하는 부처는 나라에 따라 외교부나 외무부라고 일컫고, 미국에서는 국무부(Department of State)라는 명칭을 사용한다. 이 부처들은 단순히 행정 조직의 하나라기보다, 다른 부처와는 다른 업무 방식과 사고방식을 지닌 독자적인 조직 문화를 형성하고 있어, 정부 내에서 별도 영역처럼 작동하는 경우가 많다. 대체로 외교부는 권위 있는 전문기관에서 훈련받은 야심 찬 인물들이 자리하고 있으며, 이들은 국가의 독립, 국제적 위상, 다른 나라들과의 평화로운 관계 유지를 궁극적으로 책임지고 있다고 자부한다. 국방부와 마찬가지로, 국가의 안보, 영토 보전, 국제적 명성 유지보다 중요한 것은 없다고 여긴다.[8] 이러한 핵심 관심사는 100년 넘게 외교 정책 결정자들의 에너지 정책에 깊은 영향을 미쳤다.

예를 들어, 빌리 브란트(Willy Brandt)가 1966년부터 1969년까지 서독 외무장관을 지낸 후 총리로 취임했을 때, 그는 소련과 서독을 연결하는 천연가스 파이프라인 건설을 지지했다. 이를 독일의 통일 가능성을 열어줄 하나의 중요한 단계로 생각했기 때문이다.[9] 이와 비슷하게, 안와르 사다트가 이끄는 이집트 정부의 외교 정책 결정자들은 1973년 10월 이스라엘과의 전쟁 이후, 아랍 산유국들을 단결시켜 미국과 서방 국가들을 대상으로 한 석유 수출 금지 조치(embargo)를 추진했다. 그들은 이 조치가 전쟁에서 승리하고, 국제 사회에서 이집트의 위상을 회복하는 수단이 될 것이라고 판단했다.[10]

한 국가의 경제부처(혹은 산업이나 무역 관련 부처)[11]에서는 에너지를 전혀 다른 시각에서 바라본다. 경제부처들도 국제 에너지 관계에 깊은 관심을 두지만, 그 목적은 외교부와 다르다. 경제부처의 주요 목표는 국내총생산(GDP), 생활 수준, 고용률 같은 근본적인 경제 지표들을 개선하는 것이다. 이것이 최우선 과제이며, 다른 무엇보다 중요하다. 이들은 국가 안보와 외교 정책의 중요성을 인정하면서도, 이를 경제 개발, 거시경제 안정, 무역 수지 등의 문제보다 우선시할 필요는 없다고 본다.

석유 수출국의 경우 경제부처의 관련자들은 대통령이나 외교부가 주장하는 수출 금지 조치나 '에너지 무기화' 전략을 지지하지 않을 가능성이 크다. 이러한 조치는 경제적 이익을 가져오지 않기 때문이다. 반면, 에너지를 수입하는 국가에서는 경제부처가 에너지를 국내 경제 활동의 필수 요소로 인식하며, 국내 산업이 충분하고 저렴한 에너지를 확보하도록 하는 데 주력한다. 따라서 국내보다 해외에서 에너지를 조달하는 것이 더 저렴하다면 수입을 선호할 수도 있다. 그러나 외교부는 이에 반대할 가능성이 크며, 특히 신뢰하기 어려운 국가로부터의 수입을 제한하거나 관세를 부과하는 방안을 제안할 수도 있다. 물론 경제부처도 특정 에너지 산업을 보호하기 위해 수입 관세를 제안할 수 있지만, 이는 국가 안보보다는 국내 에너지 산업 발전을 촉진하기 위한 경제적 이유에서 비롯된 것이다. 또한, 유럽 여러 나라에서 전통적으로 국내 석탄 산업을 보호해 온 것처럼, 경제부처는 일자리 보호를 중요한 요소로 고려할 수도 있다.

외교 정책과 경제적 이해관계는 종종 서로 겹치며, 그 결과 정부 전체가 같은 방향으로 나아가지만, 그 동기는 다를 수 있다. 국제 시스템 구축에서 새로운 프로젝트가 실현되려면, 외교적 관점과 경제적 관점에서 모두 실익이 있어야 한다. 외교 정책 결정자들은 경제 정책을 외교 목표 달성을 위한 지렛대로 활용하려 하고, 반대로 경제 정책 담당자들도 외교 정책을 경제적 이익을 확보하는 수단으로 삼는다.[12]

하지만 외교 정책과 경제적 이해관계가 충돌하는 경우도 많다. 대표적인 예가 수출 금지 조치나 경제 제재처럼 논란이 많은 정책들이다. 또한 외교부처나 경제부처 안에서도 내부 갈등이 발생할 수 있다. 외교부 내에서는 국제관계에 대한 시각 차이가 존재할 수 있으며, 일부는 강경한 태도를 취하는 반면, 다른 일부는 협력적인 접근을 선호할 수 있다. 경제부처에서는 주로 정치인과 정책 자문단 간의 갈등이 발생한다. 국내 에너지 생산자를 우선시하는 그룹은 에너지 가격을 높게 유지하기를 원하고, 반면 에너지 소비자를 대변하는 쪽은 에너지 가격이 낮아지기를 원한다. 이러한 이해관계의 조율은 역사적으로 많은 경제 장관과 정부 수반들에게 골칫거리였다.

마지막으로, 환경 문제는 지난 반세기 동안 정부 정책에서 점점 더 중요한 요소로 부각되었으며, 이는 에너지 지정학에도 강한 영향을 끼쳤다. 도시 대기 오염, 산성비, 이산화탄소 배출, 해양 오염, 생물 다양성 감소 등이 주요 쟁점이다. 환경 정책 결정자들은 외교나 경제보다 이러한 문제를 우선시해야 한다고 주장한다. 그들의 논리는 간단하다. 환경 재앙이 닥치면 국가 안보와 경제 발전도 무의미해지기 때문이다. 전통적으로 환경부처(및 국가 환경 기관)와 외교·경제부처 사이에는 깊은 문화적 간극이 존재했다.[13] 외교·경제부처는 국제 에너지 관계에 대한 논의에서 환경적 논거를 정당한 고려 요소로 인정하기를 기피했다. 가령, 이들은 국가가 지역적 오염 문제를 해결하기 위해 영토적 통합성을 포기할 수는 없으며, 환경 문제를 이유로 경제 성장의 잠재력을 제한해서는 안 된다고 주장한다. 반면, 환경 정책 결정자들은 외교 정책 담당자들이 군산복합체의 이익을 대변한다고 의심하고, 경제 정책 담당자들이 탐욕스러운 자본주의 세력과 결탁했다고 비판하는 경향이 있다.

이러한 논쟁은, 예를 들어 에너지 독립의 수단으로 위험성이 큰 원자력 발전 프로그램을 진행하거나, 급증하는 에너지 수입을 억제하기 위해 환경 오염이 예상되는 갈탄 광산 투자를 모색하는 등의 사안을 둘러싼 갈등에서 두드러지게 나타났다. 그러나 지난 20여 년 동안 일부 국가에서는 이런 갈등이 부분적으로 해소되었다. 외교와 환경 정책 담당자들은 점점 화석연료에서 재생에너지로의 전환을 긍정적으로 바라보기 시작했고, 경제부처 역시 '스마트' 에너지로의 전환이 거대한 경제적 기회를 창출할 수 있다고 판단하면서 점점 더 재생에너지를 지지하는 추세를 보인다.

역사적으로 에너지 정책 수립의 주요 책임은 경제, 산업, 무역부처가 맡아 왔다. 에너지의 '전략적' 중요성이 점점 커지면서 외교부에서도 에너지를 외교 정책의 일부로 다루는 하위 부서를 신설하는 경우가 많지만, 여전히 경제부처가 에너지 문제에 대한 핵심 전문성을 보유하고 있다. 일부 국가에서는 에너지가 갖는 전략적 중요성이 커지면서 독립적인 에너지부처를 신설하기도 했다. 미국 에너지부(Department of Energy)가 대표적 사례다. 또한, 에너지가 국가 경제에서 차지하는 비중이 큰 나라에서는 강력한 에너지부처가 존재하며, 특히 주요 석유 수출국들은 별도의 석유부처까지 운영하고 있다.

한편, 최근 수십 년 동안 많은 국가에서 에너지 정책의 주된 책임을 기후 및 환경부처로 이전하는 경향이 나타났다. 이는 특히 스웨덴, 덴마크, 코스타리카처럼 환경 보호를 중시하는 소규모 국가에서 두드러진다. 이러한 조직 구조의 차이는 각국 정부가 어떤 이해관계를 우선시하는지를 보여준다. 반민주적 국가나 권위주의 국가, 혹은 강력한 정치 지도자가 절대적인 권력을 행사하는 국가에서는 에너지 관련 정부 내 갈등이 존재하지 않는 듯 보일 수도 있다. 하지만 이는 사실과 다르다. 러시아의 푸틴 행정부만 해도, 구공산권 국가들에 대한 석유·가스 수출을 통한 경제적 이익과, 러시아의 정치적 행동을 비판하거나 서방과 지나치게 가까워지는 국가를 응징하려는 외교 정책적 목적 사이에서 갈등을 겪어왔다. 중국의 시진핑 정부에서도 천연가스 수입이 외교적으로 위험 요소가 될 수 있다고 보면서도, 극심한 대기오염 문제를 해결하기 위해서는 필수적이라고 판단하는 딜레마를 안고 있다.

민주주의 국가와 권위주의 국가의 차이는, 정부 내 상충하는 이해관계를 뉴스에서 접할 수 있느냐 없느냐의 차이에 불과하다. 민주주의 국가에서는 이러한 갈등이 언론을 통해 공개적으로 드러나지만, 권위주의 국가에서는 그렇지 않을 뿐이다.

국영 에너지 기업의 이중 정체성

에너지와 지정학에서 막대한 영향을 미치는 국가 행위자의 한 유형으로 국영 에너지 기업이 있다. 이들은 한쪽 발은 국가 기관에, 다른 한쪽 발은 기업 세계에 걸치고 있다. 두 요소의 상대적 비중은 기업마다 크게 다르다. 한쪽 극단에는 공식적으로 정부부처로 분류되며 기업과는 전혀 관련이 없는 경우가 있다. 소련과 마오쩌둥 시대의 중국이 그 대표적 사례다. 당시 이들 국가의 에너지 산업은 전적으로 정부의 통제 아래 있었다. 1970년대 후반까지 중국의 석탄 생산은 석탄산업부가, 석유 생산은 석유산업부가 담당했다.[14] 소련 정부도 전력부, 석유산업부, 가스산업부 등 여러 부처를 두고 있었다.

예를 들어, 소련의 가스산업부(Mingazprom)는 단순히 가스 산업을 규제하거나 정책을 개발하는 국가 관료조직이 아니었다. 이 부처 자체가 가스를 생산·운송하고, 파이프라인을 건설하며, 신규 가스전을 탐사하는 등 가스 시스템을 직접 운영하고 확장하는 역할을 수행했다. 즉, 정책 기관이면서 동시에 산업 운영 기관이었다. 형식적으로는 '기업'이 아니었지만, 생산 확대와 시스템 확장을 추진하고 효율성을 개선하며 가스를 최대한 많이 판매하려는 점에서 기업과 유사하게 행동했다. 소련 붕괴 후 이 부처는 강력한 가스 기업인 가스프롬으로 변모했다.[15]

다른 극단에는 일반적인 주식회사와 다를 바 없지만, 국가가 지분의 과반 이상을 보유한 기업이 있다. 노르웨이의 에퀴노르가 대표적이다. 노르웨이 정부가 지분 67%를 보유하고 나머지 33%는 민간 자본이 소유하며, 오슬로 증권거래소에 상장돼 있다. 마찬가지로, 현재 중국의 최대 기업이자 전 세계 매출 기준 10위권 이내 기업인 시노펙의 경우 지분의 71%는 중국 정부가, 29%는 민간이 소유하고 있으며, 세계 주요 증권거래소에 상장돼 있다. 반면, 정부가 100% 소유하며 완전히 통제하는 국영 기업도 있다. 유럽 주요 전력 기업 중 하나인 스웨덴의 바텐팔(Vattenfall)은 스웨덴 정부가 전적으로 소유하며, 이란국영석유회사(NIOC, National Iranian Oil Company) 역시 이란 정부가 지분 100%를 보유한다.

세 국영 에너지 기업의 부침이 심한 행로

BP는 현재 세계 최대 석유 기업 중 하나이자 '슈퍼메이저'로 불리는 7대 글로벌 석유 기업 중 하나다. 그 역사는 1901년 영국 사업가 윌리엄 녹스 다르시(William Knox D'Arcy)가 페르시아에서 획득한 석유 채굴권(concession)으로 거슬러 올라간다. 다르시는 초기 탐사에서 석유를 발견하지 못했고, 페르시아에서의 탐사로 막대한 재산을 날린 끝에 결국 스코틀랜드 기반의 버마 오일(Burmah Oil Company)에 자신의 권리 대부분을 매각했다. 버마 오일의 지원 덕분에 탐사를 계속할 수 있었고, 결국 1908년 거대한 유전이 발견되었다. 이후 버마 오일은 페르시아에서 석유를 개발하기 위해 '앵글로-페르시안 석유회사(Anglo-Persian Oil Company)'라는 자회사를 설립했고, 1912년 첫 석유 생산을 시작했다.

이 시기 석유의 전략적 중요성이 점점 부각되면서 영국 정부의 관심을 끌게 되었다. 당시 해군장관(First Lord of the Admiralty)이었던 윈스턴 처칠은 영국 해군의 동력원을 석탄과 증기에서 석유로 전환하기로 결정했다. 그러나 영국은 자국 내

석유 매장량이 전무했기 때문에 안정적인 공급원을 확보해야
했다. 처칠은 민간 기업, 특히 미국이 장악한 석유 기업들에
의존하지 않기 위해 앵글로-페르시안과 협상에 나섰다. 결국,
제1차 세계대전 발발 전까지 영국 정부는 이 회사의 지배 지분을
확보하는 데 성공했다. 영국 정부는 해당 지분을 통해 터키 석유
회사(Turkish Petroleum Company)의 지분 47.5%를 보유하며
지배력을 행사했는데, 이 회사는 이후 1927년 이라크 북부의
키르쿠크(Kirkuk)에서 거대한 유전을 발견했다.1935년, 앵글로-
페르시안 석유회사는 '앵글로-이란 석유회사(Anglo-Iranian Oil
Company)'로 개명되었다. 그러나 이란에 대한 영국의 통제는
논란을 불러일으키며 이란 내 민족주의 정서를 자극했다. 제2차
세계대전 이후 갈등이 고조되었으며, 특히 1950년 이후 영국이
당시 중동 석유업계에서 일반화되던 50대50 수익 배분 방식을
받아들이기를 거부하면서 긴장이 극에 달했다.

1951년 3월, 새로 선출된 이란 총리 모하마드 모사데그는
이란 석유 산업의 국유화를 단행했다. 이에 따라 앵글로-
이란 석유회사가 보유하던 이란 내 자산은 새로 설립된
이란국영석유회사로 넘어갔고, 영국은 이란에서 축출되었다.
그러나 2년 후 서방 국가들이 주도한 쿠데타로 모사데그가
축출되면서 영국은 다시 이란으로 복귀했다. 다만 이전처럼
이란 석유 산업을 완전히 장악할 수는 없었다. 이후 앵글로-이란
석유회사는 'BP(British Petroleum)'로 재탄생했으며, 이란 의존도를
줄이기 위해 글로벌 사업 확장에 나섰다. 대표적인 사례가 1968년
알래스카 프루도베이 대형 유전 발견이었다. BP는 북해(North
Sea), 라틴아메리카, 아프리카, 동남아시아 등에서도 활발한 활동을

전개했다.

한편, BP에 대한 영국 정부의 통제력은 점차 줄어들었다. 1970년까지 정부는 BP 지분의 48%를 보유하고 있었으나, 1974~1979년 집권한 노동당 정부 하에서 지분율이 26%로 감소했다. 이후 1987년 마거릿 대처(Margaret Thatcher) 총리가 이끄는 보수당 정부가 남은 정부 지분을 모두 민간에 매각하면서 BP는 완전한 민영 기업이 되었다.[16]

가스프롬은 러시아에서 가장 유명하면서도 논란이 많은 국영 에너지 기업이다. 이 회사는 원래 1956년 소련 석유부에서 분리되어 설립되었다. 초기 명칭은 '가스산업총국'이었으나, 가스 생산이 확대되면서 1965년 '가스산업부'로 승격되었다. 이에 따라 총국장이었던 알렉세이 코르투노프(Alexei Kortunov)는 가스산업부 장관이 되었다. 이후 25년 동안 '밍가스프롬'으로 불린 이 부처의 활동은 급격히 성장했고, 1980년대에는 소련 내 최대 규모의 석유·석탄부처들과 어깨를 나란히 할 정도로 강력한 영향력을 행사했다. 1989년, 소련 경제 개혁 시도의 일환으로 미하일 고르바초프(Mikhail Gorbachev) 정부는 이 부처를 법인화하여 '국영 가스 기업 가스프롬'으로 전환했다. 1985년부터 가스산업부 장관을 지낸 빅토르 체르노미르딘(Viktor Chernomyrdin)이 이 신설 국영 기업의 수장이 되었다.

1991년 말 소련 해체 이후, 가스프롬은 존속 위기에 직면했다. 이는 소련 각 공화국별로 분할되는 과정에서 투르크멘가스프롬(Turkmengazprom, 이후 튀르크멘가즈[Türkmengaz]로 개명), 우크라가스프롬(Ukrgazprom, 현재의 나프토가즈[Naftogaz]) 등 여러 국가 단위 기업이 분리되었기 때문이다. 그러나 가스프롬은 여전히 주요 자산과 핵심 가치를 러시아 연방 내에 보유하고 있었으며, 소련 시절 대외무역부가 담당했던 수익성 높은 가스 수출 사업도 인수했다. 이러한 지정학적 변화 속에서 가스프롬은 서유럽과 중앙유럽뿐만 아니라, 크렘린이 '가까운 해외(near abroad)'라고 부르는 비(非)러시아계 구 소련 공화국들에도 대규모 가스를 수출하는 기업으로 자리 잡았다. 이 가운데 우크라이나가 가장 중요한 시장이었다.

이러한 혼란스러운 시기, 가스와 정치의 긴밀한 관계를 상징하는 사건이 발생했다. 1992년 12월, 러시아 대통령 보리스 옐친(Boris Yeltsin)이 가스프롬의 수장 체르노미르딘을 러시아 총리로 임명한 것이다. 그러나 그 직후 가스프롬은 주식회사로 전환되었으며, 지분의 상당 부분이 러시아 시민(바우처 민영화 제도를 통해), 가스프롬 직원, 그리고 일부 외국인 투자자들에게 매각되었다. 동시에 가스프롬은 증권 거래소에 상장되었으며, 국가가 보유한 지분은 38%로 줄어들었다. 이는 상당한 비율이지만, 기업을 완전히 통제할 수 있는 수준은 아니었다. 2000년 블라디미르 푸틴이 러시아 대통령으로 취임한 후, 정부는 가스프롬에 대한 통제력을 다시 강화하려 했다. 푸틴은 정교한 금융 전략과 비국가 주주들에 대한 다양한 압박을 통해 정부 지분을 50% 이상으로 끌어올리는 데 성공했다. 그 결과, 러시아 정부는 다시 가스프롬을 확실하게 통제하게 되었다.[17]

바텐팔은 1909년 스웨덴 국영 전력위원회(State Electricity Board)로 설립되었다. 오랫동안 국영 기업이라기보다 국가 기관에 가까운 지위를 유지했다. 바텐팔은 스웨덴 북부의 막대한 수력 발전 잠재력을 개발하는 데 핵심적인 역할을 했으며, 이 과정에서 광범위한 확장을 추진했다. 그러나 댐 건설은 지역 경제에 종사하는 여러 집단, 특히 어업과 통나무 운반업에 종사하는 사람들에게 큰 어려움을 초래했다. 또한 개발 과정에서 사미 원주민의 권익이 철저히 무시되면서 여러 갈등과 논란이 발생했다. 그럼에도 불구하고 바텐팔이 생산한 북부 지역의 수력 발전 전기로 인해 국가 경제 차원에서는 대성공을 거두었다. 대규모 저렴한 전력이 공급되면서 스웨덴의 에너지 집약적 산업이 빠르게 성장할 수 있었고, 이 과정에서 ASEA(현재의 ABB)와 같은 스웨덴 장비 제조업체들은 초고압 송전 기술 분야에서 세계적 선두 기업으로 자리 잡았다. 이 기술은 북부 사프미(Sápmi) 지역에서 산업화된 스웨덴 남부로 전력을 수송하는 데 필수적이었다.

두 차례 세계대전 사이에 바텐팔의 시장 지배력이 커지면서 지역 경쟁업체들의 불만이 제기되었으나, 제2차 세계대전은 국가 차원의 협력을 더욱 강화하는 계기가 되었다. 전쟁 이후 바텐팔이 국가 통합 초고압 전력망 운영을 단독으로 담당하기로 합의가 이루어졌다. 또한 바텐팔은 북유럽 국가 간 전력망 연계를 적극 추진했으며, 이는 냉전 시대 동안 북유럽 협력의 성공 사례로 자리 잡았다. 그러나 1980년대 후반이 되자 전력 공급이 거의 완비되면서 바텐팔의 매출 성장이 둔화되었다. 세계 경제와 정치에서 신자유주의적 흐름이 확산되면서 바텐팔의 민영화 가능성이 논의되었다. 당시 논의된 방향은 바텐팔이 전력 부문을 넘어 사업을 다변화하거나, 해외 시장으로 확장하는 것이었다. 결국 1991년, 스웨덴 정부는 바텐팔을 주식회사로 전환하기로 결정했다. 이는 민영화의 첫 단계로 해석되었으나, 현재까지도 정부가 100% 지분을 보유하고 있다.

1990년대 후반부터 라르스 G. 요세프손(Lars G. Josefsson)의
주도하에 바텐팔은 해외 시장으로의 급진적 확장을 시작했다.
요세프손은 폴란드와 독일의 주요 전력 회사를 인수하는 전략을
추진했다. 특히 독일에서는 함부르크와 베를린의 전력 시스템뿐만
아니라, 구 동독 지역 전체의 송전망, 그리고 갈탄 광산과 갈탄
발전소까지 인수하면서 스웨덴 국영 기업이 독일 전력 시장에서
강력한 영향력을 행사하게 되었다. 그러나 이러한 독일 내
인수합병은 스웨덴 안에 큰 논란을 불러일으켰다. 그럼에도 스웨덴
정부는 소극적인 태도를 유지했으며, 100% 국영 기업임에도
불구하고 실제 경영권은 요세프손과 그의 경영진이 행사하는
듯했다.

몇 년 동안 바텐팔은 막대한 수익을 올렸으나, 2010년대 들어
전기 요금 하락과 네덜란드 시장에서의 실패로 인해 심각한 손실을
기록하기 시작했다. 여기에 2011년 후쿠시마 원전 사고 이후
독일 정부가 탈원전을 조기 결정하면서 상황이 더욱 악화되었다.
바텐팔은 독일 내 여러 원자력 발전소를 운영하고 있었기에,
독일 정부와 심각한 갈등을 빚었고 이 문제는 여전히 해결되지
않은 상태다. 이러한 불확실성 속에서 바텐팔의 미래는 여전히
불투명하다.[18]

국영 에너지 기업은 어떤 이해관계를 가지고 있으며, 무엇을 추
구하고, 어떤 의제를 내세울까. 이 질문을 경영진에게 던지면,
대체로 자신들은 '일반적인 기업'과 다르지 않으며 주주를 위해
가치를 창출할 뿐이라고 답할 것이다. 이런 의미에서 보면 이들
의 활동과 전략은 주로 경제적 이해관계에 의해 형성되는 듯 보

인다.

그러나 그와 경쟁하는 또 다른 의제들이 존재할 수 있다. 예컨대 국영기업의 경영진은 자사 활동이 국가의 전반적인 안보와 발전, 번영에 얼마나 중요한지를 강조하며 애국적 입장을 취할 수 있다. 이는 특히 해당 기업이 막대한 이익을 창출하거나 정부에 대규모 세금이나 로열티를 납부해 국가 재정을 강화하는 경우에 더욱 흔하게 나타난다. 국가는 이러한 수익원을 반기지만, 때로는 이를 경제적 목적을 넘어 정치적 수단으로 활용하려는 유혹을 느끼기도 한다. 대표적인 사례가 러시아 정부가 가스프롬을 외교 정책의 도구로 사용했다는 의혹이다. 마찬가지로 중국 국영 석유 기업들이 아프리카에서 수행하는 활동도 단순한 경제적 동기가 아닌 국가 전략적 목표와 연계된 것으로 해석되기도 한다. 이 외에도 이런 사례는 적지 않다.

그러나 국영 에너지 기업이 정부의 정치적 의도에 쉽게 종속되는 것은 아니다. 대체로 기업 경영진은 자사의 사업이 외교 정책과 직접적으로 연결되는 것을 꺼린다. 물론, 정치적 연결이 경쟁 우위를 제공하는 경우라면 이를 활용하려 할 수도 있다. 하지만 정부의 개입이 지나치면 경영진이 사임할 가능성이 커지고, 그에 따라 정부는 유능한 대체 인력을 확보하는 데 어려움을 겪을 수 있다. 스웨덴의 바텐팔의 사례는 국영 기업과 정부 간의 권력 불균형을 잘 보여준다. 스웨덴 정부는 여러 차례 바텐팔을 동원해 국내외에서 재생에너지 전환을 가속화하려 했지만, 바텐팔은 여전히 원자력과 화석연료에 의존하는 전력 생산 구조를 유지하고 있다. 이는 부분적으로 정부가 바텐팔에 매년 일정 수준 이상의 수익을 요구하는 규정을 유지하고 있기 때문이다. 지금까지는 가장 수익성이 높은 에너지원이 화석연료였기에, 바텐팔 경영진은 기존 사업 모델을 고수했다. 스웨덴 국민들은 2001년 바텐팔이 독일의 대규모 갈탄 광산을 인수한 데 분노했지만, 정부가 이를 매각하도록 강제하는 데 성공한 것은 2017년이 되어서야 가능했다.

바텐팔의 사례는 핀란드, 프랑스, 이탈리아, 스페인 등 유럽의 다른 국영 기업에서도 유사하게 나타난다.[19] 이는 대형 국영 기업과 이를 통제하려는 정부 간의 비대칭적 권력관계를 보여준다. 국영 기업들은 수백 명의 전문가를 동원해 정부 개입에 대한 대응 전략을 마련할 수 있는 반면, 정부는 기업을 감독하는 소수의 인력만 보유하고 있으며, 그들조차도 에너지 산업 전문가가 아닐 가능성이 크다.

글로벌 석탄 산업의 국가 통제 강화

글로벌 석탄 산업은 민간과 공공 부문 간의 권력 균형이 여러 차례 변화해 왔다. 19세기에는 대부분의 지역에서 기업과 민간 자본이 석탄 산업을 주도했다. 석유 산업에서는 소수의 강력한 기업들이 세계 시장을 지배했지만, 석탄 생산은 수많은 기업에 의해 분산 운영되었으며, 그중 어느 한 곳도 지배적인 위치를 차지하지 않았다. 이는 유럽과 북미뿐만 아니라 아시아에서도 마찬가지였다. 두 차례의 세계대전 사이 시기에는 일부 석탄 기업들이 연합하여 카르텔이나 연합체를 형성하기도 했다. 대표적인 예가 독일의 라인-베스트팔렌 석탄 연합(Rhenish-Westphalian Coal Syndicate)이다. 그러나 석탄 산업에서 석유수출국기구(OPEC)와 같은 국제적 독점 기구가 등장할 것이라는 우려는 현실화되지 않았다.

제2차 세계대전 이후, 영국과 프랑스를 비롯해 마오쩌둥 시대의 중국 및 소련 영향권에 편입된 동유럽 공산국가들은 석탄 산업을 국유화했다. 그러나 1980년대 이후 동서유럽 모두에서 국영 석탄 기업들이 민영화되는 추세로 전환되었다. 하지만 최근 몇십 년 동안, 서유럽(특히 무연탄 산업이 사실상 사라진 지역), 동유럽, 북미의 석탄 생산은 중국과 인도의 석탄 산업이 급성장하면서 그 규모가 상대적으로 축소되었다. 현재 중국과 인도의 석탄 생산량은 전 세계 석탄 생산량의 54%를 차지하며,[20] 이들 국가의 석탄 기업은 모두 국영 기업이다. 이러한 석탄 생산의 지리적 변화는 글로벌 차원에서 석탄 산업의 통제력이 민간 부문에서 국가 부문으로 이동하는 결과를 초래했다. 이를 보여주는 대표적 사례로 중국 최대 석탄 생산 기업인 선화그룹(Shenhua Group)과 미국 최대 민간 석탄 기업인 피바디 에너지(Peabody Energy)를 비교할 수 있다. 2014년 선화그룹의 매출은 530억 달러에 달했던 반면, 피바디 에너지는 2016년 기준 40억 달러에 불과했다. 이는 석탄 산업에서 국가가 차지하는 비중이 점점 커지고 있음을 시사한다.[21]

지역 및 지방 행위자

에너지 지정학은 흔히 다국적 에너지 기업과 강력한 국가 정부가 주도하는 영역으로 간주된다. 그러나 지역 및 지방 차원의 작은 행위자들도 국제 에너지 시스템을 형성하고 통제하는 데 예상치 못한 중요한 역할을 해왔다.

독일의 연방주 중 하나인 바이에른(Bavaria)의 사례를 보

자. 독일 연방주는 외교 정책을 독자적으로 수행할 수 없지만, 1950~60년대 바이에른 지역의 행위자들은 당시 수도 본의 연방 정부만큼이나 국제 에너지 무대에서 활발하게 활동했다. 이는 전후 바이에른이 경제적인 면에서 상대적으로 뒤처져 있던 상황 덕분이다. 지역 정치인들은 뒤처지는 이유가 바이에른의 석탄 매장량 부족과 북부 독일에서 석탄을 들여와야 하는 구조 때문이라고 보았다. 바이에른 경제부 장관 오토 셰들(Otto Schedl)의 주도로, 바이에른은 이러한 석탄 의존에서 벗어나기 위한 에너지 전략을 적극 추진했다. 핵심 대안은 북아프리카와 중동의 원유였다. 바이에른은 북부 독일을 거치지 않고 해외 원유를 확보하고자 북아프리카 및 중동의 원유 수출국과 협력하고, 이탈리아·오스트리아·스위스의 석유 기업들과도 손을 잡았다. 1960년대 후반이 되자, 지중해 연안 제노바와 트리에스테(Trieste) 항구에서 하역된 원유가 알프스를 넘어 바이에른의 정유시설로 공급되었다. 이후 바이에른은 서독이 소련산 천연가스를 수입하는 것을 주도했으며, 이 역시 북부 독일을 거치지 않고 바이에른으로 직접 들여오는 방식이었다.[22]

지역 및 지방 행위자들은 국제 에너지 관계에서 지리적 특성을 활용할 수 있음을 자주 깨닫는다. 특히, 이들이 주요 에너지 운송 경로상에 위치할 경우 더욱 그렇다. 발트해에서 가장 큰 섬인 고틀란드(Gotland)의 사례가 이를 잘 보여준다. 고틀란드는 역사적으로나 전략적으로 중요한 위치를 차지했지만, 동시에 취약한 입장이기도 했다. 현재 인구는 5만 8천 명에 불과하며, 북유럽의 여러 지방자치단체들과 마찬가지로 지역 경제를 강화하고 인구 감소 및 실업 문제를 해결할 기회를 모색하고 있다. 이러한 맥락에서, 지역 행정부는 대규모 인프라 프로젝트에 높은 관심을 보였고, 특히 러시아산 천연가스를 유럽 본토로 바로 보내는 노르트스트림(Nord Stream) 가스 파이프라인 건설에 주목했다.

2016년, 논란이 많았던 이 가스 파이프라인 사업의 2단계가 시작되자, 고틀란드 지방 정치인들은 가스 파이프라인 회사(지분 51%를 러시아 국영 가스프롬이 보유, 나머지는 독일·네덜란드·프랑스 가스 회사가 소유)와 계약을 체결했다. 이에 따라, 섬 동쪽 해안에 있는 슬리테(Slite)의 항만을 건설 자재 및 가스 파이프라인 보관 장소로 임대해 주기로 했으며, 이 과정에서 지역 항만 노동자들도 고용될 예정이었다. 하지만 스웨덴 중앙 정부가 이를 알게 되면서 문제가 발생했다. 중앙 정부는 국가 안보를 이유로 해당 사업을 반대하며 개입했고, 결국 고틀란드 지역 행정부 지도자들과 스웨덴 외무·국방 장관 간의 격렬한 논쟁과 협상 끝에 사업이 취소되었다. 하지만, 정부는 이에 대한 보상으로 지방 정부에 상당한 금액을 지급하기로 합의했다.[23]

일부 지역 행위자들은 새로운 국제 에너지 시스템을 구축하는 데 주목하는 반면, 어떤 이들은 기존 시스템을 파괴하는 데 관심을 두기도 한다. 송유관, 가스 파이프라인, 전력망, 에너지 저장 시설 등 국제 에너지 시스템의 핵심 인프라는 지역 무장 세력이나 반군의 공격에 취약하며, 이들은 이러한 시설을 목표로 삼아 국경 간 에너지 흐름에 큰 혼란을 초래할 수 있다. 2011년 아랍의 봄 당시, 이집트 시나이사막에 거주하는 베두인(Bedouin) 부족은 이집트에서 이스라엘로 천연가스를 공급하는 가스 파이프라인을 폭파했다. 이로 인해 가스 공급이 중단되었으며 수백만 달러의 피해가 발생했다. 이후에도 이들은 같은 공격을 최소 12차례 반복했다. 전문가들은 이를 베두인들의 중앙 정부(카이로)에 대한 분노 표시로 해석했다. 카이로 정부는 오랫동안 베두인 부족을 차별적으로 대우해 왔으며, 이로 인해 빈곤과 소외가 심화되었다.[24]

대서양 건너편에서는 미국 원주민과 캐나다 원주민들이 부족 영토 내에서 진행되는 석유·가스 인프라 건설을 강하게 반대해 왔다. 대표적인 사례가 미국과 캐나다의 원유 및 오일샌드(tar sand) 자원을 오클라호마 쿠싱(Cushing)과 일리노이·텍사스 정유 시설로 연결하는 키스톤(Keystone) 송유관 시스템이다. 2014년 11월, 미국 하원이 키스톤 시스템의 확장 계획(키스톤XL)을 승인하자, 이 송유관이 통과할 예정이던 로즈버드 수(Rosebud Sioux) 부족은 강하게 반발했다.

부족 대표 시릴 스콧(Cyril Scott)은 다음과 같이 결연한 성명을 발표했다. "미국 하원이 이제 우리와 우리 후손에게 사형 선고를 내렸다. 우리는 이 송유관이 우리 땅을 지나가도록 용납하지 않을 것이다. 부족은 독립된 주권 국가이나, 우리는 그렇게 대우받지 못하고 있다. 우리는 키스톤XL이 우리 땅을 통과하지 못하도록 저지할 것이다. 이 송유관을 승인하는 것은 우리에 대한 전쟁 행위다."[25]

이러한 원주민의 저항은 오바마 행정부가 해당 송유관 건설을 승인하지 않기로 결정하는 데 중요한 역할을 했다. 그러나 이 결정은 석유 및 송유관 기업뿐만 아니라, 미국의 '에너지 독립 프로젝트'가 위협받을 수 있다고 우려한 정치인들을 분노하게 했다. 이후 취임한 트럼프 대통령은 이 프로젝트를 재추진하려 했으나, 2018년 환경 단체가 이 사안을 법원으로 가져가면서 키스톤

XL 송유관 사업의 미래는 여전히 불확실한 상태다.[26]

환경 단체와 노동조합

환경 단체는 키스톤XL 송유관 사례에서 볼 수 있듯이 또 다른 중요한 행위자다. 환경 운동이 에너지 지정학에 미치는 영향은 상당하며, 특히 새로운 에너지 시스템의 일부 또는 전체가 구축되는 것을 저지하거나, 사업 추진자들이 환경적 요소를 고려하도록 강제하는 데 중요한 역할을 한다. 환경 분야 NGO들은 원자력 발전소, 수력 발전소, 송유관 및 가스 파이프라인 건설을 저지하는 데 핵심적인 역할을 해왔다. 또한 기존 석탄 광산이나 원자력 시설 등의 폐쇄를 추진하는 데도 기여했다.

에너지 지정학과 관련된 환경 운동 중에서도 가장 극적인 사례는 제인 도슨(Jane Dawson)이 '생태 민족주의(eco-nationalism)'라고 명명한 현상에서 발견된다. 구 소련 공화국들의 독립 투쟁은 이를 잘 보여준다. 체르노빌 원전 사고 이후, 소비에트 연방 정부(모스크바)가 리투아니아 소비에트 사회주의 공화국 내 이그날리나(Ignalina) 원자력 발전소를 추가 확장하려 하자, 반핵 운동이 급격히 확산되었다. 그러나 이 운동은 점차 단순한 반핵 운동을 넘어, 모스크바로부터의 정치적 독립을 요구하는 리투아니아 자치 운동으로 발전했다. 결국, 반핵 시위는 국가 독립 운동으로 변모했고, 1991년 리투아니아가 모스크바로부터 독립을 이루는 데 중요한 역할을 했다.

그러나 독립 이후 리투아니아의 태도는 급변했다. 2007년 EU

사진: Ende Gelände

2016년 5월 13일부터 15일까지 유럽 각지에서 모인 4,000명 이상의 활동가들이 독일 동부 브란덴부르크주에 위치한 슈바르체 품페(Schwarze Pumpe) 갈탄 화력발전소와 인근의 벨초-쥐트(Welzow-Süd) 노천 광산을 점거, 봉쇄하고 "지금 당장 석탄 사용을 중단하라"며 '엔데 게렌데(Ende Gelände, 여기서 그만)' 시위를 벌였다. 스웨덴의 국영 에너지 기업 바텐팔이 소유하고 있던 슈바르체 품페 발전소는 당시 유럽에서 열 번째로 많은 이산화탄소를 배출하고 있었으며, 체코 기업인 EPH에 매각하려던 시점이라 큰 논란이 일던 곳이었다. 활동가들이 발전소로 이어지는 철로를 점거하여 연료(석탄) 공급을 차단하면서, 발전소 가동률이 평소의 약 20% 수준으로 떨어지는 등 성과를 거두었다. '엔데 게렌데'는 독일 내 탈석탄 여론을 확산시키는 결정적인 계기가 되었으며, 이후 매년 수천 명이 참여하는 유럽의 대표적인 기후 운동 캠페인으로 자리 잡았다.

가입 과정에서 EU가 기존 이그날리나 원자력 발전소 폐쇄를 요구하자, 리투아니아 정부는 이를 강하게 반대했다. 하지만 결국 반대는 받아들여지지 않았고, 원자력 발전소는 폐쇄되었다.[27]

국제 환경 단체와 노동조합

국제적 차원에서 보면, 그린피스(Greenpeace)와 같은 강력한 환경 단체들이 없었다면 세계 에너지의 모습은 지금과 같지 않았을 것이다. 그린피스는 전 세계 40개국에 사무소를 두고 있으며, NGO라기보다는 강력한 국제기구에 가까운 조직이다. 해상 석유 시추 시설에 올라가거나 원자력 발전소에 침입하는 등 눈길을 끄는―때로는 논란이 되는―행동을 통해 그린피스는 지역 차원뿐만 아니라 글로벌 차원에서도 에너지 문제에 영향을 끼친다. 또 다른 국제적 영향력을 가진 단체로는 1986년에 설립된 벨로나 재단(Bellona Foundation)이 있다. 이 단체는 처음에는 노르웨이 석유·가스 산업의 환경적으로 위험한 활동에 반대하는 시위를 벌였으나, 이후 활동 범위와 관심 대상을 넓혔다. 벨로나는 특히 환경 문제를 이유로 러시아의 방대한 원자력 산업에 대해 강하게 비판했다. 이 과정에서 핵 전문가이자 소련 해군 장교 출신인 알렉산드르 니키틴(Alexander Nikitin)은 러시아 연방보안국(FSB)에 의해 반역 및 스파이 혐의로 체포되기도 했다.[28]

노동조합 또한 글로벌 에너지 분야에서 중요한 역할을 해왔다. 특히 석탄 산업에서는 광부와 관련 노동자들이 일찍부터 단결하여 고용주와 심지어 정부에도 압력을 가할 수 있음을 깨달았다. 이들은 필요할 때면 파업을 단행해 임금 인상, 노동시간 단축, 작업 환경 개선, 그리고 더 큰 영향력을 요구했다. 역사적으로 전설적인 탄광 파업이 많았으며, 그중에서도 영국이 대표적이다. 영국의 탄광 노동자들은 일찍이 강경한 투쟁으로 유명해졌으며, 1890년, 1893년, 1910년, 1912년에 대규모 파업을 벌였다. 당시 영국은 강력한 석탄 수출국이었기에, 이러한 파업은 석탄 수입국들에서 공급 부족과 가격 상승을 초래하며 국제적인 영향을 끼쳤다.[29]

20세기 후반으로 접어들어서도 영국에서는 탄광 파업이 계속되었다. 해외 공급업체와의 경쟁 심화, 그리고 특히 석유 등 다른 에너지원의 대두로 인해 더 많은 탄광이 폐쇄되는 상황에서 노동자들은 강하게 저항했다. 가장 심각했던 파업 중 하나는 1973년 석유 위기와 맞물려 발생했다. 당시 아랍 산유국들의 석유 수출 금지 조치와 탄광 노동자들의 파업이 동시에 일어나면서 영국은 심각한 에너지 위기를 겪었다.[30] 1984년에는 영국 국립 탄광위원회(NCB)와 마거릿 대처 보수당 정부에 맞서 영국 전국 탄광노조(NUM)가 이끈 탄광 파업이 벌어졌으며, 이는 영국 사회에 깊은 상처를 남겼다.

미국에서 가장 주목할 만한 탄광 파업은 1902년 미국 광부노조(United Mine Workers of America)가 주도한 동부 펜실베이니아 지역 무연탄 광산 파업이었다. 이 파업은 무연탄을 주요 연료로 사용하던 미국 동부 대도시들의 에너지 안보를 위협했다. 이와 마찬가지로 탄광 파업은 오랜 기간 동안 남아프리카공화국, 스페인, 호주 등의 국가에서 안정적인 석탄 공급을 위협해 왔다.

항만 노동자들도 조직적인 파업을 벌이며 에너지 수출입에 차질을 빚은 적이 있다. 예를 들어, 1908년 4월 스웨덴에서 전국적인 부두 노동자 파업이 발생했다. 일부 하역업체들이 영국에서 대체 인력을 구해 작업에 투입하자 갈등이 격화되었고, 말뫼(Malmö)에서는 대체 인력이 머물던 배가 폭탄 공격을 받아 1명이 사망하고 7명이 중상을 입었다. 이에 스웨덴 사용자연맹(Swedish Employers Federation)이 대응하여 전국적인 직장 폐쇄를 단행했고, 결국 정부가 중재위원회를 설치해 협상을 이끌어야 했다. 3개월이 넘는 대립 끝에 석탄 공급이 재개되었으나, 노동자들은 점점 더 중요해지는 연료 공급망을 자신들이 통제하고 있음을 명확히 보여주었다.[31]

노동조합의 파업 전통은 이후 석탄 산업을 넘어 다른 에너지 산업으로 확산되었다. 20세기 초에는 석유 노동자들이 러시아 노동운동을 형성하는 데 앞장섰다. 훨씬 뒤인 1980년대에는 노르웨이 북해 유전과 가스전에서 일하는 노동자들이 파업을 벌이며, 노르웨이에서 유럽 대륙으로의 가스 수출에 차질을 초래했다. 이러한 파업이 여러 차례 반복되자 천연가스 산업 전문가들은 노르웨이와 소련에서 수입하는 가스의 상대적 위험성을 재평가해야 했다. 일부에서는 냉소적으로 소련이 더 신뢰할 만하다고 지적하며, 소련 지도부는 노르웨이 정부와 달리 노동자들의 파업이 연료 공급을 방해하도록 두지는 않을 거라고 평가했다.[32]

과학자와 엔지니어: 에너지 지정학의 숨은 설계자들

이 장의 마지막 부분에서야 과학자와 엔지니어를 하나의 행위자

범주로 소개하는 것은 어쩌면 부당할 수도 있다. 이들의 활동은 글로벌 에너지 시스템을 형성하고 변화시키는 데 결정적인 역할을 해왔다. 일반적으로 과학자와 엔지니어는 민간 기업, 국가 기관, 대학 등 다양한 조직을 대표하지만, 이들을 독립적인 행위자로 간주할 이유도 충분하다. 과학적 통찰과 기술 발전이 글로벌 에너지 시스템을 유지하고 발전시키는 데 점점 더 중요한 요소가 되면서, 이들이 에너지 및 지정학에 미친 영향은 막대하다. 예를 들어, 히틀러 정권 아래의 과학자들과 엔지니어들은 독일이 석유 수입 없이 자립할 수 있도록 석탄을 기반으로 한 합성 액체 연료 개발에 몰두했다. 한편, 미국의 맨해튼 프로젝트(Manhattan Project)에 참여한 과학자들은 원자력 시대의 서막을 열었다. 이러한 논란 많은 연구 개발을 제외하더라도, 지질학, 지구물리학, 석유화학, 생물학 등 다양한 과학 분야에서 이루어진 점진적 발전은 지난 100년간 글로벌 에너지를 전례 없이―그리고 종종 심각하게―뒤흔들었다. 이러한 발전은 새로운 기회를 창출하는 동시에 새로운 위험을 초래했다. 예를 들어, 제2차 세계대전 이후 지질 조사 기술의 향상과 정유 공정의 효율성 증가는 석유 공급 과잉 문제를 초래했다. 그 결과, 석유 가격이 급락했으며, 이는 석유 의존도가 급증하고 새로운 지정학적 관계가 형성되는 계기가 되었다.[33]

　과학사 연구자들은 과학 활동과 지정학의 분리는 불가능하다고 주장한다. 일반적으로 과학자들이 먼저 발견을 하고, 이후에 지정학적 영향이 따라오는 것이 아니라, 과학 자체가 본질적으로 지정학적 행위라는 것이다. 예를 들어, 북극 지역의 지질 연구는 단순한 '순수 과학적 연구'로 간주될 수 없다. 북극이 미래에 세계

화석연료 공급에서 더 큰 비중을 차지하리라는 기대와 더불어 이 지역의 군사 전략적 중요성이 부각되면서, 이곳에서 이루어지는 모든 과학 연구는 본질적으로 지정학적 행동이 되어버렸다. 또한, 국가 주도의 고등 교육 및 과학 역량 강화 투자는 겉보기에는 단순한 교육 정책처럼 보일 수 있으나, 실제로는 국가 에너지 독립을 달성하고 자국의 자원 탐사 및 개발 활동을 통제하려는 전략과 긴밀하게 연결되어 있다. 역사적으로 지구물리학과 같은 과학 분야에서의 국가적 연구 역량 강화는 국가 차원의 자원 주권 확보 노력과 깊이 맞물려 있었다.[34] 앞으로도 과학자와 엔지니어들은 글로벌 에너지 발전을 주도하는 핵심 행위자로서 그 역할이 더욱 커질 것이다. 특히 2세대 바이오연료, 4세대 원자로, 차세대 태양광 셀, 첨단 자동차 기술, 새로운 전력 분배 제어 시스템과 같은 혁신적인 에너지 기술이 등장하면서, 글로벌 에너지 시스템뿐만 아니라 지정학적 관계도 함께 변화할 가능성이 크다.

에너지 분야의 국제기구

국제기구들은 역사적으로 에너지 지정학을 형성하는 데 중요한 역할을 해왔다. 여기서 우리는 에너지 이슈를 명시적으로 다루는 국제기구와 에너지 분야와 관련된 일반 국제기구를 구분할 수 있다. 또한, 에너지 이슈를 다루는 기구들은 다시 특정 에너지원에 초점을 맞춘 기관과 에너지 전체를 대상으로 하는 기관으로 나눌 수 있다.

이들 기구의 중요성과 영향력은 시대에 따라 변동이 있었다. 석유 분야에서 국제기구는 1973년 이전까지 거의 영향력이 없었으나, 석유수출국기구(OPEC, Organization of the Petroleum Exporting Countries)가 갑자기 가장 강력한 세력으로 부상하면서 상황이 달라졌다. OPEC은 1960년에 창설되었으며, 본부는 빈(Vienna)에 위치하고 있다. 이 조직의 목표는 국제 석유 기업과 서방의 부유한 석유 수입국에 집중된 권력을 생산국, 특히 이른바 '제3세계' 국가들로 이동시키는 것이었다. 그들은 역사적으로 성공을 거둔 카르텔 중 특히 미국의 텍사스 철도위원회(Texas Railroad Commission)의 사례에서 많은 영감을 얻었다. 이 위원회는 미국 석유 산업 초창기부터 주요 규제 기관 역할을 해왔으며, 1930년대 석유 가격 폭락이 산업을 위협했을 때 석유 기업들의 생산과 운송을 조율해 가격을 유지하는 데 성공했다. OPEC도 이를 세계적인 차원에서 실행하려 했으나, 1960년대에는 전 세계적으로 석유 공급이 풍부해 실패했다. 그러나 1970년대에는 OPEC 이외 지역의 석유 공급이 줄어들면서 영향력을 확보했다. 만약 이러한 공급 부족이 없었다면, 1973년 아랍권의 석유 수출 금지 조치는 큰 효과를 거두지 못했을 것이다.[35] 1980년대부터 2000년대 초반까지는 세계 여러 지역에서 새로운 유전이 발견되면서 OPEC의 영향력이 약화되었다. 그러나 최근 들어 북해를 비롯한 비(非)OPEC 지역의 석유 공급이 다시 감소하면서, OPEC의 영향력이 커질 것이라는 서방의 우려가 커지고 있다. 특히 OPEC과 러시아가 동맹을 형성하려는 최근의 움직임이 이러한 우려를 심화시키고 있다.

OPEC이 탈식민지화와 남북 문제의 맥락에서 형성된 반면, 1951년에 설립된 유럽 석탄철강공동체(ECSC, European Coal and

Steel Community)는 제2차 세계대전과 동서 냉전이라는 배경 속에서 탄생했다. 당시 정치 지도자들은 석탄과 철강이 에너지 안보와 산업 발전뿐만 아니라 서유럽의 정치적 결속을 강화하는 데 기여할 수 있다고 보았다. 초기에는 1947년 영국의 '석탄 기근'에서 볼 수 있듯이, 전후 석탄 부족 문제를 해결하는 것이 주요 목표였다. 또한 서유럽의 탄광 노동자들이 사회주의 혁명 세력으로 변하는 것을 방지하기 위해 이들의 사기와 임금을 유지하는 것도 중요한 과제였다. 그러나 이후 유럽의 석탄 소비자들이 해외에서 수입한 석탄을 더 선호하면서, ECSC는 공급 부족보다 과잉 공급 문제를 해결해야 하는 상황에 직면했다. 결국, 유럽 대부분의 국가들이 석탄에서 석유로 대대적으로 전환하면서 ECSC의 영향력은 급감했다. 그럼에도 불구하고, 이 조직은 오늘날에도 외교관들과 EU 관계자들 사이에서 정치적으로 선구적인 프로젝트로 평가받으며, 현재 EU의 전신으로 여겨지고 있다.[36]

원자력 및 천연가스 분야의 국제기구

서유럽 정부는 원자력 분야에서 일찍이 주도권을 잡고 1957년 유럽원자력공동체(EURATOM, European Atomic Energy Community)를 설립했다. 그러나 결국 유럽원자력공동체는 창립자들이 기대했던 만큼 국제 원자력 관계에 큰 영향을 미치지는 못했다. 이에 비해 더욱 중요한 기구는 오늘날까지도 활동하는 국제원자력기구(IAEA)다. OPEC과 마찬가지로 빈에 본부를 두고 있는 국제원자력기구는 초기에는 국제적인 핵연료 공급 체계를 조정하는 역

사진: Petr Pavlicek / 국제원자력기구(IAEA).

국제원자력기구(IAEA)와 유럽원자력공동체(EURATOM) 검사관들이 사용후핵연료 저장조를 살펴보고 있다. 이 연료는 두코바니 원자력 발전소 원자로 중 하나에서 사용된 것으로 핵분열을 지속시키는 데 필요한 우라늄 동위원소가 더 이상 충분하지 않아 제거된 상태다. 핵분열 과정에서 발생하는 에너지는 물을 가열해 고압 증기를 생산하는 데 사용되며, 이 증기는 발전기에 연결된 터빈을 돌려 전기를 생산한다. 두코바니 원자력 발전소. 2012년 11월 6일.

할을 하려 했으나, 이 계획은 실패로 돌아갔다. 대신, 현재 국제원자력기구는 세계 원자력 산업의 '감시자'로서 기능하며, 핵사고와 관련된 정보가 전 세계 원자력 공학자들에게 적절히 전달되도록 하고, 군사적 용도로 전용될 수 있는 핵물질이 확산되지 않도록 감시하는 역할을 하고 있다.[37]

천연가스 산업에서는 국제기구의 역할이 상대적으로 미미하다. 이 분야에서는 장거리 파이프라인 건설과 장기 가스 공급 계약과 관련된 양자 협정이 협력의 중심을 이루어 왔다. 국제가스연맹(IGU, International Gas Union)은 때때로 회의와 전문가 간 논의를 위한 장을 제공하는 역할을 하며, 경우에 따라 정부 대표들이 참여하기도 한다. 최근 들어 EU의 천연가스 분야 개입이 증가하고 있다. 특히, EU 내 모든 가스 송·배전 회사들이 '유럽 가스 수송 시스템 운영자 네트워크(ENTSOG, European Network of Transmission System Operators for Gas)'에 합류하면서 그 역할이 강화되었다. 이 조직은 EU 지침에 따라 운영되며, EU 내 가스 시장의 유동성을 높이는 한편, 러시아나 알제리 같은 외부 수출국에 대한 EU 가스 수입국들의 협상력 강화를 중요한 목표로 삼고 있다.

보다 광범위한 에너지 분야에서 가장 중요한 국제기구는 국제에너지기구(IEA)다. IEA는 역사적으로 석유와 깊은 연관이 있으며, 1974년 첫 번째 석유 위기에 대한 대응으로 설립되었다. 이후 다른 에너지원으로 범위를 확장하였다. 경제협력개발기구(OECD, Organization for Economic Cooperation and Development)의 산하 기관인 IEA는 본질적으로 세계에서 가장 부유한 국가들의 이익을 대변하며, 이들 대부분은 수입 에너지에 의존하는 국가들이다. 따라서 IEA는 종종 OPEC에 대한 균형추 역할을 하는 기구로 인식되었고, 석유 수출국과 수입국 간의 대립을 심화시키는 결과를 낳기도 했다. 한편, 프랑스 정부는 IEA 설립을 반대하고, 대신 아랍 국가와 유럽 국가가 협력하는 공동 기구를 제안했다. 그러나 미국이 주도한 IEA 설립 계획이 결국 우위를 점하며 실행에 옮겨졌다.

에너지 분야에 특화된 기구들과는 별도로, 여러 일반 국제기구도 에너지 지정학에 영향을 미쳤다. 그중 하나가 국제연맹(League of Nations)으로, 오늘날에는 주로 국제연합(UN, United Nations)의 전신으로 알려져 있다. 국제연맹은 제1차 세계대전 이후 설립되었다. 전쟁 중 연합국 간의 협력에서 영감을 얻었는데, 이 협력에는 석탄 배분 협정이 포함된다. 이에 따라 국제연맹은 1920년대부터 전력 분야에서의 국제 협력 가능성을 논의하기 시작했다. 연맹은 전력 송전과 국제 하천에서의 수력 발전에 관한 협약을 채택했으며, 새로운 송전선 건설과 수력 발전소 건설에 있어 기술적 고려가 정치적 요인보다 우선해야 한다고 주장했다. 이 시기는 여러 국가가 전력 공급 시스템을 대대적으로 확장하던 때였기에 이러한 논의는 시의적절했다. 그러나 이 협약들은 소수의 회원국들만 비준했으며, 국제연맹은 전력 산업의 국제화에 큰 영향을 주지는 못했다.[38]

제2차 세계대전 이후, 1947년에 설립된 유엔 유럽경제위원회(UNECE, United Nations Economic Commission for Europe)는 국제 에너지 문제에 깊은 관심을 보였다. 국제연맹과 마찬가지로, 유럽경제위원회의 주요 목표 중 하나는 국가 간 정치적 경계가 연료 및 전력의 '기술적으로 합리적인' 흐름을 방해하지 않도록 하는 것이었다. 북대서양조약기구(NATO, North Atlantic Treaty Organization) 역시 본질적으로는 군사 동맹이지만, 에너지 분야에서도 적극적으로 활동했다. 유럽경제위원회와 마찬가지로 북대서양조약기구도 에너지의 국제화와 국제 협력을 촉진했으나, 그 범위는 회원국들로 제한되었으며, 공산권 국가들이 참여하는 시스템 구축 시도에는 반대했다. 이에 맞서 동유럽 공산권에서는 경제상호원조회의(CMEA, Council for Mutual Economic Assistance 또는 COMECON)가 유사한 논리를 바탕으로 운영되었다. 코메콘은 공산주의 국가들 간의 에너지 협력을 강화하는 데 집중했으며, 자본주의 국가들은 배제했다.[39]

보다 최근의 사례로는 1981년 설립된 걸프협력회의(GCC, Gulf Cooperation Council)와 2001년 출범한 상하이협력기구(SCO, Shanghai Cooperation Organization)가 있다. GCC는 회원국들(현재 사우디아라비아, 바레인, 아랍에미리트, 쿠웨이트, 오만, 카타르) 간 통합 전력망 구축을 목표 중 하나로 삼고 있다. 한편, SCO는 초기 회원국으로 중국, 러시아, 카자흐스탄, 키르기스스탄, 우즈베키스탄, 타지키스탄을 포함했으며, 2017년에는 인도와 파키스탄도 가입했다. 결과적으로, SCO는 유라시아 대륙의 상당 부분을 포괄하는 조직이 되었다. 이 기구는 국제 석유 및 가스 시스템 구축을 포함한 공동 에너지 프로젝트 개발을 핵심 과제로 삼고 있다.[40]

에너지 지정학에서 미디어의 역할

마지막으로, 에너지 지정학에서 미디어가 수행하는 역할에 대해 언급할 필요가 있다. 신문 기사, TV 프로그램, 소셜미디어 게시물 등 하루에도 수많은 정보가 쏟아진다는 점을 고려하면, 이 주제만으로도 책 한 권을 쓸 만하다. 브렌트유(Brent oil) 가격의 최신 변동에서부터, 연료 자원 채굴과 관련된 폭력적 충돌까지, 우리는 진짜 뉴스와 가짜 뉴스를 구별하기 어려운 홍수 속에서 정보를 접한다. 미디어는 에너지 지정학에 대한 대중의 인식을 형성하는 핵심적인 매체이며, 이는 긍정적인 측면과 부정적인 측면을 동시에 가진다. 다양한 이해관계자들은 국가 및 글로벌 에너지 시스템에서 영향력을 확보하기 위해 뉴스 채널을 전략적으로 활용한다. 하지만 미디어는 공공 및 민간 에너지 기업들의 도덕적으로 논란이 되는 행동을 고발하고, 범죄와 부패를 폭로하며, 국제 에너지 문제를 새롭게 조명하는 방식으로 긍정적인 압력을 가하기도 한다.

그러나 모든 이야기들이 대중의 관심을 끌 수 있는 것은 아니다. 특정한 유형의 기사만이 많은 독자를 확보할 수 있으며, 이는 종종 에너지 지정학에 대한 편향된 시각을 형성한다. 뉴스가 '팔릴 수 있는' 이야기로 구성되는 한, 많은 나라에서 에너지 관련 뉴스는 자율 검열 또는 공식적인 검열을 거치게 된다. 예를 들어, 우리는 에너지와 관련된 국제적인 갈등이 갑작스럽게 폭발하는 상황에 대한 보도를 훨씬 더 자주 접하는 반면, 갈등이 서서히 해결되는 '지루한' 과정에 대한 기사는 거의 읽을 기회가 없다. 이로 인해, 우리는 협력과 우호적인 관계보다 갈등이 과장된 왜곡된 시각을 갖게 된다. 비슷한 맥락에서, 다국적 에너지 기업에 대한 뉴스 역시 대개 이들의 비윤리적 행태나 스캔들에 집중된다. 특정 지역에서 기업들이 저지른 문제들이 보도되지만, 동시에 이들이 글로벌 에너지 시장에서 수행하는 긍정적인 역할은 거의 조명되지 않는다. 이는 서구 독자들이 다국적 기업을 냉혹하고 탐욕스러운 존재로 인식하는 일반적인 사고방식과도 관련이 있다.

유럽과 러시아의 관계는 오랫동안 서유럽의 에너지 및 지정학 논쟁에서 핵심 주제였으며, 이에 대한 미디어 보도도 활발했다. 그러나 서방에서는 러시아가 에너지를 '정치적 무기'로 활용한다는 이야기 외에는 대중에게 어필하기 어려운 상황이 되었다. 신중한 취재를 바탕으로 러시아의 에너지 지정학적 역할을 긍정적으로 다룬 기사가 나오더라도 독자들의 관심을 끌지 못할 가능성이 높다. 반대로 러시아에서는 서방이 러시아를 파괴하려 하거나, 최소한 이해하지 못하고 있다는 주장이 중심 서사로 자리 잡고 있다. 친서방적인 보도는 다양한 형태의 검열을 받을 뿐만 아니라, 러시아 독자들에게도 인기가 없다. 최근 아프리카에서 급증하고 있는 중국의 에너지 투자에서도 이와 유사한 현상이 나타난다. 서방 미디어에서는 이를 긍정적으로 보도하는 것이 거의 불가능한 반면, 중국 미디어에서는 부정적인 뉴스를 찾아보기 어렵다. 통념과 배치되는 미디어 서사는 기존 세계관과 충돌하기 때문에 쉽게 받아들여지지 않는다.[41]

실제로 글로벌 에너지를 지배하는 것은 누구인가?

과연 이윤을 추구하는 다국적 기업이 세계를 지배하는가, 아니면 정부와 국영 기업이 최종적인 결정을 내리는가? 외교 정책 결정권자들이 경제 및 환경 관련 국가 기관보다 더 큰 영향력을 가지는가? 중요한 결정들은 강대국들 수도의 정부 회의실에서, 베이징과 실리콘밸리의 기업 연구개발(R&D) 실험실에서, 혹은 테러 조직 지도자들이 숨어 있는 산악 은신처에서 내려지는가?

이처럼 답하기 어려운 질문들에 대해 내릴 수 있는 유일한 결론은, 에너지 지정학이란 이 장에서 논의한 다양한 행위자들과 그들 사이의 복잡한 상호작용이 함께 빚어낸 결과라는 점이다. 각각의 행위자가 중요한 역할을 수행하지만, 우리는 그들이 경쟁하고 협력하는 복잡한 패턴을 분석해야 한다. 정부는 희소한 글로벌 에너지 자원 확보 경쟁에서 다른 국가들을 견제하기 위해 동맹을 형성한다. 자원 채굴 기업들은 국제 카르텔을 구성해 에너지 수출을 통제한다. 부유한 에너지 수입국 정부들은 공조를 통해 수입 금지 조치를 취하고, 기술 수출을 제한한다. 에너지 수출국, 수입국, 그리고 수송·경유국(transiteers)들은 글로벌 연료 및 전력 흐름을 통제하기 위해 경쟁한다. 군사 조직과 국방부 장관들이 개입하기도 한다.

화석연료 기업들은 원자력 발전소 및 재생에너지 기업들과 시장 점유율과 이익을 두고 경쟁한다. 기업들은 정부와 국제기구에 로비를 벌인다. 혁신가들은 새로운 획기적 기술을 개발하고 투자자를 유치하고자 한다. 법원은 특정 에너지원이나 프로젝트에 대한 금지 결정을 내리기도 한다. 외교부처와 경제부처는 정부의 정책 결정을 두고 대립한다. 환경 단체들은 원주민들과 연대해 이윤만을 좇는 기업들에 맞선다. 그리고 일반 대중은 미디어를 통해 펼쳐지는 에너지 지정학의 드라마를 흥미롭게 지켜보면서도, 자신들이 필요로 하는 일상적인 에너지 공급(전기, 온수, 연료)이 당연히 유지될 것이라고 믿는다.

더 생각할 거리

- 당신의 에너지 공급을 누가 통제하는가? 당신이 거주하는 도시, 지역, 국가에서 에너지 시스템을 통제하는 주요 '행위자'는 누구인가? 이러한 통제 구조는 시간이 지나면서 어떻게 변화했는가? 현재 가장 강력한 영향력을 행사하는 주요 행위자들을 나열해 보자.

- 한 국가를 선택하여 해당 정부 내에서 국제 에너지 문제를 다루는 기관을 조사해 보자. 해당 국가의 행정부에서 국제 에너지 정책을 담당하는 부서는 어디인가? 특히 강력한 영향력을 가진 개인이 있는가?

- 본 장에서 언급되지 않은 국영 에너지 기업의 역사를 조사해 보자. 특정 국영 에너지 기업의 국제적 활동을 중심으로 역사를 알아보자. 해당 기업의 소유 구조는 시간이 지나면서 변화했는가? 만약 그렇다면 그 이유는 무엇인가? 현재 이 기업을 실질적으로 통제하는 주체는 누구인가?

3장

에너지 의존성 이해하기

에너지 의존성 이해하기

에너지의 국제화: 필연인가, 전략인가?

한때 세계의 에너지는 거의 예외 없이 생산된 바로 그곳에서 소비되었다. 그러나 이제는 그렇지 않다. 에너지 공급은 세계적으로 확장되었으며, 거의 모든 국가가 이 거대한 흐름 속에 있다. 그렇다면, 이러한 변화의 원동력은 무엇인가? 에너지의 국제화는 필연적이고 막을 수 없는 과정이었을까, 아니면 주체적인 행위자들이 전략적으로 추진한 결과일까? 또한 왜 일부 행위자들은 국제 에너지 관계를 적극적으로 구축하려 하는 반면, 어떤 경우에는 이를 회피하려 하는가? 그리고 이러한 경향은 시간의 흐름에 따라 어떻게 변화했는가? 이 장에서는 이러한 핵심적인 질문들을 탐구하고자 한다.

이 장에서 중심이 되는 개념은 에너지 의존성(energy dependence)이다. 우리는 이 개념을 여러 각도에서 살펴보려 한다. 먼저 글로벌 에너지 공급이 실제 어느 정도로 국제화되었는지 이해하고, 장기적인 국제 에너지 의존성의 변화 패턴을 통계적으로 분석할 것이다. 이후 통계를 넘어서 에너지 의존성이라는 개념이 내포하는 의미를 심층적으로 살펴본다. 이를 위해 일견 역설적으로 보이는 여러 사례들을 검토하고, 시스템적 관점을 적용해 그 내막을 분석한다.

다음으로 행위자들이 해외와의 에너지 관계를 구축하거나 회피하는 동기를 탐색한다. 이는 곧 에너지 의존성과 관련된 기회와 위험을 분석하는 과정과 연결된다. 본 장의 대부분은 에너지를 수입에 의존하는 국가들의 관점에서 논의를 진행하지만, 후반부에서는 에너지 수출 의존성(energy export dependence)이라는 개념도 다룰 것이다. 마지막으로, 재생에너지의 부상이 글로벌 에너지 의존성의 패턴을 어떻게 변화시키고 있는지 살펴보고, 에너지 의존성을 상호 의존성(interdependence)이라는 보다 넓은 개념 속에서 이해하는 것이 왜 중요한지를 논의한다.

글로벌 에너지 공급의 국제화 수준

자국 내 에너지 공급만으로 완전히 자급자족할 수 있는 국가는 거의 없다. 에너지 의존성을 측정하는 가장 단순한 방식인 순 에너지 수입이 총 국내 에너지 소비에서 차지하는 비중으로 보더라도, EU 28개 회원국(영국이 2020년 1월 31부로 11개월간 유예 기간을 둔 채 EU에서 탈퇴하면서, 2025년 기준 27개국 - 편집자 주)은 모두 상당한 수준으로 다른 나라들에 에너지 공급을 의존하고 있다. 어느 나라에서도 에너지 무역수지가 흑자를 기록하지 못하고 있으며, EU 전체적으로 보면 에너지 수요의 54%를 수입에 의존한다(회원국 간 에너지 교역은 '국내' 거래로 간주됨).[1] 동아시아 및 동남아시아의 선진국들, 즉 일본, 한국, 대만, 싱가포르는 상황이 더욱 불안정하다. 이들 국가는 거의 전적으로 에너지 수입에 의존하고 있다.[2] 반면, 자국 내 연료 자원이 풍부한 국가들도 있다. 그러나 중국과 인도처럼 세계에서 인구가 가장 많은 두 나라를 포함해, 많은 국가들이 국내 생산량보다 더 많은 연료를 수입하고 있다.

보다 정교한 분석을 수행하면, 에너지 의존성은 더욱 복잡한 양상을 띠며, 특히 에너지 수입국의 입장에서 보면 더욱 심각한 문제로 드러난다. 일례로, 총량 기준에서는 순 에너지 수출국으로 분류되는 국가들도 개별적으로 분석하면 특정 에너지원에 관해서는 순 수입국인 경우가 많다. 예를 들어, 네덜란드는 1970년대 들어 국내에서 대규모 천연가스가 발견되면서 전체적으로 순 에너지 수출국이 되었지만, 원유를 포함한 여러 다른 연료에 대한 의존도가 높았다. 이러한 구조적 취약성으로 인해 네덜란드는 1973~74년과 1979년의 석유 위기에서 큰 타격을 받았다.[3]

또한 에너지원 자체를 개별적인 상품으로 보는 관점에서 벗어나 에너지 시스템 관점으로 접근하면, 많은 국가들이 단순히 연료 공급뿐만 아니라 기술, 공정, 서비스 등 다양한 요소에서 해외에 의존하고 있음을 알 수 있다. 예를 들어 원자력 분야에서 에너지 의존성을 평가할 때, 단순히 우라늄 수입량만 따지는 건 충분하지 않다. 원자력 발전의 안정적인 운영을 위해서는 전환, 농축, 사용후연료 처리(spent fuel services) 등을 해외 국가와 계약을 맺어 진행해야 한다. 마찬가지로 석유와 가스 산업에서도, 관련 기술과 장비의 확보가 시스템 구축에서 핵심적인 요소로 작용한다. 이 때문에 러시아와 사우디아라비아 같은 주요 연료 수출국조차 국내 에너지 수요를 충족하고 수출 역량을 유지하기 위해 다른 나라의 기술과 장비에 상당 부분 의존하고 있다.[4]

에너지의 국제화 수준을 정량적으로 측정하는 또 다른 방법은

1차 및 2차 에너지원이 각국의 시스템을 거쳐 이동하는 과정에서 국경을 넘는 비율을 분석하는 것이다. 이 기준에서 보면, 우라늄이 가장 국제화된 연료이다. 전 세계 우라늄 생산량의 약 90%가 채굴국에서 원자력 발전소가 위치한 국가로 수출된다. 주요 우라늄 수입국은 EU 회원국(대부분 수요의 100%를 수입)과 미국(2016년 기준 89%)이다.[5] 이러한 높은 국제화 수준은 주요 우라늄 생산국 중 카자흐스탄(2016년 기준 세계 생산량의 약 40% 차지), 호주, 니제르와 같은 국가들이 자국 내 원자력 발전소를 운영하지 않기 때문이다. 더 넓은 시스템 관점에서 보면, 우라늄의 국제화 수준은 더욱 두드러진다. 대부분의 원자력 발전국들은 전환 및 농축 시설을 자체적으로 보유하지 않기 때문이다. 특히 스웨덴, 핀란드, 벨기에 같은 원자력 발전 규모가 작은 국가들은 원자로에 투입할 핵연료를 안정적으로 확보하기 위해 최소 두 개 이상의 국가들과 협정을 맺어야 한다.

석유 역시 고도로 국제화된 에너지원이다. 전 세계 석유 생산량의 약 48%가 생산국에서 수출된다.[6] 이 비율은 우라늄보다 낮은데, 이는 세계 최대 석유 생산국들 중 일부인 미국, 중국, 러시아가 대규모 석유 소비국이기 때문이다. 셰일 혁명, 즉 '타이트 오일(tight oil)' 개발 덕분에, 2018년 기준 미국은 세계 최대 석유 생산국이 되었다. 그러나 생산된 석유는 대부분 국내에서 소비되기 때문에, 미국은 여전히 순수입국으로 남아 있다. 중국은 세계에서 여덟 번째로 석유를 많이 생산하지만, 현재 생산된 석유는 사실상 전혀 수출되지 않는다. 전량이 국내 소비를 충족하는 데 사용되며, 추가로 대규모 수입이 필요하다. 1993년까지 중국은 국내 생산을 통해 자국의 석유 수요를 충족할 수 있었다. '거대 유전’이라 불리는 만주의 다칭(Daqing) 유전과 산둥의 성리(Shengli) 유전 같은 주요 유전이 그 기반이 되었다. 그러나 현재, 중국은 전체 석유 소비량의 약 70%를 수입하고 있다.

2016년 기준, 전 세계 천연가스 생산량의 31%만이 수출되었다.[7] 이는 특히 유럽에서의 천연가스 수입 의존도를 둘러싼 논쟁을 고려할 때, 의외의 수치일 수 있다. 다시 말해, 세계적인 총량 수치는 여러 주요 가스 생산국들이 생산량 대부분을 자국 내 소비에 사용하기 때문에 왜곡될 수 있다. 따라서, 러시아는 세계 최대 천연가스 수출국으로 알려져 있지만, 2016년 수출량(2,050억 입방미터)은 자국 내 소비량(3,910억 입방미터)에 비하면 그 규모가 작다.[8] 마찬가지로, 미국의 셰일가스가 글로벌 에너지 시장에 미친 영향이 자주 언급되지만, 2016년 미국의 가스 생산량 중 수출 비중은 단 9%(650억 입방미터)에 그쳤다.[9] 영국과 네덜란드는 전통적으로 대규모 가스 생산국이자 소비국이었지만, 현재 이들 국가의 국내 가스 매장량은 빠르게 고갈되고 있다.

대형 생산국이 동시에 대형 소비국이라는 현상은 석탄에서 더욱 두드러진다. 2016년 기준, 전 세계 석탄 생산량의 18%만이 수출되었다. 세부적으로 보면, 발전용 유연탄은 19%가 수출되있고, 제철용 무연탄은 29%, 갈탄은 단 1%만이 수출되었다.[10] 중국, 인도, 미국, 러시아는 세계 석탄 생산과 소비 모두에서 지배적인 위치를 차지하고 있다. 석유와 가스의 경우와 마찬가지로, 규모가 작은 국가들이 석탄 수입에 크게 의존하고 있지만 전세계 기준의 통계 수준에서는 눈에 잘 띄지 않는다.

바이오연료와 전력은 세계 주요 에너지원 중 가장 국제화가 덜 진행된 분야로, 전체 생산량의 5~10%만이 수출된다. 그러나 이후 논의하겠지만, 이는 미래에 바뀔 가능성이 크다.

　마지막으로, 21세기에도 국제화가 거의 이루어지지 않은 에너 지원이 존재한다. 대표적인 예가 장작과 목탄이다. 이는 특히 저소득 국가에서 중요한 에너지원으로 사용되고 있다. 아시아와 아프리카의 많은 지역에서 수억 명의 여성들이 매일 장작을 모아 요리에 사용하고 있다. 이는 노동집약적이며 비효율적인 활동이다. 그리고 이를 개선하고자 하는 다양한 민간 및 공공 부문의 행위자들이 존재한다. 이들은 이러한 가정들이 현대적이고 세계화된 에너지 시스템에 편입되도록 노력하고 있다. 이러한 변화는 이미 진행 중이며, 이를 둘러싼 통제권을 놓고 치열한 논쟁과 갈등이 벌어지고 있다.

장기적인 변화 패턴

에너지 의존성은 시간이 지나면서 변하기 마련이다. 초기의 사례들을 보면, 19세기부터 여러 유럽 국가들이 영국산 석탄 공급에 의존하기 시작했으며, 이후에는 독일산 석탄이 그 자리를 대신했다. 그러나 영국의 석탄 생산량은 1913년 정점에 도달했고, 독일의 생산량은 1956년에 정점을 기록했다. 이후 두 국가 모두 순 석탄 수출국에서 순 석탄 수입국이 되었다. 1990년대에 이르러, 한때 세계에서 가장 강력한 석탄 수출국이었던 이 두 나라는 유럽 최대의 석탄 수입국이 되었다. 그러나 2017년까지 영국은 전력 생산에서 석탄 의존도를 줄이고, 철강 산업을 축소하면서 사실상 석탄 수입을 끝냈다. 반면 독일은 여전히 수입 석탄에 크게 의존하고 있다.

미국의 경우, 세계 석유 시장을 1차 대전과 2차 대전 사이까지 완전히 지배했으며, 많은 국가들이 미국계 석유 대기업들에게 석유 공급을 의존했다. 그러나 1949년부터 미국은 순 석유 수입국이 되었고, 1973년 첫 번째 석유 위기가 발생했을 때, 미국인들은 중동에서 벌어진 정치적 격변이 자국의 석유 소비에 직접적인 영향을 미친다는 사실에 충격을 받았다. 그러나 이후 석유 산업에서 여러 기술 혁신이 이루어지면서 상황은 다시 변했다. 지구물리학, 심해 탐사, 그리고 특히 수압 파쇄(hydraulic fracturing)와 수평 시추 기술의 발전 덕분에, 미국 석유 생산업체들은 새로운 국내 석유 자원을 개발할 수 있었다. 이로 인해 미국은 다시 석유에서 거의 독립적인 상태를 달성하게 되었다.

덴마크의 경우, 훨씬 작은 국가이지만 다른 경로를 거쳐왔다. 제2차 세계대전 이후 수십 넌 동안, 덴마크는 거의 전적으로 중동산 석유에 의존했다. 그러나 1970년대 후반에 북해에서 자국의 해상 유전을 개발하면서, 석유 수입 의존도가 급격히 감소했다. 또한 석유 소비량 자체도 감소하면서, 자국 내 생산량이 석유 수요에서 짐짐 더 큰 비중을 차지하게 되있다. 1997넌부터 덴마크는 순 석유 수출국이 되었으며, 통계적으로는 완전한 에너지 독립을 달성했다. 그러나 2005년에 덴마크의 석유 생산량은 정점을 찍었고, 그 후 10년이 지나자 2000년대 초반 대비 생산량은 3분의 1 수준으로 떨어졌다. 그 결과, 덴마크는 다시 순 석유 수입국으로 전환되었다.[11]

개발도상국들에서는 이 같은 변화가 더욱 극적으로 나타나기도 한다. 예를 들어, 이집트는 역사적으로 수에즈 운하를 통제하고 1956년 수에즈 위기, 1967년 6일 전쟁과 특히 1973년 욤키푸르 전쟁과 관련된 이집트 정부의 개입을 통해 국제 석유 공급망에서 중요한 역할을 해왔다. 그러나 이 나라는 주요 산유국이 아니었으며, 1967년까지는 순수입국이었다. 1970년대 중반부터 이집트의 국내 석유 생산이 급격히 증가하며 전환점을 맞았다. 생산량은 빠르게 증가했고, 1993년 정점에 도달했다. 이 기간 동안 이집트는 전체 석유 생산량의 절반 이상을 수출할 수 있었으며, 석유 수입 의존에 대한 우려가 거의 없었다. 그러나 이러한 수출국의 역할은 오래 지속되지 않았다. 지난 25년 동안 이집트의 국내 석유 소비량은 거의 두 배로 증가했지만, 석유 산업은 추가적인 생산량 증가에 실패했다. 그 결과, 2010년 이후 이집트는 1967년 이후 처음으로 다시 석유 수입국이 되었다.[12]

이러한 사례들은 다양한 요인들이 상호작용하여 전체적인 통계 수준에서 에너지 수입 의존도를 형성하는 과정을 보여준다. 국내 연료 매장량 외에도 국내 소비량이 에너지 의존 정도를 결정하는 핵심 요소로 작용한다. 세계에서 가장 부유한 국가들에서는 에너지 소비가 더 이상 증가하지 않으며, 오히려 감소하는 경향을 보이고 있다. 그러나 많은 개발도상국에서는 여전히 에너지 소비가 크든 작든 계속 증가하고 있으며, 이는 이들 국가의 에너지 의존도를 크게 높이는 방향으로 작용하고 있다. 운이 좋은 몇몇 국가에서는 국내 소비 증가가 국내 생산 확대와 맞물려 진행되었으며, 그 결과 수입 에너지에 의존하지 않을 수 있었다. 그러나 이러한 경우에도, 화석연료가 본질적으로 유한하고 재생 불가능한 에너지원이라는 특성 때문에 이러한 '에너지 독립의 황금기'는 그리 오래 지속되지 못했다.

자립 기간은 이집트의 경우 40년, 영국은 25년, 덴마크는 석유 기준으로 20년이 채 안 되는 기간 동안만 지속되었다. 궁극적으로 에너지 수입 의존성을 완전히 종식하는 유일한 방법은 해당 연료의 사용을 완전히 중단하는 것이다. 예를 들어, 이탈리아는 1986년 체르노빌 원전 사고 이후 원자력 발전소를 폐쇄했고, 영국은 현재 전력 생산에서 석탄 사용을 단계적으로 폐지하고 있다. 그러나 과연 어느 국가가 석유를 이와 같은 방식으로 완전히 퇴출할 것인가? 이는 아직 지켜봐야 할 문제다.

역설적인 의존 관계

국경을 넘나드는 연료 흐름에 대한 통계 지표는 에너지 의존 관계의 일부만을 설명할 뿐이다. 이는 연료 수입국들이 실제로 의존하는 대상이 연료 자체가 아니라, 연료를 공급하는 시스템이기 때문이다. 이러한 관점은 흥미로운 결과를 초래하며, 일부는 역설적으로 보일 수도 있다. 예를 들어, 많은 EU 국가들이 러시아산 천연가스에 크게 의존하고 있지만, 시스템적 관점에서 보면 이는 지나치게 단순한 해석이다. EU와 러시아 간의 천연가스 관계를 분석할 때 흥미로운 요소 중 하나는 가스 저장 시설이 이 상호 연결된 공급 시스템에서 수행하는 역할이다. 유럽에서 가장 큰 저장 시설 중 하나는 라트비아의 수도 리가(Riga) 인근에 있다. 이 시설은 냉전 시대에 건설되었으며, 당시 라트비아는 소련의 일부였다. 이 시설은 발트 지역 전역과 당시 레닌그라드(Leningrad, 현재 상트페테르부르크)의 겨울철 공급 문제를 해결하기 위해 만들어졌다. 소련이 붕괴한 이후에도 이 저장 시설은 라트비아의 경계를 넘어 중요한 역할을 지속해 왔다. 에스토니아와 리투아니아는 겨울철 이 시설에 크게 의존하며, 러시아 또한 이 시설을 활용해 자국 내 가스 공급의 안정성을 유지하고 있다. 이로 인해 역설적이게도, 러시아는 가스 공급의 안정성을 확보하기 위해 라트비아에 의존하는 상황이 발생한다.[13] 핀란드 또한 최근 라트비아의 저장 시설을 활용하려는 움직임을 보이고 있다. 핀란드는 핀란드만을 가로지르는 해저 파이프라인을 통해 발트 지역의 가스 공급망과 연결되기를 희망하고 있다. 핀란드는 라트비아와 가스망을 연결하는 방안을 공급 안보를 강화하는 유효한 수단으로 보고 있다. 라트비아가 자국 내 천연가스 매장량을 전혀 보유하지 않고 있다는 점에도 불구하고 말이다![14]

이와 관련하여 또 다른 의존성의 사례는 글로벌 석유 공급 시스템에서 중요한 '조임목(choke point)'과 관련이 있다. 예를 들어, 전 세계 석유 생산량의 약 20%는 호르무즈해협을 통과해야 시장에 도달할 수 있다. 따라서 이 해협이 봉쇄될 경우 글로벌 에너지 공급에 심각한 위기가 발생할 수 있다. 이와 유사하게, 말라카해협, 그리고 비교적 영향이 적지만 여전히 중요한 수에즈 운하, 보스포루스해협, 덴마크해협, 파나마 운하 또한 주요 석유 수송 경로로 작용한다. 미국 해군은 이러한 중요 해상 통로들을 안전하고 개방된 상태로 유지하는 데 적극적으로 관여하고 있다. 그 결과, 세계의 많은 석유 수입국들은 미국으로부터 단 한 방울의 석유도 수입하지 않음에도 불구하고, 자국의 석유 공급 안정성을 미국에 의존하는 상황이 되었다. 석유 수출국들도 미국 해군의 보호에 의존하고 있으며, 러시아의 경우, 발트해와 흑해 항구에

사진: Leo Gaggl

말레이반도 북동쪽과 인도네시아 수마트라섬 남서쪽 사이에 위치한 말라카 해협을 통과 중인 화물 수송선들의 모습. 말라카해협은 인도양과 태평양 사이의 주요 운송 경로로 인도, 태국, 인도네시아, 말레이시아, 필리핀, 싱가포르, 베트남, 중국, 일본, 대만, 한국 등 주요 아시아 경제국을 연결한다. 해상으로 운송되는 모든 석유의 약 절반 이상이 이 해협을 통과하며, 주로 페르시아만의 중동 국가들에서 아시아 시장으로 운송된다. 동아시아 국가들의 원유 수입 80% 이상이 이 해협을 경유하며, 특히 한국의 경우 원유 물동량의 90%, 전체 해상 물동량의 30% 이상이 말라카해협을 통한다.

서 해외 시장으로 이동하는 러시아 유조선을 감독하는 튀르키예와 덴마크의 정부 기관들에도 의존하고 있다. (보스포루스해협이 국제 수로로 공식 지정되어 있음에도 불구하고, 러시아는 이 지역에서 발생할 국제 분쟁이 자국의 석유 수출에 미칠 가능성에 대해 우려하고 있다.)

또 다른 흥미로운 사례는 이란의 휘발유 수입 의존이다. 이란은 오랫동안 세계 최대 원유 생산국 중 하나였기에, 휘발유에 있어서 세계에서 가장 수입 의존도가 높은 국가 중 하나라는 사실이 역설적으로 보일 수 있다. 이는 이란의 국내 정유 시설 부족으로 쉽게 설명된다. 수십 년 동안 이란 정부는 현대적인 자동차 사회를 발전시키고 차량 소유자 및 기타 휘발유 소비자를 만족시키기 위해 국내 휘발유 판매에 대해 막대한 보조금을 지급했다. 이러한 정책은 경제 성장과 급격한 인구 증가와 맞물려 국내 휘발유 부족 사태를 초래했다. 정제 시설은 급증하는 수요를 따라가지 못했다. 이 문제는 보조금이 지급된 휘발유를 해외에 훨씬 높은 가격으로 판매하는 밀수출 산업이 성행하면서 더욱 악화되었다. 국내 공급 부족이 심해지자 이란은 수입을 통해 공급과 수요 간의 격차를 메우려 했다. 그러나 이러한 수입 의존성이 정치적 위험 요소로 인식되면서, 국가 차원에서 대응이 필요하다는 판단이 내려졌다. 이에 따라 2007년 마흐무드 아흐마디네자드(Mahmoud Ahmadinejad) 대통령 내각은 급진적인 '휘발유 배급 계획'을 도입하여 국내 휘발유 소비를 억제하려 했다. 이 계획의 배경에는, 서방 국가들이 이란으로 하여금 논란이 되는 핵 기술 프로그램을 포기하도록 압력을 가하는 데, 이란의 휘발유 수입 의존성이 수단으로 사용될 수 있다는 우려가 있었다.[15]

또 다른 역설적인 사례는 모로코의 독일 전력 의존성이다. 모로코는 독일로부터 전력을 수입하지 않지만, 시스템 관점에서 보면 독일에 의존하고 있다. 이는 두 나라가 주파수와 전압이 동기화되어 있는, 동일한 전력망에 속해 있기 때문이다. 실제로, 이 사례에서는 24개국(주로 유럽 국가들)이 서로 밀접하게 의존하고 있으며, 이들 사이에서 전력 거래가 미미한 수준에 불과하더라도 그 의존성은 매우 크다. 이러한 동기화된 연결망은 주로 전체 전력망의 안정성을 강화하기 위해 구축되었으며, 이를 통해 값비싼 국내 예비 발전소에 대한 의존도를 최소화하고, 위기 발생 시 망 내 다른 국가로부터의 전력 공급으로 문제에 대처하도록 설계되었다. 그러나 이러한 연결망의 결과로 한 국가의 대규모 정전이 이웃 국가로 확산될 위험도 따른다. 2006년 11월 4일, 북독일에서 발생한 전력 공급 장애가 도미노처럼 영향을 미치면서 이베리아반도를 넘어 지브롤터해협을 지나 모로코까지 이어졌다. 그 결과, 모로코에서 저녁에 숙제를 하던 학생들은 북쪽으로 수천 킬로미터 떨어진 독일의 정전으로 인해 갑자기 어둠 속에 놓이게 되었다.[16]

에너시 의존성을 시스템 관점에서 분석할 때 가장 상징적인 사례는 원자력에너지 분야에서 발견된다. 핀란드는 현재 네 개의 원자로를 운영하고 있으며, 다섯 번째 원자로를 건설 중이다. 이 중 두 개는 전통적으로 러시아산 우라늄을 사용하고, 나머지 두 개는 서방 공급망에 의존해 왔다. 그러나 우라늄 수입량과 그 출처를 나타내는 단순한 통계 수치는 핀란드의 핵연료 수입 의존성을 충분히 설명하지 못한다. 1970년대 후반, 서방 기술을 사용하는 원자로들은 매우 복잡한 국제 공급망을 통해 연료를 조달했다. 운영사인 TVO는 캐나다 광산에서 채굴한 우라늄을 구입했다. 이 우라늄은 대서양을 건너 프랑스 해안의 라아그(La Hague)로 운송되어 육불화우라늄으로 전환되었다. 이후 이 연료는 다시 긴 여정을 떠나, 소련령 라트비아의 리가 항구로 이동한 후, 철도로 우랄 동부의 마야크(Mayak) 원자력 단지로 운송되었다. 소련에서 농축된 연료는 몇 주 후 레닌그라드에서 다시 등장했고, 발트해를 건너 스웨덴 베스테로스(Västerås)의 연료 제조 공장으로 보내졌다. 이후 최종적으로 핀란드 해안의 올킬루오토(Olkiluoto) 원자력 발전소로 운송되었다. 결국 TVO는 단일 원자로의 연료 공급을 위해 캐나다, 프랑스, 소련, 스웨덴 등 네 개국에 의존해야 했다. 공급망의 각 단계마다 TVO는 해당 국가의 공급업체와 세부 계약을 체결해야 했으며, 이러한 복잡한 네트워크가 핀란드의 핵연료 확보를 가능하게 했다.[17]

원자력에너지는 국내 에너지원인가?

EU 공식 통계에 따르면, EU 전체 에너지 수요의 46%는 EU 내에서 조달할 수 있는 에너지원으로 충당되며, 나머지 54%는 EU 외부(비EU)에서 공급된다. 개별 EU 회원국 차원에서 보면, 에너지 수입 의존도는 크게 차이가 난다. 키프로스, 몰타, 룩셈부르크, 아일랜드, 벨기에, 리투아니아, 포르투갈, 이탈리아, 스페인, 그리스는 70% 이상의 에너지를 수입에 의존하는 반면, 에스토니아, 덴마크, 루마니아, 폴란드, 스웨덴, 체코, 불가리아, 영국은 40% 미만의 수입 의존도를 보인다. 독일, 오스트리아, 슬로바키아, 헝가리, 네덜란드, 라트비아, 슬로베니아, 크로아티아, 핀란드, 프랑스는 이 두 범위의 중간에 위치한다.

호주 노던 준주의 카카두국립공원 경계에 있는 레인저 우라늄 광산의 노천 채굴 모습(2009년 8월). 우라늄 생산은 원전 수요 증가로 공급 부족과 가격 상승 압박을 받는 가운데, 카자흐스탄·캐나다·호주가 3대 생산국으로 전 세계 생산의 약 70%를 차지한다. 광산 개발은 원자력 발전과 우라늄 채굴의 잠재적 위험성, 그리고 일부 원주민 집단의 반대 때문에 논란이 되어 왔다. 레인저 우라늄 광산에서는 1981년부터 2009년 사이 최소 150건의 누출 및 유출, 그리고 허가 조건 위반 사례가 발생한 바 있다.

　그러나 이 수치에는 적어도 하나의 근본적인 문제가 있다. 원자력에너지를 국내 에너지원으로 간주한다는 점이다. 이는 대담하면서도 흥미로운 부분이다. EU 회원국 중 실제로 우라늄 광석을 채굴하는 국가는 체코가 유일하다. 그러나 체코에서 생산된 우라늄은 EU 전체 우라늄 수요의 1.5%만을 충당할 뿐이다. 나머지 98.5%는 전적으로 수입에 의존하며, 주요 공급국은 니제르(22%, 주로 프랑스 원자로용), 캐나다(20.6%), 러시아(19.3%), 카자흐스탄(15.8%), 호주(13.2%), 나미비아(3.5%)이다. 몇 년 전까지 루마니아와 불가리아에서도 우라늄을 생산했지만, 현재는 모든 광산이 폐쇄되었다. 이러한 우라늄 공급 구조를 고려할 때, 원자력에너지를 어떻게 유럽 내 에너지원으로 간주할 수 있을까?

　하나의 가능하지만 설득력이 부족한 답변은, EU가 우라늄 광석은 거의 전량 수입하지만, 농축 서비스는 내부 공급에 더 많이 의존한다는 점이다. 2016년 기준으로, 유럽 내 원자력 발전소에서 필요로 하는 우라늄의 70%가 EU에서 농축되었으며, 이는 프랑스의 아레바(Areva)나 독일, 네덜란드, 영국(당시 EU 회원국)이 공동 소유한 유렌코(Urenco)에 의해 처리되었다. 나머지 28%는 러시아의 대형 핵연료 기업인 TVEL이 시베리아에서 농축한 것이었다. 그러나 만약 에너지 의존성을 우라늄 광석 채굴 비율이 아니라 내부 농축 비율로 정의한다면, 같은 논리를 석유에도 적용해야 한다. 그렇게 되면, EU에서 소비되는 모든 원유가 EU 내 정유 시설에서 처리된다는 이유로 EU가 석유에서 자급자족 상태라고 주장해야 한다. 하지만 석유 전문가들은 원유가 EU 외부에서 공급되는 한, EU 회원국들이 석유 수입에 의존하고 있다고 강하게 주장한다. 따라서 이러한 설명은 일관성이 부족하다.

또 다른 가능성 있는, 그리고 다소 더 설득력 있는 해답은
원자력에너지의 저장 구조와 관련이 있다. 원자력 산업은 석탄,
석유, 가스 산업에 비해 훨씬 더 많은 연료를 비축한다. 2016년
12월 31일 기준, EU 원자력 운영사들의 재고에는 약 5만 1천 톤의
천연 우라늄 또는 동등한 형태의 우라늄이 저장되어 있었다. 일부는
천연 우라늄 형태였으며, 일부는 이미 정제(전환 및 농축)되었거나,
원자로에서 바로 사용할 수 있는 연료봉 형태로 가공된 상태였다.
EU의 원자력 발전소들은 연간 약 1만 6천 톤의 우라늄을 필요로
한다. 따라서, 현재 비축된 우라늄만으로도 EU 내 128개 원자로의
3년 치 연료를 충당할 수 있다. 에너지 안보 관점에서 이는 EU
외부에서의 우라늄 공급이 완전히 중단되더라도 유럽이 상당한
양의 원자력 전기를 장기간 생산할 수 있음을 의미한다. 비축
핵연료에 의존하여 발전할 수 있는 기간이 상당히 길기 때문에 그
사이 공급 중단 위기가 해결될 것으로 예상할 수 있다.

이처럼 엄청난 규모의 원자력 연료 비축량이 존재하기 때문에,
EU 통계 담당자들이 원자력에너지를 '국내' 에너지원으로 분류하는
주장을 고수하는 것으로 보인다. 그러나 분명한 것은, 이러한
주장은 해석의 여지가 상당히 크다는 점이다.[18]

기술적 및 화학적 측면

에너지 의존 관계를 평가하는 또 다른 방법은 수입국이 대체 공
급원으로 전환할 수 있는 가능성과 그 정도를 분석하는 것이다.
석유 수입의 취약성에 관한 논쟁에서 흔히 제기되는 주장 중 하

나는 특정 공급원의 차질이 발생하더라도 다른 공급원에서 석유를 조달하면 쉽게 보완할 수 있다는 것이다. 그러나 실제로는 정유 시설들이 특정 유형의 원유에 맞게 설계되어 있으므로 완전히 새로운 공급원으로 전환하는 것은 예상보다 훨씬 어렵고 비용도 많이 든다. 예를 들어, 1970년대 여러 미국 정유 시설들은 이란산 경질유(light crude oil)의 특성에 맞춰 공정을 조정했다. 그러나 1978~79년 이란 혁명 이후 이란산 원유 공급이 중단되었다. 정유업체들은 대체 공급원을 찾았지만, 같은 화학적 특성을 가진 원유를 충분히 확보하지 못했다. 당시 국제 시장에서 조달할 수 있는 원유는 대부분 중질유였으며, 이는 기존 정유 시설에서 처리할 수 없는 유형이었다. 그 결과 여러 정유 시설이 가동을 중단했고, 미국에서는 휘발유 공급 부족 사태가 발생했다.[19]

최근 미국 석유 산업은 정반대의 문제에 직면했다. 현재 미국의 대부분의 정유 시설은 경질유와 중질유가 혼합된 원유를 처리하도록 설계되어 있으며, 경질유만으로는 정상적인 가동이 어렵다. 2010년대 들어 미국 정부는 셰일오일을 활용해 석유 자급자족을 달성하려는 목표를 세웠다. 그러나 미국산 셰일오일은 대부분 경질유였다. 생산량이 증가하면서 미국 정유 시설들은 점차 외국산 경질유 수입을 줄였다. 2014년까지 나이지리아를 포함한 여러 국가에서 수입하던 경질유의 양이 급격히 감소했고, 반대로 국내에서는 경질 셰일오일이 과잉 공급되었다. 그러나 정유 시설들은 여전히 필수적인 중질유 공급을 해외 수입에 의존해야 했으며, 국내 셰일오일 생산업체들은 중질유를 공급할 수 없었다. 대부분의 정유업체들은 이를 큰 문제로 여기지 않았다. 국제 원유 시장에서 중질유를 쉽게 조달할 수 있었기 때문이다. 셰일오일 생산업체들도 마찬가지로 만족스러워했다. 미국 정유 시설들이 소화하지 못한 초과 생산분을 수출하여 높은 수익을 올릴 기회를 기대했기 때문이었다.

그러나 워싱턴은 이에 동의하지 않았다. 1975년부터 시행된 미국의 원유 수출 금지를 지적하면서, 이 조치는 미국이 원유 자급을 달성하지 못하는 한 계속 유효하다는 입장이었다. 당시 미국은 아직 완전한 자급자족 상태에 이르지 못한 상황이었다. 2014년 당시 오바마 행정부의 에너지부 장관이었던 어니스트 모니즈(Ernest Moniz)는 수출 금지를 유지해야 한다고 주장했다. 이로 인해 정유업체들은 막대한 비용을 들여 정유 시설을 개조해 경질 셰일오일을 처리해야 하는 상황에 직면했다. 이는 경제적으로 비효율적이었으나, 에너지 안보 측면에서는 타당한 조치로 보였다. 그러나 2015년 12월, 미국 정부는 정책을 바꿔 원유 수출 금지를 해제했다. 그 결과, 현재 미국은 원유의 주요 수출국이자 수입국이 되었다. 2018년 봄 기준, 미국은 하루 760만 배럴의 원유를 수입하는 동시에, 150만~200만 배럴의 원유를 수출하고 있다.[20]

브라질의 경험도 이와 유사한 맥락에서 이해할 수 있다. 제2차 세계내전 이후 브라질은 확인된 국내 원유 매장량이 극히 제한적이었다. 많은 국가들과 마찬가지로, 브라질은 중동산 경질유를 수입하여 석유 수요를 충족했고, 이에 따라 중동 원유에 대한 의존도가 높아졌다. 1960~70년대에 걸쳐 브라질에서는 중동산 원유를 처리할 수 있도록 설계된 정유 시설이 다수 건설되었다. 이후 브라질 국내에서 대규모 유전들이 발견되면서, 2011년부터는 순수출국으로 전환할 수 있었다. 그러나 문제는 브라질 국내에서 발견된 원유 대부분이 중질유였다는 점이다. 이에 따라, 브라질의 석유 산업은 정유 시설을 대대적으로 개조해야 하는 부담을 감수하는 대신, 기존의 원유 수입을 유지하는 전략을 선택했다. 국내 생산 원유에 맞춰 정유 시설을 개조하는 비용이 지나치게 높았기 때문이다.

일본의 중국산 원유 의존

한때 일본은 일부 원유 공급을 중국에 의존한 적이 있었다. 1950년대에 중국의 석유 탐사자들은 소련 전문가들과 협력하여 중국 영토 내에서 광대한 원유 매장지를 발견했다. 1970년대에 이르러, 이들 자원은 수출할 수 있을 정도로 충분히 증가하였으며, 서방의 산업 전문지들은 중국이 '극동의 사우디아라비아'로 부상할 것이라고까지 전망했다. 한편, 일본은 중동산 석유에 지나치게 의존하고 있다는 사실을 점점 더 절감하게 되었고, 지리적으로 수입처를 다변화할 기회를 모색하고 있었다. 기술적·경제적 관점에서 볼 때, 중국과 일본 모두 국경을 넘는 석유 교역을 고려할 충분한 이유가 있었다. 그러나 문제는 두 나라가 여전히 공식적으로 전쟁 상태에 있었다는 점이었다. 1945년 중일전쟁이 끝난 후에도 평화 조약이 체결되지 않았기 때문에, 정치적 관점에서 보면 상황은 불투명했다. 외교 정책 관련자들 중 일부는 중국산 원유의 일본 수출에 반대했다.

그러나 1978년 중국과 일본 정부는 공식적으로 전쟁을 끝내는 평화우호조약을 체결했다. 이 조약과 밀접하게 연계된 형태로, 양국은 5년간의 석유 협정을 체결하였으며, 1978년부터 1982년까지 총 3억 4,800만 배럴의 원유를 일본으로 수출하는 계약을 맺었다. 일본 석유업계는 새로운 공급원을 적극 환영했다.

하지만 한 가지 문제가 있었다. 공급되는 원유는 중국 북동부의 다칭 유전에서 생산된 것이었으며, 다칭 원유는 극도로 점도가 높은 중질유로 널리 알려져 있었다. 이에 따라, 일본 정유업체들은 정유 시설을 개조하여 다칭 원유의 특성에 맞춰야 했다. 이러한 시설 개조로 인해, 일본 정유 산업의 상당 부분이 중국산 원유 공급에 고착되었다. 그러나 1980년 중국은 일본 측에 석유 생산량을 계획대로 확대하는 데 어려움을 겪고 있으며, 1982년에 예정된 공급량의 절반 정도만 제공할 수 있을 것이라고 통보했다. 이미 다칭산 중질유에 맞춰 정유 시설을 조정한 일본에게는, 다른 공급처의 원유를 처리할 수 있도록 다시 설비를 개조하는 작업은 극도로 비용이 많이 드는 일이 되었다.[21]

이와 유사한 사례는 많으며, 이를 통해 화학적·기술적 시스템 관점에서 본 에너지 의존성이 단순한 통계 수치만으로는 제대로 설명될 수 없음을 알 수 있다. 예를 들어, 철강 산업에서도 아무 석탄이나 사용할 수 있는 것이 아니다. 철강 생산에는 고품질의 제철용 무연탄(코크스용 석탄)이 필수적이며, 이를 사용해야만 강도가 충분히 높은 철강을 생산할 수 있다. 특히, 철강의 품질이 높아질수록 적절한 연료에 대한 의존도는 더욱 커진다. 또 다른 대표적인 사례는 유럽의 천연가스 시스템이다. 이 시스템은 여러 공급원에서 들어온 가스를 혼합해 사용하며, 이는 공급 안정성 측면에서 분명한 이점이 있다. 특정 경로에서 공급 차질이 발생 하더라도, 다른 경로에서 가스를 보충할 수 있기 때문이다.

그러나 유럽의 가스 시스템을 더 면밀히 살펴보면, 하나의 단 일 시스템이 아니라 두 개의 시스템으로 구축되었음을 알 수 있다. 즉, 서로 다른 발열량 기준을 적용하는 H-가스(고열량 가스) 시스템과 L-가스(저열량 가스) 시스템으로 나뉜다. 네덜란드의 흐로 닝언 대형 가스전은 L-가스의 주요 공급원이며, 반면 북해, 알제리, 러시아 등의 공급원은 H-가스를 제공한다. 이러한 발열량 차이로 인해 네덜란드산 가스는 러시아산이나 알제리산 가스로 대체될 수 없으며, 따라서 해당 국가에서 공급 차질이 발생하더라도 흐로닝언 가스를 활용해 이를 보완할 수 없다. 두 시스템을 연결하려면 기술적으로 복잡하고 경제적으로 부담이 큰 변환 시설이 필요하다. 일부 지역에서는 이러한 변환 시설이 구축되었지만, 비판론자들은 경제적 타당성이 부족하다고 지적한다.[22]

핵연료에 대한 의존도는 얼핏 보이는 것보다 훨씬 더 복잡하다. 앞서 살펴보았듯이, 전 세계 거의 모든 원자력 발전소 운영자가 해외에서 공급된 우라늄 원광을 사용하지만, 핵심적인 의존성은 정제되지 않은 원광보다 오히려 정제된 형태의 우라늄과 관련이 있다. 이와 관련하여 전환 및 농축 서비스는 전 세계적으로 불과 6~7개 기업이 독점적으로 운영하고 있음을 언급한 바 있다. 여기에 추가적인 의존성을 유발하는 요소가 바로 연료봉 제작(fuel fabrication)이다. 러시아의 핵연료 기업 TVEL은 전통적으로 러시아뿐만 아니라 해외에서도 VVER(Vodo-Vodyanoi Energetichesky Reactor, 러시아형 가압수형 경수로)용 연료봉 제작을 사실상 독점해 왔다. 이러한 원자로는 소련 시절에 설계 및 건설되었으며, 현재도 우크라이나 및 5개 EU 회원국(핀란드, 체코, 슬로바키아, 헝가리, 불가리아)에서 가동되고 있다.

냉전이 끝난 이후, EU 산하의 원자력 기관들과 미국 정부 기관은 지역 정부 및 당국과 협력하여, 소련 설계 원자로에 대한 핵연료 공급망을 다변화하려는 노력을 시작했다. 이를 통해 러시아가 핵연료 주기를 완전히 통제하는 상황을 타개하려 했다. 특히 웨스팅하우스(Westinghouse)가 VVER 원자로에 적합한 연료를 개발하며 시장에 진입했다. 이 과정에서 EU와 미국 정부의 보조금을 통해 비교적 저렴한 가격을 제시하면서 원자력 발전소 운영사들을 끌어들이려 했다. 그러나 대부분의 원자력 발전소 운영사들은 웨스팅하우스의 연료 도입에 큰 관심을 보이지 않았다. 오히려 러시아와의 오랜 협력을 지속하기를 선호했으며, 이는 TVEL의 VVER 관련 전문성이 웨스팅하우스보다 우수하다고 평가되었기 때문이었다.

이러한 선호도는 연료의 기술적 품질이 원자로의 안전성과 경제적 운영에 결정적인 영향을 미친다는 인식에서 비롯되었다. 미세한 품질 저하라도 원자로의 계획되지 않은 가동 중단을 초래할 수 있으며, 이는 전력 판매와 전력망 안정성에 상당한 부정적 영향을 미칠 수 있다. 예를 들어, 체코의 테멜린(Temelin) 원자력 발전소는 2000년대 초 웨스팅하우스 연료를 도입했지만, 연료의 기하학적 안정성 문제로 인해 심각한 결함이 발생했다. 결국, 모든 웨스팅하우스 연료봉을 소기에 폐기해야 했고, 이후 VVER 원자로 운영사들은 웨스팅하우스의 연료 구매를 꺼리게 되었다. 심지어 웨스팅하우스 연료가 TVEL 연료보다 저렴한 경우에도 마찬가지였다.[23] 이와 같은 경향에서 유일한 예외는 우크라이나다. 우크라이나는 2014년 러시아의 크림반도 합병과 동부 우크라이나 전쟁 이후 TVEL에서 웨스팅하우스로 핵연료 공급을 전환했다. 이는 단순한 기술적·경제적 판단이 아니라, 급격한 지정학적 변화가 우크라이나 원자력 산업의 결정을 바꾸게 만든 사례다. 러시아산 연료를 계속 사용하는 것이 정치적으로 위험하다고 판단하면서, 기술적·경제적 위험을 감수하고서라도 공급망을 변경하게 된 것이다.[24]

의존성을 기회로 활용

에너지의 국제화는 불가피하고 멈출 수 없는 과정이었을까, 아니면 특정 행위자들의 전략적 선택과 주도적인 조치의 결과였을까?

19세기 중반부터 철도, 증기선, 항만 크레인, 포장도로, 트럭 등 현대적인 운송 인프라가 등장하면서 대량의 연료를 깜짝 놀랄 정도로 낮은 비용으로 전 세계에 보낼 수 있게 되었다. 사우디아라비아의 석유 장관이었던 아메드 자키 야마니(Ahmed Zaki Yamani)가 '공급과 수요의 신성한 법칙'이라고 표현한 원리와 결합되면서,[25] 석탄과 석유에서부터 우라늄과 바이오연료에 이르기까지 다양한 에너지원의 국제 무역이 크게 활성화되었다. 초대형 유조선, 석유 및 가스 파이프라인, 초고압 송전망과 같은 전용 에너지 인프라는 장거리 연료 이동의 경제적 매력을 더욱 높였다. 정치적 갈등과 무역 장벽이 때때로 이러한 논리에 반하는 역할을 했지만, 크게 보면 에너지의 세계화를 매우 자연스러운 현상으로 여기게 만드는 아주 강력한 구조적 압력이 지속적으로 작용했다. 이러한 관점에서 보면, 에너지 국제화는 거의 필연적인 과정처럼 보일 수도 있다.

그러나 궁극적으로 이는 행위자들에 의해 좌우된다. 에너지 산업을 움직이는 개인과 조직들은 기계가 아니다. 이들은 사전에 정해진 프로그램을 따르지 않으며, 반드시 합리적인 알고리즘에 따라 행동하는 것도 아니다. 이들은 각자의 세계관, 목표, 비전, 감정과 욕망을 가진 인간들이다. 이들은 다양한 선택지를 놓고 결정을 내리며, 그 결과는 예측하기 어렵다. 또한 이들은 서로 상호작용하며, 최종적인 결과는 종종 여러 행위자의 아이디어, 의지, 의견, 제안이 절충된 형태로 나타난다. 이런 관점에서 보면, 에너지의 국제화는 개별 행위자의 행동과 그들이 얽힌 복잡한 사회적 과정의 결과라고 할 수 있다. 그렇다면, 왜 행위자들은 국제 에너지 관계를 구축하려 하는가? 적어도 네 가지 주요 동인이 존재하며, 각각 특정한 기회와 연결된다. 아래에서 이를 살펴보되, 우선은 분석 범위를 에너지 수입 의존 국가들의 관점으로 제한한다.

첫째, 행위자들은 종종 공급 기회를 발견하고 이에 따라 의존적 관계를 형성하거나 촉진한다. 이는 단순히 자국 내 에너지원이 존재하지 않거나, 충분한 양을 확보할 수 없기 때문이다. 전근대 사회에서는 이러한 연료 부족이 드물었다. 대부분의 지역에서 쉽게 구할 수 있는 장작이 주요 에너지원이었으며, 삼림이 전혀 없는 곳은 극히 일부에 불과했다. 물론 지역마다 연료 공급량의 차이는 있었지만, 전반적으로 수급 균형이 유지되었다. 그러나 석탄과 석유가 주요 에너지원으로 부상하면서 상황이 크게 변했다. 일부 국가들은 이 두 가지 연료 중 하나 또는 둘 다 전혀 보유하지 못했으며, 많은 국가들은 국내에서 충분한 공급을 확보할 수 없었다. 이러한 변화는 광범위한 영향을 미쳤다. 특히, 석탄과 석유는 산업화를 추진하는 국가들에게 절대적으로 필요한 자원이 되었다. 산업용 엔진, 기관차, 증기선, 도시 가스시설은 장작으로 가동하기 어려웠고, 20세기에 들어 등장한 새로운 운송 수단과 산업 생산 방식은 석유에 절대적으로 의존하게 되었다. 따라서 국내에 석탄과 석유 매장량이 부족한 국가들은 해외 공급업체와 수입 계약을 체결하는 것이 산업화와 현대화 전략에서 반드시 필요했다. 이러한 공급 기회를 활용하지 않는다면, 경제적·사회적 발전에서 뒤처질 수밖에 없었을 것이다.

천연가스와 우라늄은 석탄과 석유만큼 필수적인 자원으로 간주되지는 않았다. 예컨대 노르웨이와 스웨덴(의 대부분)처럼 세계에서 가장 선진적인 경제를 갖춘 나라들 중 일부는, 자국의 에너지 시스템에서 천연가스를 거의 사용하지 않고도 성공적으로 경제를 운영해 왔다. (아이러니하게도 노르웨이는 세계 최대의 천연가스 수출국 중 하나다.) 마찬가지로, 전 세계적으로 제한된 수의 국가들만이 에너지원으로서 우라늄을 활용했고, 나머지 국가들은 원자력 발전소 없이도 잘 운영되어 왔다. 그러나 천연가스 시스템과 원자력 발전소를 운영하는 대부분의 국가들은 수입 연료에 의존하고 있으며, 대다수의 경우 가스와 우라늄 수요가 너무 커서 국내 자원만으로 이를 충당하는 것은 물리적으로 불가능하다. 오직 러시아와 캐나다처럼 자원이 풍부한 극소수의 대형 국가에서만 수입을 완전히 배제하는 공급 전략이 현실적으로 가능하다.

행위자들은 정제된 형태의 에너지를 수입하는 기회에도 큰 관심을 가져왔다. 많은 국가들은 특정 연료를 변환하거나 정제하는 데 필요한 기술력, 재정 능력, 시설을 보유하지 못했지만, 수입을 통해 이를 보완할 수 있었다. 심지어 원유 같은 기초 에너지원이 풍부한 국가조차 정제 연료 수입의 기회를 적극적으로 활용했다. 앞서 살펴보았듯이, 이란은 국내 정유 시설이 수요를 감당하지 못하자 대규모 휘발유를 수입하는 방안을 선택했다. 룩셈부르크의 경우, 국토가 너무 작아 자체 정유 시설을 건설하는 것이 비현실적이었다. 대신, 벨기에와 독일, 프랑스, 네덜란드에서 정제된 석유 제품을 수입하는 기회를 적극 활용했다. 특히 벨기에로부터 들어오는 정제 연료는 독일을 경유하는 앤트워프-룩셈부르크 송유관을 통해 수입되었다.[26]

원자력 분야에서도 많은 국가들이 초기에는 국내 우라늄 농축 시설이 없어서 어려움을 겪었다. 우라늄 농축 시설의 건설은 매우 까다로운 기술적 도전이었기 때문에, 일부 원자력 개발국들은 천연, 비농축 우라늄으로 가동할 수 있는 특별한 원자로를 개발하는 전략을 택했다. 이러한 접근 방식의 대표적인 예가 중수로(heavy-water reactor)다. 이 전략은 당시 국제적으로 이용할 수 있는 우라늄 농축 서비스가 부족하다는 점에서 합리적으로 보였다. 그러나 1950년대 중반, 미국과 소련의 정치적 결정으로 인해 원자력 발전을 원하는 국가들이 미국과 소련의 농축 서비스 공급업체와 계약을 체결할 수 있게 되면서, 전혀 새로운 수급 기회가 열렸다. 이는 원자력 발전을 추진하던 여러 중소 국가들이 기존의 중수로 프로젝트를 포기하는 중요한 계기가 되었다.[27]

둘째, 행위자들은 외국 공급업체와의 연계를 통해 경제적 기회를 발견한다. 이는 비용 절감을 위해 국제 에너지 네트워크를 구축하는 경우를 의미한다. 예상할 수 있듯이, 수입 연료 가격이 국내 생산 연료보다 저렴할 경우, 행위자들은 수입을 선호하는 경향이 있다. 그러나 이는 에너지 안보 및 고용 문제를 둘러싼 논란을 불러일으키기도 한다. 미국의 석유 수입 역사가 이러한 점을 잘 보여준다. 제1차, 2차 세계대전 사이에 미국의 소비자, 독립 정유업체, 에너지 집약적 산업들은 수입 석유 가격이 국내 석유보다 저렴해지는 상황을 환영했다. 이에 따라, 이들은 국내 공급에서 수입으로 전환하는 경제적 기회를 적극적으로 모색했다. 그러나 미국 내 석유 생산업체들은 해외 공급업체와의 경쟁을 반기지 않았다. 미국 석유 노동자들 또한 이러한 변화에 반대했다. 텍사스와 오클라호마 등 주요 산유 지역의 정치인들의 지원을 받은 이들은, 워싱턴 정부를 상대로 수입 석유에 대한 관세, 쿼터(수입 제한), 금지 조치를 도입할 것을 강하게 주장했다. 이러한 요구는 국방부(Pentagon)의 이해관계와도 맞물렸다. 미국 군부는 석유 수입이 국가 안보에 잠재적 위험을 초래할 수 있다고 우려했다.[28] 냉전 시기 서유럽이 소련산 석유를 수입하면서 얻을 수 있었던 경제적 기회 역시 상당했지만, 마찬가지로 논란을 불러일으켰다.[29]

유럽의 석탄 산업에서도 유사한 패턴이 나타났다. 지난 20년 동안 서유럽 국가들은 국내 무연탄 생산을 단계적으로 중단했지만, 여전히 발전소와 제철소에서는 대량의 석탄을 연료로 사용하고 있다. 차이점은 이제 석탄이 수입된다는 점이다. 이러한 전환의 이유는 단순하다. 수입 석탄이 더 저렴하기 때문이다. 역사적으로 이러한 경제적 기회는 국내 교통 인프라가 충분하지 않은 경우에 자주 발생했다. 이러한 상황에서는 사실 외국산 연료가 그리 싸지 않더라도, 국내에서 생산된 연료는 높은 운송비용으로 인해 최종 소비자 입장에서는 가격이 너무 높아져서 결국 수입이 더 경제적인 선택이 되는 것이다. 예를 들어, 혁명 이전의 러시아 제국은 국내 석탄 매장량이 풍부했지만, 철도 인프라가 부족하여 상트페테르부르크 같은 대도시에 국내 석탄을 공급하는 비용이 지나치게 높았다. 결국, 러시아 제국의 석탄 소비자들은 국산 석탄 대신 영국산 석탄을 수입하는 것이 경제적으로 유리하다고 판단했다.[30]

현재 중국과 인도의 해안 지역에서도 유사한 현상이 나타난다. 두 나라 모두 세계 최대 석탄 생산국이지만, 국내 수요와 공급이 대체로 균형을 이루고 있음에도 연안 지역에서는 국내 생산 석탄보다 수입 석탄을 선호하는 경우가 많다. 이는 국산 석탄 운송 체계의 병목 현상과 비효율성 때문이며, 향후 철도·도로망, 파이프라인, 전력망의 확장이 국내 에너지원과 수입 에너지원 간의 경제적 유불리를 크게 변화시킬 수 있다. 예를 들어, 최근 파나마 운하 확장으로 인해, 동아시아 국가들이 미국산 셰일가스를 수입하는 것이 더욱 경제적으로 매력적인 선택지가 되었다.

또한, 에너지 기업들은 긴급 공급 체계(emergency supply system)를 만들기 위해 국경을 넘는 연결망을 구축하기도 한다. 이는 특히 전력 부문에서 두드러진다. 유럽에서는 전력 회사들이 이웃 국가들과의 전력망 연결에 막대한 투자를 해왔다. 대규모 전력 거래와 이로 인한 수익 창출을 기대하고 한 것은 아니다. 물론 프랑스가 이탈리아에 전력을 수출하는 경우처럼 국가 간 전력 거래가 이루어지기도 하지만, 국경 간 전력망 통합의 주요 논리는 네트워크 안정성을 강화하고 국내에서 문제가 발생할 경우 외국의 전력 생산이 이를 보완할 수 있는 가능성을 확보하는 데 있다. 사실 전력망 안정성은 국제 연결 없이도 강화할 수 있다. 가장 대표적인 방법은 자국 내 대규모 예비 발전소를 건설하고 지속적으로 유지·관리하는 것이다. 하지만 전력 회사들은 일반적으로 국제적 전력망 통합을 더 선호하며 이유는 단순하다. 국제적으로 연계하는 게 경제적으로 더 유리하기 때문이다. 이와 같은 논리는 석유 및 가스 산업에도 적용된다. 저장 시설이 점점 더 국제화되고 있는 것이 그 예이다. 앞서 언급한 핀란드가 라트비아의 대규모 가스 저장 시설과 연계하려는 시도가 대표적인 사례다. 핀란드는 자국 내에만 저장 시설을 구축하는 방안보다 외국 저장 시설을 이용하는 편이 경제적으로 훨씬 유리하다고 판단했다.

셋째, 행위자들은 해외 에너지원 접근을 환경적 기회로 인식할 수도 있다. 이는 환경 문제를 해결하는 방안으로 국제 에너지 네트워크를 활용하는 경우를 의미한다. 정치인, 환경 단체, 일반 시민들은 자국 내에서 화석연료, 우라늄, 바이오연료 채굴이 환경적으로 위험하다고 우려해 왔다. 이에 따라, 동일한 연료를 외국에서 수입하는 것이 이러한 문제를 완화하는 방법으로 여겨졌다. 물론 국내 에너지를 수입 에너지로 대체한다고 해서 환경 부담이 절대적으로 줄어드는 건 아니다. 문제가 단순히 단지 다른 나라로 이전될 뿐이다. 그러나 국내 환경 보호 측면에서는 상당한 이점이 있을 수 있다.

예컨대 유럽의 여러 나라들, 특히 독일이 자국 석탄보다 수입 석탄에 의존하는 이유가 여기에 있다. 마찬가지로 일부 국가는 국내에 우라늄 매장량이 충분함에도 불구하고, 원자력 발전소 연료로 해외 우라늄을 수입한다. 불가리아는 최근 환경 문제를 이유로 대규모 우라늄 광산을 폐쇄했으며, 운영 중인 원자력 발전소는 전량 수입 우라늄을 사용하고 있다. 국내 우라늄 매장량이 있음에도 불구하고 전적으로 수입에 의존한다. 여기에는 경제적 이유뿐만 아니라 환경적 고려도 중요한 요인으로 작용했다. 스웨덴의 보수 정당들은 국내 우라늄 채굴이 원자력 연료의 공급 안보를 강화할 것이라고 주장했으며, 광업 산업계도 이에 대한 관심을 높여왔다. 그러나 2018년 5월, 스웨덴 의회는 환경 보호를 이유로 우라늄 탐사 및 채굴을 전면 금지하는 법안을 통과시켰다.[31]

마지막으로, 행위자들은 에너지의 국제화를 정치적 기회로 인식했다. 이러한 기회는 다양한 형태로 나타나며, 이에 대한 심층적인 논의는 5장과 6장에서 다룰 것이다. 이 장에서는 국가 행위자들이 외교 정책을 수행하는 데 있어 에너지를 중요한 수단으로 활용해 왔다는 점만 언급해도 충분하다. 이러한 활용은 압박이나 제재와 같은 부정적 방식일 수도 있고, 협력과 유인이라는 긍정적 방식일 수도 있다. OPEC의 '석유 무기(oil weapon)' 또는 러시아의 '가스 무기(gas weapon)'는 흥미롭고 논란이 많은 개념이다. 이는 에너지 정책을 물리적 폭력과 군사 행동과 동일한 수준에서 다루려는 시도로 해석될 수도 있다. 그러나 6장에서 살펴보겠지만, 에너지는 역사적으로 국제 분쟁을 해결하고, 평화를 구축하며, 지역 통합을 촉진하는 시도에서도 중요한 역할을 해왔다. 이 두 가지 요소는 에너지 지정학을 형성하는 데 있어 중요한 역할을 한다.

의존성의 위험

앞서 논의한 기회 요인들은 왜 행위자들이 해외 에너지원 및 시스템과 연결되기를 원하는지를 설명한다. 그러나 이러한 기회에도 불구하고, 일부 행위자들은 왜 국제적인 에너지 연결 구축을 꺼리는 것일까? 이를 이해하기 위해서는 에너지 국제화에 내재된 다양한 위험 요소를 살펴보아야 한다. 국제 에너지 무역의 확대는 여러 가지 위험을 초래했다. 그중에서도 가장 분명한 것은 공급 위험으로, 이는 물리적으로 에너지 공급이 중단될 가능성에 대한 우려를 의미한다. 전근대 사회에서는 연료 공급이 단절될 가능성이 거의 없었다. 대부분의 연료, 특히 장작은 지역에서 직접 조달할 수 있었기 때문이다. 예외적으로, 강 인근 산업시설은 상류에서 떠내려오는 표류목에 의존했고, 일부 해안 지역은 외국에서 장작을 수입하기도 했다.

그러나 석탄으로의 전환은 공급 위험을 완전히 새로운 차원으로 끌어올렸다. 19세기부터 수입 의존국들은 해외 석탄 공급이 차단될 가능성을 심각하게 우려하기 시작했다. 예를 들어, 1900년 스웨덴 의회에서는 석탄 수입 의존도를 두고 격렬한 논쟁이 벌어졌다. 일부 의원들은 급격히 증가하는 석탄 수입이 '다모클레스의 검(Damocles sword)'처럼 국가 위협 요인이 될 수 있다고 주장했다.[32] 당시 영국 탄광 노동자들의 파업이나 악천후로 인한 공급 차질은 석탄 수입국들에게 커다란 걱정거리였다. 이러한 공급 위험은 제1차 세계대전이 발발하면서 현실화되었다. 국제 석탄 무역이 붕괴되면서, 유럽의 여러 도시와 공장지대로의 석탄 공급은 중단되었고, 남은 연료를 배급해야 하는 상황에 처했다. 문제는 단순한 석탄 부족뿐만 아니라, 이를 기반으로 한 전력 공급과 도시가스 생산이 중단되었다는 점이었다. 이로 인해 공장들은 멈추고, 도시의 난방은 중단된 채 밤이면 깊은 암흑이 찾아왔으며 식물성 기름 같은 구식 조명 연료가 다시 사용되었다.[33] 이러한 공급 위기는 제2차 세계대전에서도 반복되었다. 특히, 석유가 교통 부문에서 필수 연료로 자리 잡으면서, 공급 차질에 대한 우려는 더욱 커졌다.

군사 부문에서도 석탄과 석유로의 전환이 초래하는 영향을 인식하고 있었다. 19세기에 들어서면서 많은 소국(小國)들의 해군은 범선들을 유지할지, 아니면 수입 석탄을 연료로 하는 신형 군함을 도입할지 전략적 선택에 직면했다. 미국 해군도 해외 작전(특히 지중해 및 미국 식민지 지역)에 필요한 석탄 공급망을 확보하는 문제로 골머리를 앓았다.[34] 반면, 영국은 웨일스(Wales) 탄광에서 세계 최고 품질의 증기선용 석탄을 생산할 수 있었기 때문에, 영국 해군이 유럽 작전에서 직면할 수 있는 연료 공급 위험은 비교적 낮았다. 그러나 1910년대 들어 영국 해군이 석탄에서 석유로 필요 자원을 전환하면서 상황이 변했다. 이 과정에서 영국의 페르시아(현 이란) 석유에 대한 수입 의존도가 급격히 증가했다. 페르시아만에 영국군이 주둔하고 있었고, 영국이 수에즈 운하를 통제하고 있었음에도 불구하고, 페르시아산 석유 공급은 여전히 불안정한 요소로 간주되었다. 이후 운송 위험이 에너지 지정학에서 중요한 항목으로 자리 잡았다.

대표적인 예가 세계 원유 수송의 '조임목'이라 불리는 호르무즈해협, 말라카해협, 수에즈 운하, 보스포루스해협 등이다. 또한 러시아 천연가스가 서유럽으로 공급될 때 우크라이나를 통과해야 하는 문제도 주요한 공급 위험 요소로 인식되었다. 이러한 운송 경로 의존성은 전력망과 송유관 같은 그리드 기반 에너지 시스템이 확대되면서 더욱 심화되었다. 예를 들어, 석탄이나 석유는 새로운 운송 경로를 빠르게 설정할 수 있지만, 해저 전력 케이블이나 국제 가스 파이프라인이 손상되면 단기간 내 대체 경로를 마련하기 어렵다. 1956~57년 및 1967년 석유 공급 위기 당시,

석유 수입국과 국제 석유 기업들은 수송 경로를 신속하게 변경하는 방식으로 위기에 대응할 수 있었다. 그러나 대규모 해저 전력 케이블이나 국제 천연가스 파이프라인이 중단되었을 때는 이러한 유연한 대응이 거의 불가능하다.

행위자들은 국제 에너지 관계에서 경제적 위험을 인식한다. 이러한 위험은 수출국들이 카르텔을 형성하여 수입 에너지 가격을 지나치게 높일 가능성과 관련이 있다. 19세기에도 이미 석탄 수입국들은 주요 석탄 수출국들이 국제 시장을 왜곡할 가능성을 우려하고 있었다. 대표적인 사례가 독일 라인-베스트팔렌 석탄 연합이다. 이 연합은 1893년 루르(Ruhr) 지역의 석탄 생산업체들이 가격을 유지하기 위해 결성한 조직으로, 독일뿐만 아니라 네덜란드와 같은 유럽 내 주요 석탄 수입국에서도 큰 우려를 불러일으켰다.[35] 그러나 20세기에는 세계 여러 지역에서 새로운 석탄 수출국들이 등장하면서, 석탄 산업에서 OPEC과 같은 강력한 카르텔이 형성되지 않았다. 결과적으로 국제 석탄 무역에서 경제적 위험은 비교적 제한된 수준으로 유지되었다. 현재 석탄 수입이 물리적·경제적 측면에서 다른 화석연료보다 더 안정적이라고 인식되는 것도 이러한 이유 때문이다.

이와 대조적으로, 세계 석유 공급과 관련된 경제적 위험은 훨씬 더 잘 알려져 있다. 1973년 아랍 석유 수출 금지 조치는 대표적인 공급 중단 사례로 남아 있지만, 첫 번째 석유 위기의 더 지속적인 영향은 OPEC의 카르텔화와 극도로 부족했던 세계 석유 시장─즉, 최소한의 '폐정' 여력을 가진 시장─이 결합하여 초래한 급격한 가격 상승이었다. 그 이후로, 추가적인 가격 급등과 더 일반적으로 글로벌 에너지 가격의 변동성에 대한 두려움이 끊임

없이 존재해 왔다. 1980년대와 1990년대에는 석유가 '일반적인' 상품처럼 거래되는 시장으로 일시적으로 회귀했지만,[36] 21세기에 들어서면서 OPEC이—이제는 러시아와 협력하여—가격을 조작할 것이라는 우려가 다시 커지고 있다. 이러한 경제적 두려움은 화석연료에서 재생에너지로의 전환을 추진하는 주요 요인 중 하나이며, 특히 휘발유 및 디젤 차량에서 대체 운송 기술로 옮겨가는 흐름을 가속화하고 있다.

행위자들은 경제적 위험을 완화하기 위해 수출국 간 경쟁을 촉진하는 전략을 자주 사용해 왔다. 그러나 일부 지역에서는 이러한 전략이 현실적으로 쉽지 않다. 예를 들어, 중부 및 동부 유럽 국가들은 천연가스 공급을 러시아에 거의 전적으로 의존하고 있다. 이는 종종 공급 위험의 관점에서 논의되지만, 경제적 위험 측면에서도 상당한 문제를 야기한다. 우크라이나와 발트 3국 같은 국가들은 러시아와의 지리적 근접성을 고려할 때 비합리적으로 높은 가스 요금을 지불하고 있다. 반면에, 같은 파이프라인을 통해 가스를 공급받는 독일과 프랑스는 훨씬 먼 거리에 있음에도 불구하고 더 낮은 가격을 지불하고 있다.

이러한 비대칭적 가격 구조는 러시아가 천연가스 수출을 외교적 무기로 활용하고 있다는 해석을 낳았지만, 그보다 더 근본적인 원인은 중부·동부 유럽에서 러시아 가스에 대한 경쟁 대안이 부족하다는 점이다. 즉 이 지역은 공급 위험뿐만 아니라 경제적 위험에도 취약한 상황이다. 반면, 서유럽의 가스 수입국들은 러시아, 알제리, 노르웨이 등 다양한 공급처들의 경쟁을 유도할 수 있기 때문에 경제적 위험을 상대적으로 줄일 수 있다. 최근에서야 중부 및 동부 유럽 국가들의 가스 회사들과 정부 기관들이 에너지 공급 다변화 전략을 본격적으로 추진하기 시작했다. 구체적인 사례로는 리투아니아와 폴란드의 신규 LNG 수입 터미널 건설과 기존 동서 가스 파이프라인을 역류 가능하도록 개선하는 EU 지원 투자 등이 있다.

행위자들은 에너지 수입이 환경적 위험을 초래할 가능성 때문에 이를 반대하기도 한다. 석탄 채굴이 초래하는 환경적 위험은 국내 생산을 줄이고 수입으로 대체하는 방식으로 완화할 수 있지만, 석탄 연소로 인한 위험은 석탄을 실제로 사용하는 국가가 감당해야 한다. 따라서 석탄을 생산하는 국가뿐만 아니라 석탄을 수입하여 사용하는 국가들도 황산화물, 질소산화물, 탄소 배출로 인한 지역적, 국제적 환경 문제에 직면해 있다. 이러한 이유로 일부 국가들은 국내 석탄 생산과 함께 석탄 수입도 기피해야 할 대상으로 간주한다. 또한 여러 나라들의 환경부처와 정부 기관 및 비정부기구들은 선진 민주주의 국가들이 에너지 수입으로 인해 해외에서 초래되는 환경적 영향을 고려해야 한다는 윤리적인 책임을 강조하기 시작했다. 이들은 국내 전력망과 먼 곳의 석탄·우라늄 광산이 서로 얽혀 있다는 개념을 지적하며, 이러한 광산이 '그림자 지역'[37]이 되어 수입국의 에너지 시스템과 연결된다고 주장한다. 비판자들은 수입국이 이러한 환경 파괴의 심각성을 인식하고, 환경적 정당성이 없는 에너지 수입을 단계적으로 중단해야 한다고 요구한다.

에너지 수입국들은 국제 에너지 무역이 초래하는 중대한 정치적 위험에도 직면한다. 이러한 위험은 에너지 수입이 특정 국가의 정치적 자유도, 특히 국제 무대에서의 외교적 행동 범위를 제한할 가능성과 관련이 있다. 국제 에너지 무역은 오랜 기간 정치적 위험 요소로 작용해 왔으며, 실제로 에너지 의존도가 높은 여러 국가들은 외교 정책을 조정할 수밖에 없었다. 1973년 석유 위기와 관련하여 일본이 아랍 세계를 향한 외교 정책을 급진적으로 수정한 사례가 아마 가장 잘 알려진 경우일 것이다. 그러나 오늘날에도 비슷한 현상이 나타나고 있으며, 대표적으로 러시아의 에너지 수출이 EU의 정치적 운신의 폭을 제한하는 방식에서 그 사례를 찾아볼 수 있다.

기회와 위험에 대한 상충하는 인식

에너지 의존성을 초래하는 국제관계를 구축할 것인지 여부에 관한 의사 결정 과정에서, 서로 다른 행위자들의 이해관계는 자주 충돌한다. 예를 들어 높은 에너지 의존도는 외교 정책 관점에서는 문제로 보일 수 있지만, 환경적 또는 경제적 측면에서는 오히려 유리하게 평가될 수 있다. 특히, 특정 에너지원의 국내 생산이 비용적으로 부담스럽거나 환경적으로 유해하거나, 물리적으로 불가능한 경우 이러한 갈등이 더욱 두드러진다. 반대로, 외교 정책 담당자들은 경제적·환경적 타당성이 낮은 프로젝트를 지지할 수도 있으며, 환경을 중점적으로 고려하는 행위자들은 외교 및 산업계가 과도한 위험 요소나 실현 불가능성을 이유로 배제하는 사업을 적극 추진할 수도 있다. 이러한 충돌은 기회와 위험이 사회적으로 구성된 개념임을 보여준다.

이해관계의 충돌은 일반적으로 격렬한 논쟁으로 이어지며, 종종 공공의 논의 대상이 된다. 그 결과는 특정 국가 내에서 행위자

간의 권력 균형뿐만 아니라, 해당 국가의 정치 문화와 시대적 흐름에도 영향을 받는다. 예를 들어, 폴란드에서는 외교 정책적 이해관계가 오랫동안 경제적·환경적 고려보다 우선시되었다. 이로 인해 폴란드는 소련이 설계한 원자력 발전소 건설을 포기하고, 소련산 천연가스 수입을 최소화하는 대신 자국 내 석탄과 갈탄을 대량으로 연소하는 방식을 선택했다. 폴란드의 입장에서는 소련에 대한 에너지 의존도를 어떤 대가를 치르더라도 최소화하는 것이 최우선 과제였다. 그 결과, 현재 폴란드는 경제협력개발기구(OECD) 회원국 중 네 번째로 탄소 집약도가 높은 경제를 운영하고 있다.[38] 유사한 사례로, 1940년대 후반 스페인에서는 '국가를 위해 북부 지방의 아름다운 경관을 희생해야만 한다'는 프랑코 정권의 선전이 등장했다.[39] 에너지 독립 관점에서 보면, 수십 년간 지역 주민들이 환경 오염과 경관 훼손을 이유로 탄광 개발에 반대했음에도 불구하고, 이에 저항하는 것은 비합리적인 행동으로 간주되었다. 불가리아, 에스토니아, 폴란드, 그리스도 에너지 독립을 위해 자국의 환경을 희생한 사례로 꼽힌다.[40] 일본은 더욱 극단적인 사례로, 지진과 쓰나미로 인한 원전 사고 위험이 널리 알려져 있었음에도 불구하고 에너지 독립을 달성하기 위해 수많은 원자력 발전소를 건설했다.

반면, 일부 국가들은 독립성을 희생하더라도 경제성과 환경적 이점을 우선시하는 결정을 내렸다. 이들은 다른 국가들에 대한 에너지 의존을 일종의 기회로 간주했다. 스웨덴은 국제 우라늄 및 농축 서비스 시장이 형성되자 자국 내 우라늄 채굴을 중단하고 수입으로 전환했다. 수입 우라늄이 더 저렴했을 뿐만 아니라, 이를 통해 국내 우라늄 채굴로 인한 환경 문제를 피할 수 있었다.[41] 원전 사고에 대한 두려움 역시 여러 중소국들이 수입을 선호하는 요인이었다. 그리스는 오랜 논쟁 끝에 자국 내 원자력 발전소를 건설하지 않기로 결정하고, 대신 전력 수입을 확대하는 방식으로 에너지 부족 문제를 해결했다. 아이러니하게도, 그리스가 수입한 전력의 상당 부분은 불가리아의 원자력 발전소에서 생산된 전력이었다.[42] 비슷한 맥락에서 이탈리아도 1986년 체르노빌 원전 사고 이후 자국 원자력 발전소를 폐쇄했지만, 이를 프랑스의 원자력 전력 수입으로 대체했다. 아르메니아는 1988년 12월 발생한 대지진 이후 유일한 원자력 발전소를 폐쇄했다. 이는 소련 붕괴 이후 격동하는 시기에 아르메니아의 에너지 의존도에 심각한 영향을 미쳤다. 결국 1995년 11월, 세계적으로도 이례적인 대응으로서, 폐쇄되었던 두 기의 원자로 중 한 기를 재가동하였다.[43]

최근 수십 년 동안 유럽 여러 나라에서 석탄 채굴이 점진적으로 중단되었다. 이는 매장량이 고갈되었기 때문이 아니라, 다른 에너지원 및 해외 석탄과의 경쟁으로 인해 더 이상 채굴이 경제적으로 타당하지 않게 되었고, 석탄 채굴이 환경적으로 유해한 활동으로 인식되었기 때문이다. 그 결과, 독일과 네덜란드는 현재 미국, 콜롬비아, 남아프리카공화국 등에서 대량의 석탄을 수입하고 있다. 그러나 탄광 폐쇄에 대한 노동조합의 저항은 특히 영국에서 강하게 나타났다.

외국에 대한 에너지 의존도를 줄이기 위해 추진된 수력 발전 프로젝트도 환경 문제로 인해 여러 차례 중단되었다. 1980년대 후반 라트비아와 슬로바키아-헝가리 국경 지역에서 진행되던 대규모 수력 발전 계획에 대한 반대 시위는 이러한 사례 중 가장 대표적인 경우다.[44] 스웨덴이 경제적으로 효율적인 방식으로 에너지 의존도를 줄일 수 있었음에도 불구하고, 주요 4대 강을 보호하기 위해 개발을 포기한 결정도 이에 해당한다.[45] 비슷한 논리에서, 유럽은 자체 세일가스를 개발하여 러시아에 대한 천연가스 의존도를 상당 부분 해결할 가능성이 있었다. 그러나 대부분의 유럽 정부는 환경 문제 등 여러 이유를 들어 이에 대한 투자를 단념했다. 그 결과, 유럽연합의 러시아산 가스 의존도는 당분간 지속될 것으로 보인다.

기회와 위험에 대한 인식은 시간이 지나면서 변한다. 변화는 점진적으로 일어나는 경우가 많다. 예를 들어, 태양광에너지와 전기차가 점차 경제적으로 경쟁력을 갖춰가거나, 탄소 배출로 인한 기후 변화에 대한 과학적 증거가 누적되면서 점차 사회적으로 받아들여지는 과정이 이에 해당한다. 그러나 때로는 대형 재난, 경제 위기, 혁명과 같은 주요 사건이 발생하면서 인식이 급격하게 변화하기도 한다. 이러한 사건은 위험 인식과 최악의 시나리오에 대한 우선순위를 새롭게 정하는 계기가 된다. 1970년대 초반 미국 에너지 정책 논의에서는 환경 위험이 주요 화두로 떠올랐다. 그러나 1973년 석유 위기가 발생하자, 미국 사회는 충격에 빠졌고 환경 문제는 뒷전으로 밀려났다. 대신 석유 공급 불안이 가장 심각한 위험으로 부각되었다. 당시 리처드 닉슨 대통령은 위기 상황을 맞닥뜨린 국민들에게 즉각적인 대응을 약속했다. 욤 키푸르 전쟁 발발 직후, 그는 '불안과 공포에 휩싸인 국가'에 즉각적인 조치를 취하겠다고 발표했다. 이에 따라 대규모 '에너지 독립 프로젝트'가 시작되었으며, 이는 에너지 안보를 확립하기 위해 환경적 목표와 막대한 자금을 희생하는 사업이었다.[46]

몇 년 후, 두 번째 석유 위기가 발생하자, 카터 대통령은 닉슨의 노력을 이어받아 로키산맥에서의 오일 셰일 채굴과 석탄 수소화 공정을 통한 '합성' 액체 연료 생산을 지원하는 막대한 투자를 단행했다. 이는 높은 비용과 환경 논란을 동반한 조치였다.[47]

핵 위험, 기후 변화 위험, 천연가스 공급 위험에 대한 인식은 지난 수십 년 동안 끊임없이 변화했다. 1979년과 1986년에 각각 발생한 스리마일섬과 체르노빌 원전 사고 이후, 원자력 산업은 심각한 도전에 직면했다. 그러나 1990년대 후반부터는 '원전 르네상스'라는 표현이 등장할 정도로 원자력에 대한 긍정적인 인식이 다시 확산되었다. 이는 기후 변화에 대한 우려, 급등하는 석유 가격, 그리고 유럽에서 러시아산 가스 공급 중단 사태가 발생하면서 원자력이 상대적으로 안전한 에너지원으로 재평가된 결과였다. 그러나 2011년 3월 일본에서 후쿠시마 원전 사고가 발생하면서 위험 인식은 다시 급격히 변화했다. 독일에서는 러시아산 가스 공급 중단 위험과 석탄 연소로 인한 기후 변화보다 원전 사고 가능성이 더 심각한 문제로 부각되었다. 후쿠시마 사고 이후 독일 정부는 원자력 발전소를 급히 폐쇄했고, 이에 따라 대규모 재생에너지 분야 투자에도 불구하고 석탄 수입이 다시 증가하는 결과를 초래했다.[48]

에너지 수출 의존

지금까지의 논의는 주로 에너지를 수입하는 국가들의 관점에서 이루어졌다. 세계 대부분의 국가가 여기에 속한다. 그러나 일부 국가는 에너지 수출에 의존하는 정도가 수입보다 훨씬 크다. 특히 개발도상국 중 상당수가 이러한 특징을 보인다. 중동과 북아프리카의 산유국들이 대표적이며, 석탄, 석유, 천연가스, 우라늄, 바이오에너지 등 다양한 연료를 대규모로 수출하는 러시아도 국제 에너지 시장에서 독보적인 위치를 차지하고 있다. 서반구에서는 멕시코와 베네수엘라의 석유 수출 의존도가 높으며, 콜롬비아는 석탄 수출에 크게 의존하고 있다. 사하라 이남 아프리카에서는 나이지리아와 앙골라가 석유 수출에, 니제르와 나미비아가 우라늄 판매에, 남아프리카공화국이 석탄 수출에 각각 크게 의존하고 있다. 인도네시아 또한 주요 석탄 수출국으로, 동아시아 및 동남아시아 선진국들의 수요를 충족시키고 있다. 인도네시아와 말레이시아는 세계 최대 바이오연료 수출국이기도 하다. 선진국 중에서도 노르웨이, 캐나다, 호주가 에너지 수출 의존도가 높은 국가에 속한다. 또한, 과거 소련에 속했던 국가 중에는 카자흐스탄 (전 세계 우라늄 공급량의 약 40%를 차지), 투르크메니스탄, 우즈베키스탄, 아제르바이잔 등이 대표적인 에너지 수출국이다. 이와 더불어, 북아프리카와 중동 지역은 석유뿐만 아니라 천연가스도 수출하며, 특히 카타르는 경제와 사회 전반이 천연가스 수출에 거의 전적으로 의존하고 있다.

에너지 수출국들은 전통적인 의미에서 공급 위험을 겪지는 않는다. 그러나 이들은 심각한 경제적 위험에 직면했다. 우선, 연료 수출로 인한 막대한 수익은 거시경제적 문제와 불균형을 초래할 수 있다. 대표적인 예가 '네덜란드 병'으로, 이는 대규모 수출 수익이 무역 흑자를 유발하고, 그 결과 자국 통화 가치가 상승하면서 국내 산업의 경쟁력이 약화되는 현상을 의미한다. 이 경우 수입품 가격이 상대적으로 저렴해지는 반면, 국내 생산업체는 경쟁력을 잃고 결국 사라지게 된다. 그 결과, 국가 경제와 사회 전반이 에너지 수출에 더욱 의존하는 악순환이 발생한다. '네덜란드병'이라는 용어는 1977년 네덜란드의 대규모 천연가스 수출로 인해 제조업이 쇠퇴한 현상을 설명하기 위해 처음 등장했다.

보다 포괄적인 개념으로는 '자원의 저주' 또는 '풍요의 역설'이 있다.[49] 이는 자원이 풍부한 국가들이 종종 풍부한 연료 및 광물 자원을 지속 가능한 경제 성장과 사회적 번영으로 전환하는 데 큰 어려움을 겪어왔다는 경험적 관찰에서 비롯된 개념이다. 즉, 자원 보유가 축복이 아니라 오히려 저주처럼 작용하는 경우가 많다는 것이다. 그러나 최근 연구들은 이 현상의 중요성을 다소 낮게 평가하는 경향을 보이며, 자원이 풍부한 국가 중 실제로 부정적인 영향을 받은 국가가 다수인지 여부는 여전히 논란의 대상이다.[50] '저주'라는 표현이 부적절한 이유는 이 현상이 초자연적인 요인 때문이 아니라, 경제적·정치적 구조에서 비롯된 것이기 때문이다. '네덜란드 병' 외에도, 수출 성공이 에너지 관련 장비 및 서비스 부문의 혁신과 기업가 정신으로 연결되지 않는 경우가 낳다는 점이 문제로 지적된다. 즉, 이러한 분야의 역동성이 해외 기업들에 의해 주도되며, 이들이 국내 경제와 유리된 채 활동하는 것이다. 이에 대한 대표적인 반례가 노르웨이다. 노르웨이는 에너지 산업을 뒷받침하는 기업, 대학, 연구소 및 정부 기관들이 긴밀하게 협력하며, 이를 통해 가치를 창출하고 세계적으로 인정받는 기술력을 갖추었다.

노르웨이는 또한, 자원 산업에서 발생하는 막대한 '자원 지대(rents)' 문제를 성공적으로 해결한 사례로 세계적인 명성을 얻었다. 자원 지대란, 동일한 자원이라도 생산 비용이 지역마다 크게 차이 나기 때문에 발생하는 초과 이윤을 의미한다. 예를 들어, 사우디아라비아 국영 석유회사 사우디 아람코는 배럴당 약 20달러의 비용으로 원유를 생산하지만, 다른 지역에서는 생산 비용이 60달러에서 100달러에 이를 수 있다. 시장 경제 체제에서는 가격이 가장 비싼 생산자의 비용을 기준으로 형성되므로, 저비용 생산자들은 생산 원가와 무관하게 막대한 이윤을 얻게 된다. 이처럼 거대한 금액이 유입되면, 특히 수출국이 빈곤한 경우, 정치 및 경제 엘리트들이 이 자금을 사적으로 유용하려는 유혹에 빠질 가능성이 커진다. 이는 부정부패와 공적자금 남용을 초래할 수 있다. 이러한 문제가 실제로 발생할지 여부는 국가의 정치적·문화적 배경, 규제 체계, 감시 시스템 등에 달려 있다. 노르웨이는 이에 대한 모범 사례로 꼽히며, 노르웨이의 전문가들은 현재 에너지 수출 의존도가 높은 여러 국가들을 대상으로 정책 자문을 제공하고 있다.

수출 수익이 지나치게 낮아지는 것도 큰 문제를 초래하며, 특히 수익 흐름이 갑작스럽고 예상치 못한 방식으로 변할 때 그 영향은 더욱 심각하다. 수출국들은 에너지 산업 외의 다양한 분야, 특히 도로, 철도, 통신 등 인프라 구축과 학교, 병원 등 필수 공공 서비스에 대규모 투자를 하기 위해 수출 수익을 활용한다. 그러나 오랜 기간(수년 혹은 수십 년)에 걸쳐 정부가 연료 수출 수익을 공공 서비스 재원으로 활용하는 데 익숙해지면, 수출 수익이 급감할 경우 국가 예산이 심각한 위기에 처할 수 있다. 예를 들어, 2014년은 저유가로 인해 많은 국가들이 큰 어려움을 겪은 해였다. 이들 국가는 배럴당 100달러 이상의 유가에 의존하는 경제 구조를 형성했으며, 정부 계획도 계속해서 높은 유가를 가정하고 수립되었다. 따라서 수출국의 국가 예산이 균형을 맞추기 위해 요구하는 '손익분기점' 유가는 상당히 높았다. 당시 국가별 손익 분기점 유가는 배럴당 이란 140달러, 베네수엘라와 알제리 121달러, 나이지리아 119달러, 에콰도르 117달러, 이라크 106달러, 앙골라 98달러, 사우디아라비아 93달러였다.[51]

그러나 실제 유가는 훨씬 낮았다. 2008년 중반 배럴당 160달러까지 치솟았던 유가는 2014년 말 서부 텍사스산 원유(WTI) 기준 51달러로 떨어졌고, 1년 후인 2015년에는 30달러까지 하락했다. 그 결과, 주요 석유 수출국들은 대규모 재정 적자를 기록했고, 일부 국가는 이 상황을 극복하기 위해 해외에서 자금을 조달해야 했다. 장기적으로 보면, 이들 국가는 정부 지출을 줄일 수밖에 없었으며, 이는 공공 서비스 축소로 이어져 사회 전반에 심각한 영향을 미쳤다. 현재 베네수엘라와 이란과 같은 국가에서 발생하는 심각한 사회 불안과 정치적 불안정은 이러한 저유가 충격의 결과 중 하나로 볼 수 있다.

재생에너지 의존성

현재 진행 중인 재생에너지 전환이 기존의 에너지 의존 구조를 어떻게 변화시키고 있을까? 재생에너지 지지자들은 재생에너지가 자원이 부족한 국가들이 화석연료와 우라늄을 공급하는 '문제적' 수출국들로부터 독립하도록 돕는다고 주장한다. 즉, 이들은 오염을 줄이고 환경 친화적인 에너지 시스템으로의 전환이 에너지 안보 강화와 함께 이루어진다고 믿는다. 그러나 현실은 보다 복잡하다.

첫째, 일부 재생에너지원은 기존 화석연료 의존성과 본질적으로 다르지 않은 의존 관계를 형성한다. 바이오에너지가 대표적인 사례다. 석유, 석탄, 가스, 우라늄과 마찬가지로 세계의 바이오에너지는 지역적으로 불균등하게 분포되어 있으며, 이에 따라 '자원을 가진 자'와 '자원이 없는 자' 사이의 국제 무역과 의존 관계를 형성한다. 물론 바이오에너지는 정책적 투자와 개발을 통해 일정 부분 확대할 수 있는 반면, 화석연료는 그렇지 않다는 차이가 있다. 하지만 대규모 바이오연료 작물을 어디서나 재배할 수 있는 것은 아니므로, 특정 지역이 명확한 우위를 갖게 된다. 브라질은 오래전부터 방대한 사탕수수 농장을 활용하여 바이오에탄올을 생산해 왔다. 1979년 제2차 석유 위기에 대응해 시작된 이 사업은 브라질을 대규모 바이오에탄올 생산국이자 수출국으로 성장하게 했다. 한때 브라질은 바이오에탄올 분야에서 세계적인 강국으로 부상하리라 예상하였고, 에너지가 부족한 EU는 2007년 브라질과 '전략적 파트너십' 및 '에너지 파트너십'을 체결하기도 했다.[52] 그러나 이후 브라질의 국내 수요가 증가하면서 현재는 오히려 바이오연료 순수입국이 되었다.[53]

EU는 2000년대 초까지 바이오연료를 자급자족했지만, 이후 수요가 급증하면서 수입 의존도가 빠르게 증가했다. 2007년 EU의 바이오에탄올 수입 의존도는 소비량의 33%에 달했으며, 이 가운데 대부분이 브라질산이었다. EU의 바이오디젤 수입 의존도도 같은 패턴을 보이며 2008년 24%로 정점을 찍었고, 주요 공급국은 아르헨티나, 미국, 인도네시아, 말레이시아 등이었다. 당시에는 EU의 바이오에탄올과 바이오디젤 수입 의존도가 계속 증가할 것이며, 바이오연료가 줄여주던 석유 수입 의존도가 그에 못지않게 문제가 될 수 있는 바이오연료 수입 의존도로 대체될 것처럼 보였다. 하지만 이후 EU의 바이오연료 수입은 환경 문제, 특히 개발도상국의 식량 위기와 연관되어 비판을 받았다. 식용 작물과 식용유 생산이 바이오연료 생산으로 전환된 결과, 식량 가격이 급등했다는 분석이 제기되면서 새로운 수입 관세 등의 조치가 도입되었다. 그 결과 2017년에는 EU 바이오에탄올 소비량의 10%만이 수입산으로 채워졌으며, 전체 바이오연료 수요도 안정적 수준을 유지했다.[54]

둘째, 재생에너지와 다양한 핵심 광물들의 연관성은 새로운 국제적 의존 관계를 형성하고 있다. 재생에너지 산업은 희토류 원소, 리튬, 흑연, 코발트, 백금족 금속, 인듐, 갈륨 등 다양한 광물 자원에 의존한다. 여기서 핵심적인 것은 에너지를 생산하는 과정 자체보다는 에너지 시스템 구축 과정이 외국의 공급에 크게 의존한다는 점이다. 이들 광물의 가용성과 시장 가격은 재생에너지가 화석연료 및 원자력과 비교하여 얼마나 경쟁력을 갖출 수 있는지를 결정하는 중요한 요소다. 이에 따라 특정 광물 자원에 대한 접근권을 둘러싼 국제적 갈등이 에너지 및 지정학적 문제로 확대되고 있으며, 서구 국가들의 재생에너지 정책은 칠레와 아르헨티나(리튬), 콩고민주공화국(코발트), 중국 네이멍구(희토류) 등의 대규모 광산 개발과 깊이 얽혀 있다.

광물 공급 및 경제적 위험은 환경 위험과 밀접하게 연관되어 있다. 희토류의 경우, 1990년대 초까지 미국이 세계 최대 공급국이었다. 그러나 2002년, 캘리포니아 마운틴 패스 희토류 광산의 소유주들은 세계 시장 가격 하락과 지역 내 희토류 채굴의 환경 피해에 대한 항의가 커지자 운영 중단을 결정했다. 희토류 가격 하락의 주요 원인은 1990년대 중국의 공격적인 생산 확대였다. 2000년까지 중국이 세계 희토류 생산을 완전히 장악했으며, 나머지 국가들은 네이멍구 바오터우 광산에서 나오는 중국산 희토류에 크게 의존하게 되었다. 이 의존성은 2010년 9월, 중국이 일본으로 가는 희토류 수출을 차단했다는 서방 언론 보도를 통해 다시 주목받았다. 일본은 중국산 희토류에 전적으로 의존하고 있었으며, 《이코노미스트》는 당시 이를 두고 "희토류 공급 중단은 석유 금수 조치나 식량 공급 봉쇄만큼이나 일본 경제를 마비시킬 것"이라고 보도했다.[55]

셋째, 재생에너지로의 전환은 새로운 국제적 전력 의존성을 초래한다. 이는 특히 크고 작은 국가들이 밀집한 서유럽과 중부 유럽 지역에서 두드러진다. 이들 지역은 오래전부터 국가 간 전력망 연결을 통해 큰 이익을 누려왔지만, 재생에너지 시대가 도래하면서 그 필요성이 더욱 커졌다. 대부분의 재생에너지는 간헐적으로 생산되며, 기후와 날씨에 따라 급격히 변동하는 반면, 전력 수요는 비교적 일정한 패턴을 보인다. 이러한 불균형을 해결하는 방법은 크게 두 가지다. 첫 번째는 에너지 저장 기술을 활용하는 것이고, 두 번째는 보다 넓은 지역을 아우르는 부하 공유(load sharing) 시스템을 구축하는 것이다. 최근 몇 년간 두 가지 방법 모두 큰 관심을 받아왔다.

효율적인 저장 기술이 개발되면 보다 분산된 전력망이 가능해져 장거리, 나아가 국경을 넘는 송전선에 대한 필요성을 줄일 가능성이 있다. 반면, 부하 공유 개념은 장거리 전력망을 최대한 활용하는 데 초점을 맞춘다. 이 개념을 지지하는 이들은 북해와 발트해의 풍력, 스칸디나비아 및 알프스 지역의 수력, 남유럽과 북아프리카의 태양광 발전이 서로를 보완하며 기술적으로 안정적이고 경제적으로도 유리한 조합을 형성할 수 있다고 주장한다. 이를 가능하게 하는 요인 중 하나는 기후와 날씨 조건이다. 예를 들어, 다양한 지역에서 발생하는 풍력에너지를 통합하면 전력 생산의 급격한 변동성을 줄일 수 있다. 태양광 발전도 마찬가지다. '어디선가는 항상 해가 뜬다'는 원리에 따라 태양광 발전을 지역별로 연계하면 간헐성 문제를 완화할 수 있다. 또 다른 요인은 시간대 차이를 활용하는 경제적 가능성이다. 여기서 주목받는 것은 동서 방향의 연결이다. 이를 바탕으로 중국 국영 전력망 공사는 중앙아시아, 러시아, 유럽이 중국의 태양광 전력을 수입하고, 반대로 야간에는 유럽과 중앙아시아의 전력을 중국이 수입하는 초장거리 국가 간 송전망을 제안했다.[56]

보다 현실적인 사례는 2009년 발표된 북해 해상 전력망 구축 계획이다. 이 프로젝트는 북해 지역의 재생에너지를 최대한 효율적이고 경제적으로 활용하기 위한 것으로, 해상 풍력과 노르웨이 수력 발전이 주요 요소로 포함되었다. 현재 유럽 10개국의 정부와 송전망 운영자들이 협력하고 있다.

또한, 단순한 전력 공유가 아니라 본격적인 국제 전력 거래에 대한 구상도 있다. 이러한 논의는 일부 국가들이 자국 소비량을 훨씬 초과하는 재생에너지를 생산할 수 있다는 점에서 출발한다. 즉 이들 국가는 전력 수출을 통해 경제적 이익을 얻을 수 있는 가능성이 있다. 지난 20여 년간 유럽의 전력망 구축자들은 특히 북아프리카를 잠재적인 전력 공급지로 주목해 왔다. 2007년부터 독일 민간 기업들이 주도한 데저텍(Desertec) 프로젝트와 프랑스 정부가 주도한 메드그리드(Medgrid) 프로젝트 같은 대규모 계획이 등장했다. 그러나 이들 프로젝트에 대해 유럽이 향후 아랍 국가들에 전력 의존성을 갖게 될 위험이 있다는 비판이 제기되었다. 2011년 아랍의 봄 이후, 북아프리카 및 중동 지역의 독재 정권이 무너짐에 따라 유럽-북아프리카-중동 간의 에너지 협력 전망이 밝아 보였다. 하지만 이후 보수적인 이슬람 정치 세력이 권력을 잡고, 극단주의 테러 조직이 확산되었으며, 시리아에서는 역사상 가장 참혹한 전쟁이 벌어졌다. 이로 인해 대규모 북아프리카-유럽 전력 수출 구상은 재생에너지 논의의 뒷전으로 밀려났다. 그럼에도 불구하고, 모로코를 중심으로 한 일부 태양광 발전 프로젝트는 여전히 유망한 것으로 평가받고 있다.[57]

의존에서 상호 의존으로

지금까지 살펴본 바와 같이, 수입국과 수출국 모두 원활하고 지속적인, 국경을 넘는 연료 흐름에 의존한다. 따라서 양측 모두 시스템의 안정성을 유지하는 데 이해관계를 갖는다. 다시 말해, 수입국과 수출국은 상호 의존적인 관계를 형성한다.

에너지 상호 의존성은 전력과 천연가스 같은 계통(그리드) 기반 시스템에서 특히 두드러진다. 이러한 시스템에서는 국경을 넘는 에너지 흐름의 지리적 구조를 쉽게 바꿀 수 없으며, 이에 따라 수익 흐름도 고정되기 쉽다. 예를 들어, 유럽은 러시아산 천연가스 수입에 크게 의존할 수 있지만, 유럽으로의 가스 수출 수익에 오히려 더 크게 의존한다고도 볼 수 있다. 러시아 정부 예산은 러시아의 가스 수출 수익에 더욱 의존한다. 만약 공급이 완전히 중단될 경우, 유럽 내 가스 가격이 급등할 것이며, 계통 기반 시스템의 특성상 동유럽 일부 지역에서는 단기간에 대체 공급원을 확보하기 어려워 심각한 공급 위기가 발생할 수도 있다. 그러나 가스프롬 역시 어려움을 겪게 된다. 가스 파이프라인 시스템의 특성상 대규모 가스를 단번에 다른 고객에게 운송하는 것이 불가능하기 때문이다.[58] 회사 재정이 타격을 입고 주가가 급락할 것이며, 유지보수 작업과 탐사 부문 투자 역시 연기될 가능성이 크다. 러시아는 유럽에 대한 수출 금지를 위협할 수 있지만, 반대로 유럽도 러시아산 가스 수입을 금지하는 조치를 취할 수 있다. 여기에 더해 서방의 장비, 기계 및 컨설팅 서비스 수출 금지가 동반될 수도 있다. 결국, 어느 쪽도 실질적인 이득을 얻지 못하는 상황이 된다. 이것이 바로 상호 의존적 관계의 본질이다.

대부분의 국가는 전력 공급에서 어느 정도 자급자족을 이룬다. 다만 이는 정상적인 상황에 한해서다. 앞서 보았듯이 국가 및 준국가 차원의 전력망은 비상 대응 능력에서 서로에 대한 의존도가 크며, 실제로 위기 상황에서 인접 국가의 전력회사들이 서로를 도운 사례도 많다. 시간이 지나면서 특히 유럽의 상호 연계된 전력망에 속한 많은 송전망 운영자들은, 위기 시 이웃 국가의 전력회사가 구원에 나설 것이라는 신뢰를 바탕으로 국내 예비 발전 설비를 폐지해 왔다. 물론 모두가 서로를 기꺼이 도울 의지가 있다는 전제가 깔려있다.

석탄, 석유, 우라늄, 바이오에너지는 상호 의존성의 양상이 다소 다르다. 오히려 여기서 확인되는 것은, 공급과 수요의 장기적

변화가 수입 의존에서 수출 의존으로, 그리고 다시 그 반대로 초점을 끊임없이 이동시킨다는 점이다. 세계 공급이 부족해질 때는 가격이 상승하고 수출국의 영향력이 커진다. 1970년대와 2000년대가 그러한 시기였다. 반대로 공급이 증가하고 가격이 하락하는 시기, 예를 들어 1980년대와 2010년대에는 상황이 역전되어, 수출국이 수입국보다 더 의존적인 위치에 놓이게 된다. 이러한 변화 속에서, 안보 차원의 공급 우려보다 수출국의 '수요 확보' 문제가 더욱 중요한 이슈가 된다. 이러한 장기적 흐름을 주의 깊게 분석하는 것이 중요하다. 이는 에너지를 외교적 수단으로 활용할 수 있는 기회를 만들거나 소멸시키기 때문이다. 하지만 수출국과 수입국 모두가 연료의 원활한 흐름을 유지하는 데 이해관계를 갖고 있기 때문에, 이러한 '영향력'의 개념을 지나치게 확대 해석해서는 안 된다.

글로벌 에너지 공급이 더욱 복잡해질수록, 글로벌 상호 의존성도 증가할 것이다. 앞으로는 '수입 의존성'과 '수출 의존성'이라는 개념이 점점 더 무의미해질지도 모른다. 한때 글로벌 에너지 공급은 목재와 석탄이 지배했으며, 영국만이 대규모 연료 수출국이었다. 그 당시에는 국제적 의존성을 분석하는 것이 상대적으로 단순했다. 하지만 21세기에는 상황이 다르다. 세계는 여전히 엄청난 양의 목재와 석탄을 연료로 사용하지만, 동시에 석유와 가스, 우라늄과 플루토늄, 바람과 태양, 강과 조류 등 다양한 에너지원이 활용되고 있다. 그리고 이러한 에너지들의 지리적 상호 의존성은 점점 더 복잡해지고 있다.

이러한 상호 의존성의 종합적 특징은 1장에서 논의한 다양한 얽힌(entanglement) 개념을 통해 더욱 분명해진다. 특히, 에너지 공급과 기술 공급 간의 얽힘이 핵심적인 요소로 작용한다. 글로벌 에너지 체계가 점점 더 폭넓은 첨단 기술들에 의존하는 흐름은 그 무엇으로도 막을 수 없다. 세계 대부분의 국가는 필요한 기술 중 극히 일부만 자체적으로 생산할 수 있을 뿐이다. 따라서 원자핵변환 서비스(Nuclear transmutation service), 전기차 배터리, 스마트 그리드 기술, 가스 압축기 등 거의 모든 부문에서 해외 기술 공급에 절대적으로 의존하게 될 것이다. 그러나 아주 작은 나라라도 예를 들어 파력에너지 기술의 특정 핵심 부품에 대한 독점권을 가진다면, 다른 국가들이 무시할 수 없는 위치를 차지할 수 있다.

더 생각할 거리

- 이 장에서 논의된 역설적인 의존 관계 사례들을 살펴보고, 추가적인 사례를 찾을 수 있는지 검토하자.
- 한 국가를 선택해 해당 국가의 에너지 수입 및 수출에 대한 기본 통계를 수집해 보자. 이후, 시스템적 관점에서 에너지 의존성을 분석하여 의존 패턴이 시간에 따라 어떻게 변화했는지 조사하고, 해당 국가가 에너지 자립을 이룬 적이 있는지 평가해 보자.
- 우리나라의 국제 에너지 관계에서, 기회와 위험에 대한 주류 인식을 변화시킨 결정적 사건이 있는가?

4장

지정학적 맥락에서의 취약성 관리

에너지 의존성을 대하는 두 가지 길: 축소와 관리

국가들은 외국 에너지 의존도를 어떻게 낮출 수 있을까? 또한, 글로벌 에너지 시장에서 발생하는 다양한 위협에 어떻게 대응할 수 있을까? 이 장에서는 이전 장에서 논의한 내용을 바탕으로, 국가들이 에너지 의존도가 증가할 때 이를 해결하기 위해 역사적으로 활용해 온 전략과 방법을 살펴본다.

　연료를 수입하는 국가들은 두 가지 기본 전략을 사용할 수 있다. 하나는 해외 에너지원에 대한 의존도를 줄이는 것이고, 다른 하나는 기존 의존도를 효과적으로 관리하는 것이다. 에너지 수입 의존도를 낮추는 것은 본질적으로 내부적인 과제이며, 국내 에너지원 개발과 에너지 절약 촉진과 같은 활동을 포함한다. 이를 통해 에너지 수입량을 줄이거나 최소한 증가를 억제할 수 있다. 반면, 의존도를 직접적으로 줄이는 대신 이를 효과적으로 관리하는 전략도 존재한다. 이는 내부 및 외부 활동을 포함하며,[1] 내부적으로는 전략적 연료 비축과 비상 상황을 대비한 배급 계획 수립 등이 있다. 외부적으로는 에너지 수입원을 다변화하고, 다양한 형태의 '에너지 외교'를 추진하며, 다른 에너지 수입국과 동맹 및 협력 관계를 구축하는 방식이 있다. 이처럼 취약성을 관리하는 다양한 접근 방식에 대해 구체적으로 살펴보자.

국내 에너지원 동원

해외 에너지 의존도를 줄이기 위해 가장 직접적인 전략은 국내 에너지원으로 수입 에너지를 대체하는 것이다. 역사적으로, 이러한 전략은 19세기 후반 유럽에서 석탄 의존도가 증가하면서 등장했다. 특히 1872~73년 영국에서 발생한 '석탄 대란'은 수입국들에게 에너지 의존의 위험성을 일깨우는 계기가 되었다.[2] 이에 따라 많은 국가가 국내 대체 에너지원 확보 방안을 모색하기 시작했다.

물론, 석탄을 수입하는 기관들은 수입 의존도의 위험보다 이점과 기회가 더 크다는 주장을 펼치며 반대 입장을 보였다. 그러나 대부분의 정부는 에너지 자급자족을 주장하는 측의 손을 들어주었다. 여기에는 강경한 외교 정책을 지지하는 세력뿐만 아니라, 국내 연료 채굴에 이해관계를 가진 산업계와 19세기 말 대부분의 유럽 국가에서 설립된 국립 지질조사 기관까지 포함되었다.[3] 이러한 기관들은 민간 탐사 기업들과 협력하며 국가의 에너지 자율성을 강화하는 데 앞장섰다. 이들의 주요 목표는 국내 석탄 매장지를 확인하는 것이었지만, 동시에 대체 연료를 찾는 작업도 진행되었다. 예를 들어, 스웨덴과 이후 라트비아, 리투아니아와 같은 신생국들은 국내 이탄 자원을 활용하여 에너지 독립성을 높이려는 시도를 했다.

석탄 수입을 국내 연료로 대체하려는 시도는 제1차 세계대전 중 석탄 부족 사태를 겪으며 본격적으로 강화되었다. 당시 영국으로부터의 석탄 수입이 중단되자 리스본과 밀라노 같은 도시에서는 가스 조명이 꺼졌고, 철도 운송과 산업 활동이 중단될 위기에 처했다. 이에 따라 제1, 2차 세계대전 사이 시기 동안 각국 정부는 국내 석탄, 이탄, 석유, 천연가스 탐사를 대대적으로 추진하고, 동시에 수력 발전에 대규모 투자를 단행했다. 이 과정에서 스웨덴의 바텐팔, 핀란드의 이마트란 보이마(Imatran Voima) 같은 국영 전력회사가 설립되었으며, 스페인의 캄프사(CAMPSA)와 이탈리아의 아지프(Agip) 같은 국영 석유회사도 등장했다. 이러한 국내 에너지 개발 노력은 제2차 세계대전 이후 더욱 강화되었으며, 국가들은 수입 에너지 의존도를 줄이기 위한 다양한 정책을 지속적으로 추진해 나갔다.

국내 자원 탐사의 성공 정도는 국가별로, 그리고 시대별로 크게 달랐다. 제2차 세계대전 직후, 오스트리아는 한동안 유럽 석유 산업의 선두 주자로 부상하며 석유 부문에서 에너지 자립을 이뤘다. 그러나 석유 생산량이 정점에 도달한 뒤 급격히 감소했다. 천연가스도 비슷한 경로를 따라갔다.[4] 독일, 프랑스, 이탈리아도 전후 빠르게 석유와 천연가스 생산을 확대했으나, 국내 생산량 증가세를 유지하는 데 실패해 결국 수입에 의존하게 되었다. 반면, 루마니아는 중요한 석유·천연가스 생산국으로서의 역할을 유지했으며, 이는 이후 소련과의 관계에서 루마니아의 상대적인 정치적 독립성을 형성하는 데 기여했다.[5] 에스토니아는 두 차례의 세계대전 사이 기간부터 대규모의 국내 유혈암(오일 셰일) 자원을 개발하기 시작했으며, 소련이 1944년 이 나라를 병합한 이후 개발 속도가 더욱 가속화되었다.[6] 소련은 또한 발트 3국과 벨라루스 등지에서 이탄 채굴을 장려했다. 동독, 체코슬로바키아, 불가리아, 유고슬라비아, 알바니아, 그리스에서는 전후 수십 년 동안 국내 갈탄(저품질 석탄) 자원을 적극적으로 개발했다. 비록 에너지 효율이 낮은 연료였지만, 국가들은 이를 활용하는 전략을 채택했다.[7] 국제적으로 고립되어 있던 프랑코 정권하의 스페인도 새로운 석탄 매장지를 발굴하고 이를 채굴하는 도전에 나섰다. 스페인에서 채굴된 석탄은 에너지 밀도가 낮았지만, 자급자족을 목표로 개발이 지속되었다.[8]

불가리아의 갈탄 성공 사례

불가리아는 국내 에너지원이 부족한 국가로 여겨지지만, 상당한 양의 갈탄 자원을 보유하고 있다. 비록 갈탄의 품질이 낮았지만, 불가리아의 과학자들과 엔지니어들은 이를 경제적으로 활용할 방법을 모색했다. 그 결과, 상업적인 이용이 가능한 방식으로 갈탄을 연소하는 기술이 개발되었다. 1960년 9월, 불가리아 최초의 갈탄 화력 발전소인 콤소몰스카(Komsomolska)가 가동을 시작했다. 이 발전소는 불가리아 남동부 마리차 이스트(Maritsa East) 지역에 위치한 국가 최대의 갈탄 매장지 근처에 건설되었다. 콤소몰스카 발전소는 불가리아 에너지 시스템의 중요한 부분이 되었을 뿐만 아니라, 갈탄 채굴 및 연소 기술을 연구하고 인력을 양성하는 핵심 거점으로 자리 잡았다. 1960년대 초, 불가리아의 과학자 겸 엔지니어 3인—이 중 한 명은 후에 에너지부 장관이 된 니콜라 토도로프(Nikola Todoriev)—은 콤소몰스카 발전소의 기존 갈탄 연소 기술을 개선하기 위해 연구를 시작했다. 출발점은 국경 너머 그리스 북부 코자니(Kozani)에서 들려온 소문이었다. 코자니

지역에서도 갈탄이 채굴·연소되고 있었는데, 그곳의 엔지니어들이
갈탄을 건조하는 과정을 생략하면서도 열효율을 크게 향상시키는
새로운 기술을 개발했다는 것이었다. 코자니 발전소는 서독 전력
대기업 RWE가 건설한 시설이었다.

RWE는 불가리아에서 사용하던 기술보다 현대적이고 효율적인
송풍 분쇄기(fan mills)를 사용하고 있었다. 이 기술이 마리차
이스트 지역의 저품질 갈탄에도 적용될 수 있을지 확인하기 위해,
1960년대 중반 불가리아는 철의 장막을 넘어 여러 대의 열차에
갈탄을 실어 코자니로 보냈다. 그곳에서 불가리아, 서독, 그리고
그리스의 엔지니어들이 함께 실험을 진행했다.

이 실험을 바탕으로 불가리아는 기존의 해머 분쇄기를 고효율
송풍 분쇄기로 대체하는 기술을 개발했다. 이를 통해 더 큰
발전소를 건설할 수 있는 길이 열렸다. 결과적으로 이 혁신은 발전
비용을 획기적으로 낮추었으며, 불가리아는 당대 가장 효율적인
갈탄 화력 발전소를 보유한 국가 중 하나로 자리매김했다. 또한
석탄 건조 시설이 필요 없어졌고, 발전소의 자체 에너지 소비량도
14%에서 10%로 감소했다. 이 혁신적인 프로젝트는 불가리아의
에너지 정책에 숭요한 역할을 했다. 소련에 대한 에너지 의존도를
줄이는 데 기여했고, 갈탄 채굴을 대규모로 확대하는 경제적 기반을
마련했다. 그러나 두 가지 문제가 있었다. 첫째, 발전소가 극심한
오염을 일으켰다. 시간이 지나면서 광범위한 지역에 걸쳐 심각한
환경 피해가 발생했다. 20년이 넘는 기간 동안, 이 지역 주민들은
강한 바람이 불 때마다 발생하는 심한 먼지와 산성비를 감내해야
했다. 이러한 상황은 1990년대에 들어서야 개선되었다. 이 시기
대부분의 발전소 굴뚝에 필터가 설치되면서 배기가스에서 먼지와

유해 물질을 걸러낼 수 있게 되었다.

두 번째 문제는 불가리아가 에너지 독립을 지나치게 추진한 나머지 소련과의 관계가 악화될 수 있다는 점이었다. 1976년, 니콜라 토도로프가 에너지부 장관으로 임명되었을 때, 그는 불가리아에서 유례없는 규모로 갈탄이 채굴·연소되는 상황이 소련을 자극할 수도 있다고 우려를 표명했다. 이에 대해 당시 불가리아의 당 지도자였던 토도르 지프코프(Todor Zhivkov)는 이렇게 답했다. "그대의 임무는 불가리아의 이익을 지키는 것이다. 불가리아–소련 우호 관계는 정치국에서 신경 쓸 문제다."[9]

어떤 나라들은 운이 매우 좋았다. 1959년, 네덜란드에서 석유를 탐사하던 쉘과 에소(Esso)는 세계 최대 규모 중 하나인 천연가스전을 발견했다. 이 발견을 둘러싸고 복잡한 협상과 주도권 다툼이 벌어졌지만, 결과적으로 네덜란드의 천연가스 자립이 가능해졌다. 이와 동시에, 발전 및 난방 회사들은 기존에 사용하던 수입 에너지를 천연가스로 대체하기 시작했다. 또한 이 발견은 네덜란드가 강력한 에너지 수출국으로 부상할 기회를 제공했으며, 신설된 국가 간 파이프라인 네트워크를 통해 서유럽 여러 국가에 대한 영향력을 행사할 기반을 마련해 주었다.[10]

비슷한 시기, 1958년 북해 연안국들이 대륙붕을 어떻게 분할할 것인지 합의한 이후, 북해에서 석유와 가스를 탐사하는 작업이 시작되었다. 10년 후, 노르웨이 해역에서 처음으로 대규모 석유와 가스가 발견되었으며, 곧이어 영국, 덴마크, 네덜란드 해역에서도 유사한 발견이 이어졌다.[11] 그 결과, 노르웨이는 곧 세계에서 가장 중요한 산유국 중 하나로 떠올랐다. 1980년까지 영국은 석유 자급자족을 이루었고, 덴마크도 1997년에 자급자족을 달성했다.

한편, 세계의 다른 지역에서는 석유 수입에 의존하던 중국이 자국 내 자원을 성공적으로 개발했다. 신생 공산 국가였던 중국은 소련의 이념적 지원을 바탕으로 기술 자문과 전문 지식을 제공받았다. 이로 인해 1959년 만주 지역에서 세계 최대 규모 중 하나인 다칭 유전이 발견되었으며, 이는 중국의 국제 에너지 지위를 근본적으로 바꾸는 계기가 되었다. 다칭 유전 덕분에 중국은 1960년대와 1970년대 초 국제적 고립 상황에서도 석유 수입 없이 에너지 자립을 유지할 수 있었다. 이후 중국은 추가적으로 대형 유전을 발견하며 지속적으로 석유 생산을 확대했고, 오늘날까지 세계 최대 석유 생산국 중 하나로 남아 있다.[12]

그러나 일부 국가는 화석연료를 찾기 위해 노력했으나 의미 있는 매장량을 발견하는 데 실패했다. 동아시아 대부분의 국가가 여기에 해당한다. 유럽에서는 스웨덴과 핀란드가 운이 좋지 못했다. 이들 국가는 석탄, 석유, 가스 어느 것도 발견하지 못했다. 스위스 역시 석유 탐사에 많은 투자를 했지만 성과를 거두지 못했다. 그러나 이 세 국가는 '백색 석탄'이라 불리는 수력 발전을 성공적으로 개발하며 에너지를 확보했다.[13] 오스트리아, 유고슬라비아, 스페인, 라트비아, 노르웨이도 수력 발전에 집중 투자한 국가들이다. 반면, 그리스와 같은 국가는 국내 수력 자원에 대한 기대가 지나치게 높았던 것으로 드러났다. 급격히 증가하는 에너지 수요를 국내 수력 발전만으로는 감당할 수 없었던 것이다.[14]

1950년대와 1960년대의 저유가로 인해 많은 국가들이 석유 수입을 에너지 공급의 핵심으로 삼았다. 일부 국가에서는 수입 석유가 전체 에너지 소비의 70~80%를 차지하기도 했다. 특히 일본의 경우 1973년 기준 석유 의존도가 78%에 달해 가장 높은 수준을 기록했다.[15] 독일처럼 풍부한 석탄과 갈탄 자원을 보유한 국가들조차도 석유 의존도가 급격히 증가했다. 석유가 저렴하고 풍부해지면서, 전력 회사들은 대규모로 석유를 사용하는 열병합 발전소에 투자했다. 그러나 1970년대의 두 차례 석유 위기 이후, 많은 국가들은 다시 자국 내 석탄을 에너지 체계의 중심으로 삼기 시작했다. 이에 따라, 석유를 연료로 하던 발전소 상당수가 국내 석탄이나 국내외 가스를 사용하도록 개조되었다. 독일의 경우, 장기적인 석탄 사용 축소 계획이 중단되는 결과를 초래했다.[16]

석유 위기는 또 다른 이른바 '국내 에너지원'인 원자력 발전 개발을 촉진했다. 원자력 기술 분야에서는 이러한 국제적 석유 위기가 예상치 못한 기회가 되었다. 원자력 발전이 전통적인 의미에서 완전한 국내 에너지원으로 볼 수 없다는 점은 분명하지만, 원자력 산업계는 이를 국내 에너지원으로 인식시키는 데 성공했다. 유럽과 동아시아의 선진국 중 어느 나라도 우라늄을 자체적으로 조달하지 못한다는 근본적인 사실은 크게 부각되지 않았다. 예를 들어, 프랑스는 원자력 발전을 대대적으로 확대하여 과거 대량으로 수입하던 석유를 대체했다. 그 결과, 현재 프랑스의 전체 에너지 수입 의존도는 50% 이하로 유지되고 있으며, 이를 국가적 자부심으로 내세우고 있다. 그러나 원자력 산업이 해외 우라늄 공급에 전적으로 의존하고 있다는 점을 감안할 경우, 프랑스의 실질적인 해외 에너지 의존도는 사실상 100%에 가까울 것이다.

새로운 국내 에너지원 발견을 통해 에너지 수입을 완전히 없애려는 꿈은 여전히 현재 진행 중이다. 석유의 경우, 브라질이 최근 가장 눈에 띄는 성공을 보여주었다. 브라질은 남대서양의 먼 해역에서 대규모 해양 유전을 발견했다. 이 석유는 심해에 매장되어 있으며, 탐사와 생산은 최첨단 기술에 전적으로 의존하고 있다. 2010년 멕시코만에서 발생한 딥워터 호라이즌(Deepwater Horizon)호 사고는 이러한 해양 유전 개발이 초래할 수 있는 환경적 위험을 시사한다. 하지만 그만큼 기회도 크다. 해양 유전 개발의 대성공으로 브라질은 석유 순수출국이 되었으며, 세계 주요 석유 생산국으로 자리매김하는 중이다.

동시에, 국내 에너지원 개발 노력은 재생에너지의 부상과 셰일가스 및 셰일오일 혁명과 맞물리면서 새로운 의미를 갖게 되었다. 셰일 혁명이 에너지 지정학과 밀접하게 연결된 반면, 재생에너지 확대는 주로 환경적 요인에 의해 추진되었으며, 에너지 안보 차원보다는 주로 기후변화 대응 차원에서 각국 정부의 지원을 받아왔다. 셰일 혁명은 미국을 천연가스 수입국에서 수출국으로 전환시킨 중요한 요인이 되었으며, 현재까지는 주로 북미 지역에서 집중적으로 진행되었다. 그러나 최근 중국을 비롯한 일부 지역에서도 셰일 개발이 확산되는 조짐을 보이고 있다. 유럽에서는 우크라이나와 폴란드 같은 국가들이 셰일가스를 러시아 에너지 의존도를 탈피할 수 있는 돌파구로 인식했다. 특히 폴란드는 한때 유럽의 '셰일가스 중심지'로 떠오를 것으로 기대를 모았으나, 이후의 탐사 결과가 실망스러웠고 대부분의 기업과 투자자들이 철수했다. 서유럽에서는 환경적 이유로 셰일가스 개발에 대한 반대가 컸으며, 일부 국가는 탐사와 시추를 공식적으로 금지하기도 했다.[17]

국내 에너지원 개발을 통한 에너지 의존도 축소 노력은 오늘날에도 계속되고 있다. 그러나 과거의 경험을 살펴보면, 국내 에너지원만으로 에너지 의존도를 영구적으로 해결하기는 어렵다는 점이 명백하다. 이는 특히 석탄, 석유, 천연가스와 같은 화석연료의 경우 더욱 두드러진다. 화석연료는 본질적으로 한정된 자원이며, 무한정 생산량을 늘릴 수 없다. 대체로 수십 년, 때로는 몇 년 안에 매장량이 고갈되면서, 단기간의 '에너지 자립의 황금기' 이후 다시 에너지 의존도가 심화되는 상황이 반복된다. 더욱 아이러니한 것은, 국내 화석연료 개발이 오히려 새로운 대외 의존도를 초래할 수도 있다는 점이다. 유럽에서 이러한 사례가 명확히 드러난다. 한때 유럽 국가들은 석탄과 석유 수입 의존도를 줄이기 위해 국내 천연가스 자원을 적극적으로 개발했다. 이탈리아, 프랑스, 오스트리아, 독일 등의 국가에서 천연가스는 빠르게 선호되는 연료가 되었고, 이에 따라 국내 수요가 급증했다. 그러나 이들 국가의 국내 천연가스 생산량은 급속히 감소했고, 이를 보완하기 위해 해외 공급업체를 찾기 시작했다. 그 결과, 오늘날 네 국가 모두 천연가스 수입에 크게 의존하고 있다.[18]

비채굴형 시스템 활동의 내재화

수입에 의존하는 국가의 행위자들은 전환·정제, 운송, 저장, 폐기물 관리처럼 채굴을 수반하지 않는(비채굴형) 시스템 활동도 자국 영토 내에서 수행하려고 한다. 석유 정제의 국내화는 이를 보여주는 대표적 사례다. 과거 국제 석유 무역은 원유보다 정유 제

품이 중심이었고, 정유 시설도 주로 주요 수출국에 있었다. 그러
나 오랜 시간 동안 석유가 전략적 자원으로 인식되면서, 석유 수
입국들은 이 시스템의 일부를 통제하기 위해 자국 영토에 자체
정유 시설을 건설하기로 결정했다. 1950년대부터 1970년대까지
는 서구 세계에서 정유 공장 건설이 절정에 달했던 시기였으며,
1980년 무렵에는 석유가 부족한 서유럽과 중국을 제외한 동아시
아의 해안 지역에 정유 시설과 석유화학 단지가 줄지어 들어섰
다. 프랑스·독일·영국·일본 같은 대형 수입국들뿐만 아니라 대부
분의 소규모 국가들도 국내 수요에 맞추어 정유 시설에 투자했
다. 또한 많은 국가들이 원유 운송에서 수출국이나 오일 메이저
들에 과도하게 의존하지 않기 위해 자체 유조선 선단에도 자금
을 투입했다.[19]

원자력 분야에서, 수입국들은 정련 활동을 내재화하는 데 훨
씬 더 큰 어려움을 겪었다. 핵무기를 보유한 국가들과 일본·독일·
네덜란드 같은 일부 대형 국가들만이 기술적·경제적으로 자체
우라늄 전환이나 농축 시설을 건설할 수 있다고 여겼다. 그 밖의
원전 보유국들은 모두 외국의 전환 및 농축 역량에 의존하고 있
다. 특히 프랑스와 러시아는 여러 소규모 원전 보유국들에게 전
환 및 농축 서비스를 공급하는 중요한 역할을 맡는다. 원자력이
태동하던 초기에는 관련 지식과 기술이 부족해 농축 시설 건설
이 어려웠는데, 당시에 핵연료 농축은 대부분의 국가들에게 낯선
새로운 기술이었다. 1970년대 들어 이 기술이 성숙해지자, 몇몇
대형 국가들은 일괄 완공(턴키) 방식으로 농축 시설을 해외에 수
출하여 자체 투자를 회수하려 했다. 그 이후로 핵연료 농축을 내
재화하는 데 가장 큰 장애 요소는 주로 (지리)정치적 사안들이었

는데, 이 기술이 군사용 고농축 우라늄 생산에도 쓰일 수 있기 때문이다. 이란이 핵연료 농축 역량을 확보하려 한 시도가 논란을 불러 일으킨 것이 대표적인 사례다.

정제 및 다른 비채굴형 시스템 활동을 내재화하면, 수입에 의존하던 국가가 정제 제품의 수출국으로 바뀔 여지도 생긴다. 예를 들어, 한 국가가 자국 수요를 초과하는 정유 시설을 건설해 정제 석유 제품의 수출국이 될 수도 있다. 유럽에서는 로테르담(Rotterdam)과 앤트워프(Antwerp)가 일찍부터 유럽 석유 시스템의 주요 거점으로 자리 잡았는데, 막대한 양의 원유를 들여오면서 그중 일부는 더 작은 유조선에 옮겨 실어 유럽 다른 지역으로 재수출하고, 또 일부는 정제해 완제품 형태로 내보냈다. 이 두 도시는 네덜란드와 벨기에 국가 및 기업 행위자의 시각에서, 큰 폭의 원유 수입 의존도를 보완하는 가장 중요한 유럽 석유 항만으로 부상했다. 반면 로테르담이 유럽 원유 수입에서 차지하는 결정적 중요성 때문에, 아랍 국가들은 1973년 석유 수출 금지 조치에서 네덜란드를 주요 목표로 삼았다.[20]

기술 개발을 통한 수입 의존도 감소

국내 기술 혁신을 통해서도 에너지 의존도를 낮출 수 있다. 원자력의 경우, 일부 국가들은 외국의 우라늄 농축 역량에 의존하는 문제를 피하고자 초기부터 대체 원자로 개발을 모색했다. 특히 중수로는 저농축 우라늄 없이도 가동할 수 있어, 여러 국가가 이 기술을 통해 농축 우라늄에 대한 외국 의존도를 줄이려 했다. 이러한 기술적 방향 전환을 통해 자립을 꾀한 것이다. 캐나다는 곧 중수로 기술 분야에서 세계적 선도국이 되었으며, 초기에는 여러 유럽 국가들도 중수로 개발을 시도했으나 이후 대부분 중단했다. 현재 인도와 한국은 자국 원자력 프로그램의 일부로 중수로 기술을 지속적으로 활용하고 있다.

또 다른 기술 중심 전략으로는 합성 연료 개발이 있다. 특히 석탄이 풍부한 국가에서는 이 기술이 국가와 공학자들의 관심을 끌었다. 핵심 개념은 국내 석탄을 수소화해 석유와 천연가스 수입 의존도를 줄이려는 것이었다. 기술적으로는 가능하지만, 국제 석유 및 천연가스 가격이 낮을 때 경제성이 떨어지는 점이 문제였다. 제2차 세계대전 당시 나치 독일이 원유 수입을 대체하기 위해 합성 석탄유를 활용한 것이 대표적 사례다. 1970년대 에너지 위기 이후, 미국 카터 행정부도 야심찬 '합성 연료' 투자 프로그램을 추진했다.[21]

오늘날에도 석탄 수소화 기술은 여전히 연구되고 있지만, 그 인기는 석유 및 천연가스 가격의 변동에 따라 달라진다. 또한, 산림 자원이 풍부한 국가들은 목재를 원료로 석유와 가스를 생산하는 합성 연료 기술에 주목하고 있다. 이는 스웨덴과 핀란드 같은 산림이 많은 국가에서 진행되는 '2세대 바이오연료' 개발의 핵심 개념이다. 특히 항공용 등유(케로신)를 목재 기반의 항공 연료로 대체하려는 시도는 여러 과학자와 공학자들의 연구 대상이 되고 있으며, 여기에는 환경적 이유뿐만 아니라 지정학적 동기도 포함하고 있다.

덧붙이자면, 제2차 세계대전 당시에도 일부 국가들은 목재를 대체 연료로 활용했다. 유럽의 석유 부족 국가들은 수입 석유 공급이 어려워지자, 차량에 목재 가스화 장치를 장착해 연료로 사용했다. 예를 들어, 스웨덴은 석유 수입이 차단된 상황에서도 이 기술을 활용해 차량 운행을 유지할 수 있었다.[22]

히틀러의 수소화(수소 첨가) 프로그램

독일은 역사적으로 현대 화공 분야에서 선도적인 지위를 유지해 왔다. 또한, 유럽 최대 규모의 석탄 매장량을 보유하고 있다. 이러한 두 가지 강점이 결합되어, 독일의 과학자들과 공학자들은 석탄 기반 합성 연료 생산의 개척자로 떠올랐다. 1913년, 프리드리히 베르기우스(Friedrich Bergius)는 자신의 이름을 딴 공정을 특허로 등록했는데, 이 기술은 석탄을 직접 변환하여 합성 액체 연료 생산을 가능하게 했다. 이보다 더 잘 알려진 기술은 1920년대 프란츠 피셔(Franz Fischer)와 한스 트롭슈(Hans Tropsch)가 개발한 간접 석탄 변환 공정이다. 피셔-트롭슈(Fischer-Tropsch) 공정에서는 석탄을 먼저 가스화한 후, 이를 다양한 정제 석유 제품으로 변환한다.

제2차 세계대전 동안, 해외로부터의 원유 공급이 차단되자, 히틀러의 공학자들은 '합성 연료' 생산을 전례 없는 수준으로 확대했다. 이들은 디젤유부터 항공용 등유(케로신)에 이르기까지 전시(戰時) 석유 수요를 충족시키려 했다. 이 과정에서 베르기우스 공정과 피셔-트롭슈 공정이 모두 활용되었으며, 루이나(Leuna), 뵐리츠(Pölitz), 루트비히스하펜(Ludwigshafen) 등 여러 지역에 대규모 합성 연료 공장이 건설되었다. 일부 시설은 연합군의 폭격을 피하기 위해 지하에 세워졌다. 1944년까지 독일은 하루 약 12만 4천 배럴의 합성 석유를 생산하고 있었다. 그러나 실제 전쟁

사진: United States Air Force

독일 영역에서 미국 B-17 폭격기 편대가 동시에 폭탄을 투하하는 융단폭격 장면(1944년경 촬영). B-17은 제2차 세계대전 중 미국 육군 항공대(USAAF)의 주력 대형 폭격기로 '비행 요새(Flying Fortress)'라는 애칭으로 불렸으며, 영국 왕립 공군(RAF)의 아브로 랭카스터 폭격기와 함께 1940년부터 1945년까지 나치 독일을 대상으로 전략 폭격 작전을 수행했다. 이 작전은 산업 중심지, 교통 인프라, 도시 지역을 체계적으로 표적으로 삼아 독일의 전쟁 수행 능력을 약화시키는 것을 목표로 했다. 폭격 대상지에는 독일 내 주요 도시와 공장들이 포함되었으며, '인종 청소'로 악명 높은 아우슈비츠-비르케나우 강제수용소 같은 곳들도 대상이었다. 이러한 강제수용소들 가운데에는 독일이 자랑하던 합성연료 생산 공장들이 함께 설치된 곳들이 있었는데, 석탄 기반 합성연료의 군사적 중요성으로 인해 연합군 폭격 작전의 주요 목표가 되었다.

수행에 필요한 양에는 훨씬 못 미쳤으며, 히틀러가 충분한 탄화수소 자원을 확보하지 못한 것이 독일 패배의 주요 원인 중 하나로 자주 언급된다.[23]

국내 기술 개발에 대한 투자는 각종 장비, 기계, 부품, 서비스 등의 해외 의존도를 낮추는 데 기여할 수 있다. 대형 산업국들은 이러한 방식으로 자립할 가능성이 가장 크지만, 요즘처럼 기술이 세계화된 환경에서는 주요 강대국들조차 특정 품목에서는 크든 작든 해외 공급망에 의존하고 있다. 소규모 국가들은 일반적으로 원자로, 석유 시추 장비, LNG 설비, 초고압 송전선 등 거의 모든 분야에서 외국 기술과 장비에 크게 의존하는 경향이 있다. 동유럽 국가들이 소련의 원자력 기술에 강하게 의존했던 사례가 이를 잘 보여준다. 또한 그리스·덴마크·스웨덴은 자국 내 정유 시설을 건설할 때 미국과 기타 외국 기술에 의존해야 했다. 이와 유사하게, 북유럽 국가들이 1960년대 국내 석유 탐사 프로젝트를 추진했을 때도 주요 국제 석유 기업과 협력할 수밖에 없었으며, 핵심 장비와 기술을 이들에게 의존했다.[24] 스페인은 역청 함유 셰일을 활용한 합성 연료 생산 시설을 개발하면서, 처음에는 독일 기술을 도입했고 이후에는 미국 기술을 활용했다.[25]

그러나 일부 소규모 국가들은 외국 기술에 대한 의존 문제를 성공적으로 극복한 사례를 보여주었다. 대표적인 예가 1960년대 스웨덴의 원자력 발전소 독자 설계로, 이는 국가적인 기술 자부심의 원천이 되었다.[26] 또한 스웨덴과 스위스는 국가 규모가 작음에도 불구하고 초고압 송전 기술과 수력 발전용 터빈 설계 분야에서 세계적 선도국이 되었다.[27] 공산주의 체제였던 동유럽에서는 체코슬로바키아가 원자력 분야를 포함한 핵심 장비 산업에서 기술적으로 우위를 유지했다. 최근 들어, 덴마크와 스페인은 풍력 터빈 제조 분야에서 세계적인 강국으로 부상하며, 재생에너지 시대에도 소규모 국가들이 중요한 기술적 역할을 수행할 수 있음을 입증했다.[28]

안보 목적의 에너지 절약

에너지 절약을 통해 한 국가의 수입 의존도를 크게 낮출 수 있다. 즉 전체 에너지 소비를 줄이고 에너지 효율성을 높이는 방식이다. 에너지 절약의 주된 목표는 연료 수입에 따른 경제적 위험을 최소화하고, 화석연료 연소로 인한 환경 문제를 완화하는 것이다. 전통적으로 연료 수출국들은 에너지 절약에 대한 관심이 낮았으며, 오히려 국가 보조금과 정치적으로 통제된 가격 정책을 통해 에너지 낭비를 부추긴 경우가 많았다. 그러나 최근에는 이러한 보조금을 철폐해야 한다는 인식이 점점 확산되고 있다. 다만, 이러한 조치는 산업계와 일반 대중의 반발을 불러일으킬 가능성이 크기 때문에 많은 정부가 실행을 주저하고 있다. 특히, 국내 소비가 급증하면서 에너지 수출이 위협받는 국가에서는 절약 정책에 대한 관심이 더욱 커지고 있다. 오늘날에는 중동의 대형 산유국들조차도 국내 소비 증가로 인해 수출 가능 연료량이 줄어드는 현실에 직면하여, 에너지 절약을 중요한 과제로 인식하고 있다.

수입국들의 경우, 독일(당시 서독)이 1970년대 석유 위기에 대

190

응한 방식은 국가가 에너지 절약을 어떻게 촉진할 수 있는지를 잘 보여준다. 1970년대 중반까지는 서독 내에서 에너지 절약에 대한 관심은 미미했다. 1974년까지도 정부의 에너지 전문가들은 GDP 증가 등 경제성장에 비례해 에너지 소비가 증가할 것이라고 당연하게 여겼으며, 주요 정당 중 어느 곳도 GDP 감소를 원하지 않았다. 따라서 거시경제적 관점에서 에너지 절약을 촉진할 필요성이 크지 않다고 보았다. 그러나 다른 많은 수입 의존국들과 달리, 서독은 1973~74년의 급격한 유가 상승기에 국내 소비자들을 보호하는 정책을 시행하지 않았다. 이와 같은 '비개입' 조치 자체가 전체 에너지 소비를 감소시키는 데 분명한 영향을 미쳤다. 이후 1976년, 독일 정부는 보다 적극적인 조치를 취했다. 사회 전반에서 에너지에 대한 인식이 크게 변화하면서, 에너지 절약이 바람직할 뿐만 아니라 에너지 정책의 최우선 과제로 떠올랐다.

우선 서독 정부는 건물 단열 기준을 정할 수 있도록 하는 에너지 절약법을 제정했다. 이어서 1978년에는 주택 현대화법을 통과시켜, 신축 및 개축 시 단열과 난방 시스템 개선을 의무화했다. 이와 동시에, 난방유·휘발유·디젤유에 대한 세금을 대폭 인상했다. 일반 발전소 및 열병합 발전소에서 발생하는 폐열을 회수하도록 장려했으며, 이러한 설비 투자에 대해 세금 감면 혜택을 제공했다. 더 나아가, 당시 서독 정부는 국내 자동차 업계와 '자발적' 협약을 체결하여 트럭과 승용차의 연료 효율 기준을 개선하도록 요구했다. 만약 제조업체들이 협력하지 않을 경우, 정부가 강제적인 입법 조치를 취하겠다고 경고하기도 했다.[29]

전략적 비축과 시스템 유연성

외국 에너지 의존도를 줄이는 것뿐만 아니라, 이를 효과적으로 관리하는 방안도 중요하다. 그중 가장 먼저 고려되는 전략이 전략적 비축이다.

우선, 비축과 저장 시설은 단순한 비상 대응 수단이 아니라, 에너지 시스템이 일상적으로 작동하는 데 필수적인 요소라는 점을 강조해야 한다. 가장 대표적인 저장 시설의 이미지로는 주요 항구의 대형 석유 탱크나, 화력 발전소 인근의 석탄 더미가 떠오른다. 이러한 시설은 연료가 매장지에서 발전소, 주유소, 최종 소비자로 원활히 이동하도록 하는 데 필수적이다. 전략적 비축(strategic stockpiles)은 이와 다르다. 규모가 훨씬 크고, 지상에 노출되지 않은 형태로 저장되는 경우도 많다. 대표적인 사례가 미국의 전략 비축유 저장소(SPR, Strategic Petroleum Reserve)로, 총 7억 2,700만 배럴의 원유를 저장할 수 있는 어마어마한 규모를 자랑한다. 이 비축 시설은 미국 석유 산업의 중심지인 루이지애나와 텍사스에 있다.[30] 중국의 전략 비축 시설도 약 3억~4억 배럴을 저장할 수 있는 규모를 갖추고 있다. 국제에너지기구는 순수출국을 제외한 회원국들에게 지난해 순수입량의 최소 90일치 원유를 전략 비축하도록 규정하고 있다.

초기 에너지 비축은 주로 군사 목적으로 운영되었다. 그러나 석탄과 특히 석유가 경제와 사회 전반에 걸쳐 필수적인 연료가 되면서, 비축 규모는 민간의 긴급 수요까지 충족할 수 있도록 대폭 확대되었다. 당연히 에너지 수입 의존도가 높은 국가들이 가장 먼저 전략적 비축을 도입했다. 프랑스는 대형 국가 중 최초로 국가 전략 원유 비축을 실시했으며, 1958년 정부령을 통해 모든 석유 수입업자들이 국내 판매량의 최소 3개월분에 해당하는 원유를 비축하도록 의무화했다.[31] 서독은 1965년, 원유 정제업체는 65일분, 정제 석유 제품 수입업자는 45일분을 각각 비축하도록 규정했다.[32]

1967년 제3차 중동전쟁(6일 전쟁) 이후, 유럽경제공동체(EEC, EU의 전신)는 1968년 12월 모든 회원국들에게 지난해 일평균 소비량의 최소 65일분의 석유 제품을 항상 비축할 것을 요구하는 지침을 발표했다.[33] 일본은 1972년 민간 주도로 석유 비축을 시작했으며, 초기에는 정부의 직접적인 개입이 없었다.[34] 반면, 자국 내 원유 자원이 훨씬 풍부했던 미국은 1973~74년 석유 위기에 대응하여 1975년에야 전략 비축유 저장소를 구축했다. 그 이전까지는 생산을 중단한 상태에서 필요 시 재가동할 수 있는 '폐정' 능력에 의존했다.

석탄 또한 전략적 비축 대상이 되었다. 예를 들어, 전후 독일 정부는 1,000만 톤의 무연탄(연간 생산량의 8분의 1에 해당)을 전략적으로 비축했다.[35]

석탄과 석유의 전략적 비축은 비교적 단순하다. 그러나 천연가스는 사정이 다르다. 1960년대 중반 여러 서유럽 국가들이 대규모 가스 수입을 시작하면서, 비상 상황을 대비한 전략적 저장 문제가 곧바로 제기되었다. 인공적으로 구축한 저장 시설(동굴 저장고나 LNG 저장소)에 가스를 보관하는 것의 비용이 극도로 많이 들기 때문에, 초기에는 국제 석유 무역에서 효과를 입증한 '폐정' 원칙이 주요 해결책으로 떠올랐다(1장 참조). 예를 들어, 오스트리아는 소련으로부터 가스를 수입하던 초기 단계에서 잦은 공급 불안정과 예상치 못한 중단을 겪었다. 그러나 자체 가스 생산량을 일시적으로 늘리는 방식으로 문제를 효과적으로 해결할 수 있었다. 당시 대부분의 유럽 국가는 이러한 임시 폐정 가스 생산 능력을 보유하고 있었으며, 필요할 때 이를 활용할 수 있었다. 이후 국내 가스 매장량이 감소하면서, 이 기술은 일부 고갈된 가스전을 수입 가스를 저장하는 용도로 전환하는 방식으로 발전했다. 이를 통해 폐정 가스 생산 능력을 인위적으로 확장할 수 있었다.

보다 복잡한 기술적 접근 방식으로는, 대량의 가스를 흡수할 수 있는 암반층을 활용하는 방법이 있었다. 예를 들어, 1980년대 서베를린은 지하 암반층을 이용한 가스 저장 가능성을 연구했다. 이는 석탄에서 가스로 에너지 자원 전환을 추진하는 전략의 핵심 요소가 되었다. 당시 서베를린의 가스 공급원은 전적으로 소련에 의존하고 있었으며, 지정학적 이유로 공급이 중단될 경우 도시가 심각한 에너지난을 겪을 것이라는 우려가 컸다. 이에 따라, 가스 기업과 정부 당국은 연간 전체 연료 소비량을 저장할 수 있는 가스 저장 시설을 구축해 이러한 위협을 완화하고자 했다.[36]

정치적 논의에서 자주 언급되지는 않지만, 저장 능력은 원자력에너지의 취약성을 관리하는 중요한 요소이기도 하다. 우라늄 기반 연료의 가장 큰 장점 중 하나는 밀도가 높아 보관에 필요한 공간이 매우 적다는 점이다. 원자력 발전소들은 이 점을 적극 활용한다. 일반적으로 원자로마다 연료봉 한 묶음을 별도로 보관하는데, 이는 원자로가 1년 이상 지속적으로 가동할 수 있도록 보장한다. 따라서 국제 원자력 연료 공급이 완전히 중단되더라도, 원자력 발전은 상당히 오랜 기간 유지될 수 있다. 이는 전략적 원유 비축의 기준으로 삼는 90일보다 훨씬 긴 기간이다. 3장에서

194

살펴보았듯이, 원자력에너지는 공급 안정성이 매우 높다고 평가되며, 연료가 수입된다는 점을 감안하더라도 종종 '국내 에너지원'으로 간주되기도 한다.

전략적 비축은 국내 에너지 시스템의 유연성을 확보하려는 더 큰 전략의 일부로 볼 수 있다. 공급 측면에서 또 다른 대응책은 발전소를 특정 연료에 고정되지 않도록 설계하는 것이다. 즉 추가 비용 없이 석유에서 가스로, 석탄에서 석유로 쉽게 전환할 수 있는 발전소를 건설하는 방식이다. 이러한 이중 연료 또는 연료 전환이 가능한 발전소는 1973~74년 석유 위기 이후 유럽에서 큰 인기를 끌었다. 실제로 1974년부터 1990년까지 유럽에서 증가한 총 발전 용량 52GW 중 43GW가 이와 같은 이중(혹은 삼중) 연료 발전소였다. 이들 발전소 대부분은 공급 위기가 발생하면 하루 이내에 대체 연료로 전환할 수 있도록 설계되었다.[37]

더 나아가, 발전소가 특정 석탄 광산이나 유전에서만 연료를 공급받지 않도록 조치하는 노력도 있었다. 예를 들어, 덴마크는 전후 수십 년간 영국산 석탄 의존도를 낮추려 하면서, 폴란드산 석탄이 영국산 및 미국산 석탄과 상호 교체 사용할 수 있도록 했다.[38] 그러나 이러한 대체 가능성을 확보하는 과정에서 상당한 비용이 발생하는 경우도 많았다. 예를 들어, 바이에른주는 1970년경 소련과 네덜란드에서 가스를 동시에 도입하는 방식으로 공급원을 다변화했지만, 소련산 가스 공급이 중단될 경우 네덜란드산 가스로 대체할 수 있도록 하려면 값비싼 변환 장비를 설치해야 했다. 이는 네덜란드산 가스의 발열량이 훨씬 낮았기 때문이다.[39] 이처럼 높은 비용이 수반되는 경우, 결국 일정 수준의 에너지 의존도를 감수하는 결정을 내리는 경우가 많았다.

또 다른 유연성 강화 전략으로는 에너지 기업이 공급 중단 수용 고객(interruptible customers)과 계약을 체결하는 방안이 있다. 이러한 고객은 주로 산업 분야에 속하며, 공급이 크게 중단되는 상황에서도 운영을 조정할 수 있는 능력을 갖춘 기업들이다. 이들은 가스나 전력 공급에 일정한 위험이 따르는 것을 감수하는 대신, 더 낮은 요금 혜택을 받는다. 예를 들어, 2000년대 초 독일 가스 산업에서는 전체 가스 소비량의 약 10~20%가 이러한 공급 중단 수용 계약의 대상이었다.[40] 이는 공급 측면이 아니라 수요 측면에서 에너지 취약성을 관리하는 방식의 한 예다. 가스 및 전력 회사들은 이러한 계약이 값비싼 저장 시설을 구축하는 것보다 경제적으로 더 유리한 대안이 될 수 있다고 판단했다. 대규모로 도입될 경우, 공급 중단 수용 고객 원칙은 국제적 공급 위기가 발생했을 때 실행될 전력 및 가스 배급 계획의 핵심 요소가 된다.

국내 시스템 지배구조 강화

또 다른 취약성 대응 방법으로 국가가 에너지 수입을 직접 통제하는 방식이 있다. 이러한 논의는 제1차 세계대전과 그 여파 속에서 본격적으로 시작되었다. 유럽 대륙에서는 1927년 스페인 정부가 최초로 석유 수입 및 정제에 대한 국가 독점을 선언했다.[41] 곧이어 프랑스와 독일도 정부가 석유 흐름을 강력하게 통제하는 조치를 단행했으며, 이는 국제 석유 기업들에게 큰 부담을 안겼다.[42] 제2차 세계대전 이후 국가 개입은 더욱 확대되었지만, 이러한 통제 정책은 종종 논란을 불러일으켰다. 예를 들어, 스웨덴은 전쟁 기간 동안 에너지 수입을 국가가 직접 통제했으나, 전후에 국영 석유 수입 회사를 설립하려는 시도는 결국 무산되었다. 당시 스웨덴 정책결정자들은 석유 수입을 국유화하면 결국 국제 석유 대기업들과 갈등을 초래할 것이며, 어차피 이들 기업에 의존할 수밖에 없다고 판단했다. 결국, 국가 석유 기관을 설립하는 것이 스웨덴의 석유 수입 안보를 개선하는 데 도움이 되지 않는다는 결론을 내렸다.[43]

덴마크 또한 국가 석유 회사를 설립할 계획은 없었지만, 1950년대 소련산 석유를 대량 수입하려는 정부 주도의 시도가 국제 석유 대기업들의 보복 조치를 초래할 가능성을 우려했다. 그러나 천연가스 부문에서는 정부가 100% 지분을 보유한 국영 기업인 DONG(Danish Oil and Natural Gas Company)을 설립했다. DONG의 초기 목표는 가스 수입을 조정하고 외국의 개입으로 인한 취약성을 줄이는 것이었다. 당시 덴마크는 강력한 해외 공급업체들과의 협상에서 실질적인 성과를 얻으려면 국영 기업만이 효과적으로 대처할 수 있다고 판단했다.[44]

정부는 연료 수입을 직접 통제하는 것 외에도, 국제 에너지 문제에서 국내 민간 기업 간 협력을 유도하려는 노력도 기울였다. 예를 들어, 스웨덴 정부는 원자력 발전소 운영사들이 원자력 연료 수입을 공동으로 진행하도록 압력을 가했고, 이를 위해 스웨덴 원자력 연료 공급 회사(SKBF)가 설립되었다. 이는 국가 석유 수입 기관을 만들려는 시도와 유사한 개념으로, 계약 협상과 공급 문제 발생 시 국가의 협상력을 강화하려는 목적에서 추진되었다.[45] 소규모 국가들은 국제 시장에서의 상대적 취약성을 인식하고, 이와 같은 방식으로 협상력을 키우려는 경향이 있었다. 그러나 이 전략은 논란이 될 수 있다. 국가가 경쟁적인 국내 에너지 시장을 유지하려는 목표와 충돌할 가능성이 있기 때문이다. 이러한 관점에서 보면, 국내 에너지 기업들끼리 지나치게 긴밀히 협력하는 것이 항상 바람직한 것은 아니다.

다변화 전략

수입 의존 국가들은 에너지 수입의 다변화(diversification)를 통해 에너지 의존도를 관리하려는 노력을 지속해 왔다. 이는 에너지원과 공급국을 모두 다양화하여 단일 에너지원이나 특정 국가에 대한 과도한 의존을 방지하는 것을 목표로 한다. 즉 특정 공급국에서의 공급이 중단될 경우 그 영향을 최소화하고, 다른 공급국에서 대체 수입을 확보할 수 있도록 하는 것이다. 또한 독점적 혹은 과점적 공급자가 시장을 지배할 경우 발생할 수 있는 경제적 위험을 완화하는 전략이기도 하다.

대형 국가들에 비해 소규모 국가들은 에너지 수입 다변화를 실현하는 데 상대적으로 어려움을 겪어왔다. 예를 들어, 룩셈부르크는 여러 공급국과 계약을 체결해 위험을 분산할 여력이 부족하다. 그 결과, 현재 룩셈부르크는 자체 정유 시설이 없어 석유 제품은 거의 전적으로 벨기에에, 석탄은 남아프리카공화국에 의존하고 있다. 그럼에도 불구하고 대부분의 국가는 크든 작든 다변화를 적극적으로 추진했으며, 일부는 상당한 성과를 거두었다. 예를 들어, 19세기 네덜란드는 자국 석탄 시장에서 영국의 지배력을 약화하기 위해 벨기에와 독일에서 석탄을 수입했다.[46] 덴마크는 전후 시기 폴란드산 석탄을 수입하여 영국이 더 유리한 조건을 제시하도록 압박했다.[47] 석탄 부문에서 많은 에너지 빈국의 기업과 정부는 공급업체 다변화를 에너지 의존도를 관리하는 전략적 도구로 활용하는 법을 익혔다. 이 경험은 이후 석유, 천연가스, 우라늄 부문의 다변화 노력에도 유용한 발판이 되었다.

천연가스의 경우, 주로 파이프라인을 통한 수송에 의존한다는 점에서 다변화가 더욱 어렵다. 예를 들어, 스웨덴은 현재 덴마크에서 단 하나의 파이프라인을 통해 가스를 공급받고 있으며, 이 공급망이 차단될 경우 남부와 서부 스웨덴은 심각한 혼란을 겪게 된다.[48] 핀란드 역시 러시아로부터 단일 파이프라인을 통해 가스를 공급받고 있다. 스페인의 경우, 알제리 의존도를 낮추기 위해 노력했으나, 최근에서야 노르웨이산 파이프라인 가스와 나이지리아·카타르산 LNG 공급 확대를 통해 어느 정도 성공을 거두었다.[49] 다변화가 거의 이루어지지 않은 대표적 사례는 중앙·동유럽 지역이다. 이들 국가는 소련 시절부터 러시아산 가스에 의존했으며, 신규 파이프라인 사업을 추진할 자본이 부족해 러시아가 시장을 계속 지배하는 구조가 유지되었다. 그러나 최근 몇몇 국가들은 이를 변화시키려는 노력을 기울이고 있다. 리투아니아와 폴란드는 LNG 터미널을 건설하고 있으며, EU의 지원을 받아 중앙·동유럽 가스 파이프라인의 양방향 흐름을 가능하게 하는 프로젝트를 추진 중이다.[50] 불가리아는 그리스를 경유하여 북아프리카산 천연가스를 도입하는 방식으로 공급망을 다변화하려 하고 있다.[51] 아르메니아는 구 소련 공화국 중에서 러시아산 공급에서 벗어나 다변화를 이룬 몇 안 되는 나라 중 하나로, 이란산 가스를 도입했다. 그러나 이란-아르메니아 가스 파이프라인을 가스프롬이 소유하고 있기 때문에, 이러한 추가 공급의 실질적 가치는 논란의 대상이 되고 있다.

이에 반해, 독일·프랑스·벨기에·스위스·이탈리아 등의 서유럽 국가는 천연가스 수입 다변화에서 큰 성공을 거두었다. 서유럽의 천연가스 수입이 1960년대 후반부터 급증한 배경에는 이러한 다변화 전략이 중요한 역할을 했다. 유럽 국가들은 러시아나 알제리 같은 정치적으로 불안정한 공급국에서도 가스를 도입할 수 있지만, 어느 한 국가에서 전체 수입량의 3분의 1 이상을 공급받아서는 안 된다는 원칙을 유지했다(이 허용 비율은 시기에 따라 변동이 있었으며, 정치적 논쟁의 대상이 되기도 했다).

이러한 원칙 덕분에 유럽은 러시아와 알제리에서 수입하는 가스 절대량을 늘릴 수 있었지만, 상대적인 의존도는 일정 수준 이하로 유지할 수 있었다. 여기에 네덜란드산 가스가 가세하면서, 상대적으로 신뢰할 수 없는 공급국에서의 수입 증가에 대한 정당성이 확보되었다. 프랑스는 서유럽에서 가장 성공적으로 가스 수입을 다변화한 나라다. 국내 가스 생산량은 거의 없지만, 노르웨이를 제외하면 어느 한 수출국도 프랑스 가스 시장의 5분의 1 이상을 차지하지 않는다. 이에 따라 지정학적 맥락에서 프랑스의 취약성은 매우 낮다고 평가된다. 특히 천연가스가 국가 전체 에너지 공급에서 지배적인 비중을 차지하지 않는다는 점도 이러한 인식을 뒷받침한다.[52]

그러나 이러한 다변화 전략이 성공한 지역은 유럽이 거의 유일하다. 예를 들어, 남미 지역은 유럽식 통합 가스망 구축을 시도했으나, 대규모 수출국이 될 잠재력을 지닌 나라가 애초에 그리 많지 않았기 때문에 큰 성과를 거두지 못했다(6장 참조).

다변화 전략은 전후 세계적인 석유 소비 급증기에는 크게 강조되지 않았다. 많은 국가는 한두 개의 주요 수출국, 특히 중동에 대한 의존도가 매우 높았다. 1970년대 석유 위기 이후 상황이 변화하기 시작했다. 독일 정부는 1974년 에너지 정책을 개정하면서 어느 한 국가로부터의 석유 수입을 최대 15%로 제한할 것을 요구했다.[53] 그럼에도 여전히 많은 수입 의존국은 중동 지역, 특히 특정 국가들에 대한 높은 의존도를 유지하고 있다. 이와 대조적으로, 중국은 중동 의존도를 줄이기 위해 가장 적극적으로 다변화를 추진한 국가다. 중국 국영 에너지 기업들은 아프리카 및 중앙아시아에서의 원유 수입을 확대하는 동시에, 이들 국가의 석유 산업에 직접 투자하여 공급량을 더욱 증가시키는 전략을 추진해 왔다.[54]

군사적 개입, 해외 투자, 에너지 외교

지금까지의 논의는 에너지 의존도를 관리하기 위한 내부적 접근 방식에 초점을 맞추었다. 이제는 외부적 접근, 즉 해외에서의 활동을 통한 취약성 대응을 살펴볼 차례다. 내부적 접근에서는 취약성 관리와 지정학 간의 연관성이 간접적이고 눈에 띄지 않는 경우가 많지만, 외부적 접근에서는 이러한 연관성이 훨씬 명확해진다. 외부적 접근 방식에는 다양한 전략과 조치가 포함된다. 극단적인 형태로는 군사 행동과 무력 개입이 있으며, 반대편에는 평화적인 해외 투자, 에너지 외교, 협력 사업 등이 있다.

가장 급진적인 외부 전략은 군사력을 동원하여 해외 연료 공급원, 정유 시설, 수송로에 대한 접근을 강제하는 방식이다. 에너지와 기타 천연자원을 확보하려는 노력은 오랫동안 제국주의 확장과 식민지 개척의 핵심 요소였다. 대표적인 사례로는 1930년대 일본의 만주 및 동남아시아 침략, 그리고 1980~90년대 사담 후세인의 '대(大)이라크' 구상이 있다.[55] 에너지는 수많은 국제 전쟁에서도 중요한 요인이었다. 제1, 2차 세계대전에서 루마니아와 캅카스 같은 자원이 풍부한 지역은 초기부터 군사 공격과 정복 시도의 대상이 되었다. 이란-이라크 전쟁(1980~88), 그리고 걸프 전쟁(1990~91)과 제2차 걸프 전쟁(2003~11)도 에너지와 깊이 연관된 대표적 사례다.

더 일반적으로, 제국과 강대국들은 해외 자원 채굴 활동과 수송로를 '보호'한다는 명목으로 군사력을 동원했다. 특히 특정 지역이 전략적으로 중요한 곳으로 간주될 때 그러한 개입이 이루어졌다. 예를 들어, 영국 해군은 20세기 초 중동에서 석유 산업이 시작된 이후, 1971년 철수할 때까지 오랜 기간 중동 석유 시설 보호에 있어 중요한 역할을 했다. 이후, 그 역할을 미국이 이어받았다. 제2차 세계대전 동안 유조선에 대한 군사 호위는 흔한 광경이 되었으며, 이란-이라크 전쟁 중에는 미국과 프랑스 해군이 유조선 호위 임무를 수행했다. 하지만 이는 국내외적으로 많은 논란을 불러일으켰다.[56] 중국 역시 자국 국적 유조선이 증가함에 따라, 중국 인민해방군 해군이 이를 호위하는 방안을 고려하고 있다.[57] 한편, 미국은 캅카스 지역의 조지아에서 신설된 군 부대를 훈련시켜, 바쿠-트빌리시-제이한(BTC) 송유관 보호 임무를 수행하도록 지원했다.[58]

때때로 수출국과 수입국 간의 원활한 연료 흐름을 유지하기 위해 외국에 대한 공격이 '필수적'이라고 간주된 사례도 있었다. 1956~57년 수에즈 운하 위기 당시, 이스라엘·영국·프랑스는 유럽 석유 수입의 핵심 경로였던 수에즈 운하에 대한 서방의 통제권을 되찾기 위해 이집트를 공격했다. 그러나 이 작전은 결국 실패로 끝났다. 당시 미국은 유럽 국가들의 군사 개입을 지지하지 않았다. 그러나 1980년, 미국은 공식적으로 '카터 독트린'을 발표했다. 이에 따르면, 페르시아만 원유의 지속적인 수출은 미국 경제에 필수적이며, 적대적인 세력이 이를 방해하려는 시도를 한다면 이는 미국의 핵심 이익에 대한 공격으로 간주될 것이라고 선언했다. 나아가, 이를 저지하기 위해 군사력을 포함한 모든 수단을 동원할 것임을 천명했다. 이 정책은 1979년 소련의 아프가니스탄 침공으로 촉발되었다. 당시 소련군이 중동 석유 시설에 위협적으로 접근하는 것으로 여겨졌기 때문이다.[59]

마찬가지로, 프랑스의 말리(Mali) 군사 개입도 글로벌 에너지 흐름을 보호하려는 필요성을 고려하지 않고는 이해할 수 없는 현대 국제 분쟁 중 하나다. 이 개입의 핵심 쟁점은 사하라사막에서 채굴되는 대규모 우라늄 공급이며, 이는 프랑스의 원자력 연료 공급 안정성 확보에 필수적인 요소다.[60] 다른 많은 '평화 유지' 임무도 수입국들이 글로벌 에너지 시스템의 안정성을 확보하려는 노력과 직·간접적으로 연결되어 있다. 그러나 서방 민주주의 국가들이 연료 자원이 풍부한 국가에 군사 개입을 하는 경우, 이는 항상 커다란 논란 거리가 되었다. 이러한 개입은 '대상' 국가뿐만 아니라 개입국의 국내에서도 큰 반발을 불러일으켰다.

보다 덜 폭력적이지만 여전히 급진적이며 반드시 평화적이지는 않은 방식으로, 에너지를 둘러싼 지정학적 목표를 달성하기 위해 특정 수출국에서 정치 쿠데타를 지원하거나 직접 개입한 사례도 있다. 그 기본 전제는 보다 '우호적인' 정부를 수립하면 연료 수출의 안정성을 보장할 수 있다는 것이다. 가장 대표적인 사례는 1953년 미국이 주도한 이란 쿠데타다. 당시 이란 총리 모하마드 모사데그(Mohammad Mosaddegh)는 이란 석유 산업을 국유화하고, 이를 설립했던 서방 석유 기업들의 자산을 몰수하는 급진적인 조치를 취했다. 이에 대해 영국과 미국 정부는 이 조치가 자국의 국가 안보 이익과 상충한다고 판단했다. 결국 미국과 영국 정보기관이 주도하고 자금을 지원한 쿠데타를 통해 모사데그 정권은 전복되었다.[61] 그러나 이와 같은 쿠데타가 오로지 에너지 문제만을 고려해 이루어진 것은 아니었다. 이러한 개입은 더 넓은 지정학적 맥락 속에서 이해되어야 하며, 특히 냉전 기간 동안 미국과 소련이 석유 생산국들에서 영향력을 확대하려는 경쟁의 일환으로 자주 발생했다. 이러한 지정학적 경쟁은 중앙아시아와 같은 지역에서도 여전히 지속되고 있다.

한편, 기업과 정부가 해외 연료 자원을 확보하기 위해 보다 덜 폭력적인 방법을 사용한 사례도 많다. 역사적으로 중동, 북아프리카, 라틴아메리카 등지에서 서방 국가들이 획득한 석유 개발 양허계약(Concession Agreement)은 대부분 평화적인 협상 과정의 결과물이었다. 물론, 이러한 협상이 항상 우호적인 분위기에서 진행된 것은 아니며, 특히 강대국과 연계된 인물과 기업이 개입한 경우 폭력적 위협이 배경에 깔려 있기도 했다. 그러나 대개 서방 석유 기업과 석유 부국의 군주들은 서로에게 이익이 된다고 판단하고 협력했다. 이러한 방식으로 탄생한 역사적 석유 개발 양허계약은 영국, 프랑스, 이탈리아뿐만 아니라 독일과 일본 같은 에너지 수입 비중이 높은 국가들이 해외 석유 자원에 대한 통제력을 갖도록 하는 데 기여했다.

그러나 시간이 지나면서, 이러한 석유 개발 양허계약은 산유국 내부에서 강한 정치적·대중적 반발을 불러일으켰다. 이제 그 계약들은 불공정한 것으로 간주되었고, 산유국들은 자신들이 서구의 제국주의와 자본주의에 이해 착취당하고 있다고 결론지었다. 이러한 변화는 탈식민지화 시대, 신(新)민족주의 운동, 반서방 정서의 확산과 맞물려 진행되었다. 그 결과, 많은 산유국에서 서방 및 일본 기업들의 석유 산업이 국유화되었으며, 전통적인 양허계약 체계는 점차 폐지되었다. 이러한 흐름이 정점에 달한 것이 1973년 아랍 진영의 석유 수출 금지였다. 그러나 서방 국가들과 점점 더 많은 아시아 국가들은 여전히 해외 유전 개발을 통한 에너지 의존도 완화를 전략적 목표로 유지하고 있다. 다만, 그 방식이 변화했을 뿐이다. 예를 들어, 중국 국영 기업들은 아프리카에서 연료 채굴, 정제, 수송 시설에 대규모 투자를 단행하며 새로운 형태의 자원 확보 전략을 추진하고 있다. 일본은 러시아 시베리아 및 극동 지역의 연료 자원을 확보하려 했으나, 결국 실패했다. 또 다른 사례로는 프랑스 원자력 산업이 니제르(Niger)의 우라늄 광산을 광범위하게 통제하고 있는 것을 들 수 있다.

산유국에서의 상류 사업 투자(upstream investment)를 통해 취약성을 관리하는 전략은 일반적으로 강대국의 지정학과 연관되어 왔다. 그러나 에너지 수입에 의존하는 소규모 국가들도 이러한 강대국들의 외부 전략을 모방하려고 노력했다. 실제로, 이들은 일반적으로 알려진 것보다 더 적극적으로 이러한 활동을 전개해 왔다. 초기의 대표적 사례 중 하나는 20세기 초 스웨덴이 공공-민간 합작 방식으로 스발바르제도의 스피츠베르겐에 석탄 광산을 설립한 것이다. 스웨덴이 영국산 석탄에 과도하게 의존하는 문제를 완화하려는 목적이었다.[62] 이후 스웨덴 정부와 기업들은 독일 갈탄 광산을 대규모로 인수하고, 수단의 유전 지분을 확보하는 등의 해외 자원 투자를 추진했다. 덴마크와 스페인도 대형 제국주의 국가들의 적극적인 자원 개발 활동을 모방하려 했다. 이들은 각각 그린란드에서 우라늄을,[63] 당시 스페인령 사하라(현재 서사하라)에서 석유와 가스를 탐사했다. 그러나 스페인의 사하라 유전 탐사는 대부분 미국 석유 기업과의 협력에 크게 의존했다.[64]

네덜란드는 다른 소규모 국가들보다 유리한 위치에 있었다. 이는 단순히 네덜란드령 동인도(현재 인도네시아)의 막대한 석유 자원 덕분만이 아니라, 쉘이 네덜란드 기업으로서 국제 시장에서 강력한 영향력을 행사할 수 있었기 때문이다. 쉘의 시장 지배력이 실제로 네덜란드의 석유 수입 취약성을 완화하는 데 기여했는지 판단하기는 쉽지 않다. 하지만 주목할 점은 제1차 세계대전 이후 네덜란드령 안틸레스(Netherlands Antilles)에 주요 정유 시설이 건설되어 쉘이 이를 통해 베네수엘라산 석유를 정제했으며, 이곳에서 공급된 석유가 네덜란드 석유 수입에서 중요한 역할을 했다는 사실이다.[65]

냉전 시기 동유럽 국가들이 철의 장막 뒤에 갇혀 있었다는 인식이 강했지만, 불가리아 같은 국가는 해외 상류 부문 활동을 통해 석유 수입 의존도를 완화하려는 전략을 적극 추진했다. 불가리아의 주요 투자 대상국은 리비아였다. 당시 불가리아의 지도자 토도르 지프코프와 리비아 지도자 무아마르 카다피(Muammar

Gaddafi) 간의 친분 관계를 활용하여, 불가리아는 리비아에서 유리한 생산물 분배 계약을 체결할 수 있었다. 이 계약은 불가리아의 석유 수입 취약성을 줄이는 데 기여한 것으로 평가된다.[66] 불가리아-리비아 사례는 오늘날 에너지 외교로 불리는 전략의 대표적인 예로 해석될 수 있다. 즉, 외교적 경로 또는 고위층의 정치적 관계를 활용하여 에너지 취약성을 완화하고 지정학적 차원에서 에너지 안보를 강화하는 방식을 보여주는 사례다.

에너지의 국제화 초기에는 외교 정책 결정자들과 외교관들이 거의 개입하지 않았으며, 석탄과 석유의 국경 간 거래는 민간 기업들이 직접 협상하고 통제했다. 그러나 1910년경부터 에너지 기업들은 해외 에너지 사업을 추진하는 과정에서 국가 행위자들의 지원을 더욱 적극적으로 요청하기 시작했다. 대부분의 경우, 기업들은 에너지 수입을 '안보 문제'로 부각(안보화)하여 국가가 개입하도록 유도했다. 즉 해당 에너지 공급이 국가 안보에 필수적임을 정부에 설득하는 방식이었다. 반면, 일부 경우에는 정부가 직접 에너지 공급의 전략적 중요성을 인식하면서 수출국과의 협상에서 영향력을 행사하려 했다. 오늘날, 수입국의 외교 당국이 에너지 수입 기업들을 지원하는 것은 당연한 일로 여겨진다. 특히 에너지 수입 협상이 더 광범위한 외교·무역 협정의 일부로 진행될 경우 더욱 그렇다. 이러한 협정에는 에너지와 무관한 재화와 서비스의 수출도 포함될 수 있으며, 수입 의존국은 자국 경제 전반을 고려하여 협상을 진행해야 한다.

수출국과 우호적인 외교 관계를 유지하는 것도 에너지 국제화에서 매우 중요한 요소다. 예를 들어, 스웨덴 총리가 노르웨이를 방문할 때, 노르웨이산 석유 수입을 논의하지 않더라도, 두 정

사진: 미국 국립공문서관

1973년 흔히 '오일쇼크'라 불리는 석유 위기 당시 미국 워싱턴 시애틀의 한 주유소 모습. 제1차 석유 위기는 1973년 10월 사우디아라비아의 파이살 국왕이 이끄는 아랍석유수출국기구(OAPEC) 회원국들이 석유 수출 금지 조치를 선언하면서 시작되었다. 수출 금지 조치는 욤키푸르 전쟁 동안 이스라엘을 지원했던 국가들을 대상으로 했다. 초기에는 미국과 영국을 비롯해 캐나다, 일본, 네덜란드 등이었지만, 나중에 포르투갈, 로디지아 및 남아프리카공화국 등으로 확대되었다. 당시 유가는 전세계적으로 배럴당 3달러에서 배럴당 거의 12달러로 상승했으며, 미국 현지의 가격은 훨씬 더 높았다. 수출 금지 조치는 석유 파동을 일으켜 세계 정치와 경제에 많은 영향을 미쳤다.

상의 악수와 우호적인 대화는 양국이 협력적인 관계를 유지하는
데 중요한 역할을 한다. 이는 다시 양국 간 에너지 교역이 원활하
게 유지되는 전제 조건이 된다. 많은 석유·가스 수입국들은 러시
아, 이란, 사우디아라비아와 같은 주요 에너지 수출국과의 우호
적 관계를 유지하는 데 매우 적극적인 모습을 보여왔다. 그러나
이러한 국가들과의 에너지 이해관계는 종종 인권이나 정치적 자
유와 같은 기본적인 정치적 신념과 충돌하기도 한다. 그럼에도
불구하고, 이들 국가와의 우호적인 외교 관계가 에너지 공급 협
상을 원활하게 하고, 기존 에너지 교역에서 발생하는 문제 해결
에도 중요한 역할을 할 수 있기 때문이다. 또한 건설적인 정치적
관계는 시장 논리만으로는 확보하기 어려운 희소한 에너지 자원
에 대한 우선적 접근 기회를 제공할 수 있다.[67] 1973년 석유 위기
는 전 세계 석유 수입국들에게 아랍 산유국들과의 외교 관계를
강화하는 것이 필수적임을 상기시키는 계기가 되었다. 오늘날에
도 에너지 수입국들은 러시아나 이란과 같은 국가에 대한 정치·
이념적 제재 요청을 매우 소극적으로 받아들이는 경향을 보인다.
이는 자국의 에너지 안보와 경제적 이해관계가 우선시되기 때문
이다.

동시에, 에너지 수입국들은 서로 협력함으로써 취약성을 관
리할 수 있다는 사실을 인식하게 되었다. 가장 대표적인 사례는
국제에너지기구로, 이 기구는 원래 대규모 공급 위기 시 석유 수
입을 조정하기 위해 설립되었다. 그러나 이와 유사한 협력 사례
는 많다. 때때로 수입국들은 여러 국가의 기업들이 참여하는 고
객 컨소시엄을 구성하여, 강력한 수출국들과의 협상에서 협상력
을 강화하려는 전략을 추진했다. 예를 들어, 1970년대에는 유럽

여러 국가의 가스 기업들이 연합하여 알제리 및 노르웨이로부터 보다 유리한 조건으로 가스를 수입하려는 시도를 했다. 물론, 수출국들은 이러한 수입국 간 '카르텔화'를 반기지 않았다. 일부 수출국들은 각 수입국과 개별 협상을 고집하며 이러한 접근 방식을 거부하기도 했다.

수입국 간의 임시방편적 협력은 특히 전쟁과 같은 위기 상황에서 빈번하게 이루어졌다. 제1, 2차 세계대전 기간 동안, 정부와 대형 국제 석유 기업들이 협력하여 에너지 공급을 조정한 것이 대표적인 사례다. 이러한 임시방편적 동맹관계는 1950~53년 한국전쟁과 이란 국유화 위기, 1956~57년 수에즈 위기, 1967년 6일 전쟁, 그리고 1973~74년 석유 위기 동안에도 여러 차례 가동되었다. 특히, 1973~74년 석유 위기 당시, 수입국들 간의 협력이 없었다면 전 세계 석유 공급망이 완전히 붕괴했을 가능성이 높았다. 당시 대형 석유 기업들은 복잡한 물류 조정 과정을 통해, 주요 산유국들이 특정 국가를 대상으로 수출 금지 조치를 시행하는 상황에서도 대부분의 글로벌 수요를 충족할 수 있도록 석유 공급을 조정했다.[68]

또 다른 흥미로운 수입국 간 협력 형태는 정제 및 저장 시설의 공동 운영이다. 예를 들어, 1970년대 네덜란드는 영국·독일과 협력하여 공동 우라늄 농축 시설을 건설했다. 이 시설은 네덜란드 단독으로는 구축하기 어려웠지만, 국제 협력을 통해 이 중요한 공정을 국내화 할 수 있었다.[69] 에너지 저장의 경우, 놀라울 정도로 많은 석유, 가스, 전력 저장 시설이 국제적으로 운영되고 있다. 2017년 기준으로 룩셈부르크는 자국 석유 비축량의 89%를 해외에 저장하고 있었으며 에스토니아, 아일랜드, 벨기에, 뉴질랜드도 석유 비축량의 약 3분의 1을 해외에 보관하고 있었다.[70] 이는 저장 시설이 에너지 의존성을 완화하는 도구로 여겨지는 것과는 다소 모순적으로 보일 수 있지만, 석유 및 기타 연료의 저장 비용이 매우 높기 때문에, 소규모 국가들은 저장 능력을 확보하기 위해 서로 협력하거나 IEA와 같은 국제기구를 통해 대형 국가와 협력하는 것이 경제적으로 더 타당하다고 판단했다. 천연가스 저장도 오늘날 매우 국제화되어 있다. 예를 들어, 스웨덴은 국내 가스 저장 시설이 전혀 없으며, 전적으로 덴마크의 저장 시설을 이용하고 있다.[71] 핀란드 역시 라트비아의 기존 저장 시설에 접근하려는 노력을 기울이고 있다. 전력 분야에서도 국제 협력은 필수적이다. 국가 간 전력망을 연결하는 것은, 비상 상황에서 국내 예비 발전소를 운영하는 것보다 경제적이고 효율적이기 때문이다. 따라서 전력 수입국들은 자체적인 비상 전력원을 확보하기보다, 인접국의 전력망을 활용하는 방식을 선호하는 경향이 강하다.

상호 의존성 모색

이전 장에서 살펴보았듯이, 에너지 수입국이 수출국에 의존하는 것만큼이나, 수출국 역시 수입국에 의존하는 관계에 놓여 있다. 따라서 국제 에너지 관계를 상호 의존성의 관점에서 논의하는 것이 유용하다. 그러나 상호 의존성은 자동적으로 형성되는 것이 아니라, 수입국과 수출국이 의도적으로 전략을 수립하여 구축하는 결과물인 경우가 많다. 이들은 상호 의존적 관계가 자신들의 취약성을 줄일 수 있다고 판단하기 때문에 이를 추구하는 것이다. 천연가스의 경우, 서유럽이 러시아로부터 가스를 수입하는 과정에서 복잡한 대응무역 방식이 오랫동안 활용되었다. 서유럽은 가스 수입 대가로 강관, 압축기 설비 및 기타 필수 장비와 기계를 러시아에 수출했다. 시간이 지나면서 러시아의 서유럽산 기자재 의존도가 서유럽의 러시아산 가스 의존도보다 더 커졌다는 평가도 있었다. 1980년대 일본의 중국산 석유 의존도 또한 중국의 일본산 기술 의존도와 균형을 이루는 구조였다. 당시 중국은 일본 이외의 국가로부터 해당 기술을 확보할 수 없는 상황이었기 때문에, 일본과의 상호 의존적 관계가 필연적이었다.

또한 미국, 중국, 러시아 등 주요 강대국들은 개발도상국과 연료 공급 계약을 체결하는 대가로 무기를 제공해 왔다. 이러한 거래는 도덕적·군사적 측면에서 많은 비판을 받았지만, 상호 의존성 관점에서 보면 공개 시장을 통한 에너지 조달보다 취약성을 관리하는 데 있어 상당한 이점을 제공했다. 1990년대 들어 시장 기반 거래가 점차 이러한 광범위한 무역 협정을 대체하기 시작했다. 특히, 1986년 유가 폭락 이후 석유 시장에서 단기 현물 거래(spot market)가 주요 거래 방식으로 자리 잡았다. 그러나 2000년대 들어 유가가 다시 급등하고 시장 불안정성이 지속되면서, 일부 전문가들은 다시 장기 계약이 에너지 의존도를 관리하는 데 효과적인 방식이라고 강조하기 시작했다.

일부 국가들은 국제 에너지 흐름에서 '허브' 역할을 맡음으로써 상호 의존성을 강화하는 전략을 사용했다. 이는 자본과 기술의 흐름과도 밀접한 관련이 있으며, 특히 소규모 국가들이 에너지 관계에서 자신들의 취약성을 줄이는 효과적인 방식으로 활용했다. 예를 들어, 스위스는 유럽 전력망에서 핵심 허브로 자리 잡아 독일과 이탈리아의 국가 전력망을 연결하는 역할을 수행했다. 이는 스위스의 전력 공급 안정성을 강화하는 데 긍정적인 영향을 미쳤다. 1960년대 이후 스위스는 석유와 가스 파이프라인의 주요 경유국이 되었을 뿐만 아니라, 세계 석유 금융 시장에서도 중요한 허브로 부상했다.[72] 스위스는 석유와 가스 공급에서 거의 전적으로 다른 국가에 의존했지만, 에너지 허브로 인해 국제 공급 위기에 대한 취약성을 효과적으로 줄일 수 있었다.

소련이 1960년대 후반과 1970년대 초반 서독, 이탈리아, 프랑스와 대규모 가스 수출 계약을 체결했을 때, 오스트리아와 체코슬로바키아도 유사한 허브 역할을 성공적으로 확보했다. 이들은 시베리아 가스전과 서유럽 가스 소비국 사이의 주요 통로에 위치함으로써, 통계상으로는 여전히 천연가스 수입 의존도가 높았지만, 지정학적으로는 공급망에서 전략적 위치를 점유하는 효과를 거두었다. 오늘날 가스프롬이 발트해와 흑해를 가로지르는 가스 파이프라인 구축에 집중하는 것은 강대국이 작은 국가들의 핵심 허브 역할을 부담스럽게 여기며, 이를 피하려는 움직임을 보이는 대표적인 사례다. 특히 갈등을 겪고 있는 우크라이나와 같은 소위 '문제(problematic)' 국가를 우회해 가스 수송망을 재편하려는 시도로 볼 수 있다. 하지만 작은 국가들 역시 이러한 흐름 속에서 기회를 찾고 있다. 아제르바이잔, 조지아, 그리스, 동남유럽의 일부 국가들은 중앙아시아에서 서유럽으로 이어지는 석유 및 가스의 중간 경유지가 되었거나, 그런 역할을 기대하며 움직이고 있다.[73]

재생에너지가 확대되는 시대에도 에너지 허브 지위를 확보하려는 경쟁은 계속될 전망이다. 예를 들어, 2000년대 초반 로테르담과 앤트워프는 유럽 바이오연료 시스템의 중심지로 자리 잡기 위해 적극적으로 홍보를 시작했다. 이들 도시는 대규모 바이오연료 및 원료 수입·수출 거점으로 성장하며, 바이오연료 시장에서 중요한 역할을 수행하고 있다. 또한, 유럽과 아시아 등 여러 지역에서 '초고압 광역 전력망(슈퍼그리드)' 구축을 추진하는 과정에서 전력 기업들 간의 허브 경쟁이 치열하게 벌어지고 있다. 이는 대규모 전력망 연결을 통해 보다 안정적인 전력 공급과 저장을 가능하게 하기 위한 전략적 움직임으로 볼 수 있다.

더 생각할 거리

- 에너지 수입 의존 국가를 하나 선택하여, 해당 국가가 에너지 의존도를 줄이거나 이에 대응하기 위해 수행한 국가 주도의 노력을 분석해 보자. 내부적 접근 방식과 외부적 접근 방식을 모두 고려하자.
- 토도르 지프코프와 무아마르 카다피의 사례처럼 최고위 정치 지도자 간의 관계를 통해 에너지 수입국이 지정학적 취약성을 줄일 수 있었던 사례를 찾아보자.
- 국가 행위자들이 에너지 수입 의존도를 줄이기 위해 재생에너지 자원을 활용하는 방식에 대해 더 깊이 논의해 보자.

5장

외교 정책 도구로서의 에너지

외교 정책 도구로서의 에너지

외교 정책과 에너지 시스템의 목적

글로벌 에너지 시스템의 목적은 무엇인가? 우리는 왜 그것을 필요로 하는가? 이는 매우 기본적인 질문이며, 심지어 너무 단순하거나 어리석게 들릴 수도 있다. 그러나 사회기술적 시스템 관점에서 볼 때, 그 답은 결코 명확하지 않다.

기술적 관점에서는 흔히 에너지 시스템의 목적을 다음과 같이 정의한다. '에너지 서비스에 대한 수요 충족', '조명, 쾌적한 실내 온도 유지, 냉장, 운송 등의 에너지 서비스 제공', '화석연료, 우라늄, 풍력, 태양광(PV) 등 1차 에너지원을 유용한 형태로 변환하여 자유롭게 사용할 수 있도록 하는 것'[1] 등이다. 하지만 1장에서 살펴본 것처럼, 에너지 시스템은 단순한 기술적 실체가 아니라 사회기술적 구성체다. 따라서 에너지 시스템의 목적이나 목표는 매우 모호할 수 있다. 특히 사회기술적 관점에서는 시스템의 목적이 단순한 에너지 공급에 있지 않을 수도 있음을 인정해야 한다. 즉, 목표가 기술적이거나 물리적인 것이 아닐 수도 있다.

또한 우리는 에너지 공급을 바라보는 다양한 행위자와 이해관계자의 시각을 고려해야 한다. 앞서 강조했듯이, 행위자의 유형에 따라 이해관계가 다르며, 이는 행위자들이 어떻게 기회를 포착하고, 어떻게 에너지를 활용하는지 그 방식에도 영향을 미친다. 과학자, 발명가, 기업가는 에너지 시스템을 개인적인 부와 명성을 얻을 기회로 본다. 에너지 기업의 최고 경영진은 개인적인 기회뿐만 아니라 주주들에게 이윤을 제공하는 도구로서 에너지 시스템을 바라본다. 환경 단체는 새로운 에너지 시스템을 환경 오염과 기후 변화에 대응하는 수단으로 본다. 반면 테러리스트들은 에너지 시스템을 성전(聖戰)의 도구로 간주하기도 한다. 그리고 국가 행위자들이 있다. 이들은 일반적으로 알려진 것보다 훨씬 더 다양한 이해관계를 가지고 있다.

이 장에서는 특히 외교 정책 행위자의 관심사에 주목한다. 외교 정책 관점에서 글로벌 에너지 시스템의 목적은 무엇인가? 외교부는 당연히 에너지 시스템을 국제관계와 얽혀 있는 관점에서 바라본다. 4장에서 살펴본 것처럼, 외교 정책 행위자들은 국가의 에너지 의존도를 관리하는 과정에서 중요한 역할을 맡는다. 하지만 이들의 주요 관심사는 국가의 영토 보전, 전쟁 방지와 국제 분쟁 해결, 국제적 평판 유지, 다른 국가들과의 정치적 동맹 구축과 같은 외교 정책 목표에 있다. 이러한 목표를 달성하는 데 있어, 글로벌 에너지는 강력한 도구, 즉 '지렛대'로 간주된다. 따라서 외교 정책 행위자들은 에너지가 이러한 외교적 목표에 미치는 영향을 출발점으로 삼아 에너지 분야에서 전략을 수립한다.

에너지 흐름의 조종

정부는 구체적으로 어떻게 에너지를 외교 정책 도구로 활용할 수 있을까? 이를 설명하기 위해 다섯 가지 기본적인 전략, 즉 외교적 목적을 위해 에너지를 '조종(manipulation)'하는 방식들을 살펴본다.

첫째, 정부는 국경을 넘나드는 에너지 흐름을 조종할 수 있다. 이는 일반적으로 다양한 형태의 제재(sanctions)로 나타난다. 제재는 크게 두 가지로 나뉜다. 부정적(징벌적) 제재는 특정 국가의 정책이나 행동을 변화시키기 위해 압박하는 수단으로 사용되며, 주로 에너지와는 무관한 분야에서 요구 조건을 설정한다. 외국 정부가 이에 굴복하면 제재가 해제된다. 이에 비해 긍정적(보상적) 제재는 외국 정부의 행동을 장려하기 위한 조치로, 만약 해당 국가가 기대한 방향으로 정책을 변경하지 않으면 그 보상이 철회될 수도 있다. 가장 급진적인 부정적 제재는 수입 및 수출 금지 조치이며, 대표적인 사례가 1973년 아랍 석유 수출 금지 조치이다. 당시 아랍 국가들은 여러 국가들이 아랍-이스라엘 분쟁에서 친(親)아랍 입장을 취하도록 강요하는 데 성공했다. 이 수출 금지 조치로 가장 심각한 타격을 받은 국가는 일본이었다. 갈등이 최고조에 달했을 때, 사우디아라비아의 석유·광물자원부 장관 야마니는 일본 정부에 다음과 같이 말했다. "우리를 적대하면 석유를 받지 못할 것이다. 중립을 유지하면 이전보다 적은 양을 받을 것이다. 우호적인 태도를 보이면 이전과 같은 양을 공급 받을 것이다."

문제는 제2차 세계대전 이후 일본의 외교 정책은 미국과의 동맹에 기반하고 있었으며, 이는 일본이 이스라엘을 지지할 것을 미국이 기대한다는 의미였다. 1973년 11월, 미국 국무장관 헨리 키신저가 도쿄를 방문하여 일본 정부에 외교 정책을 바꿀 필요가 없다고 설득하려 했다. 그러나 일본 석유 산업은 OPEC 석유에 절대적으로 의존하고 있었으며, 당시 일본 에너지 소비의 77%가 석유였고, 그중 대부분이 중동에서 공급되었다. 이 상황에서 일본은 아랍 국가들과의 정치적 관계를 우선해야 한다는 결론에 도달했다.

결국 키신저의 방문 며칠 후, 일본 정부는 공식적으로 중동에 대한 외교 정책을 변경하겠다고 선언하며, 이스라엘과의 분쟁에서 아랍 측 입장을 지지한다고 발표했다. 이는 '전후 일본이 최초로 미국과 외교적으로 갈라선 중요한 사건'으로 기록되었다. 같은 시기, 아랍 석유에 대한 높은 의존도를 인식한 유럽공동체(EC)도 공식적으로 아랍 측을 지지하는 결정을 내렸다. 하지만 아랍 국가들은 이 조치가 충분하지 않다고 판단하고, 유럽 국가들이 미국에 대해 이스라엘을 압박하는 방향으로 외교 정책을 유지할 것을 요구했다.[2]

천연가스의 경우, 러시아가 동유럽과 캅카스 지역의 일부 구소련 국가에 대해 반복적으로 공급을 중단한 배경을 두고 정치적 의도가 있다는 논란이 이어져 왔다. 다만, 이러한 중단과 크렘린의 외교 정책 목표 간의 연관성은 중동산 원유 사례만큼 명확하게 드러나지는 않았다. 크렘린은 외교적 목적을 달성하기 위해 특정 국가에 대한 가스 수출 금지 조치를 내렸다고 공식적으로 발표한 적이 없다. 그러나 수입국의 외교 관계자들과 많은 서구 전문가들은 러시아가 가스를 외교적 도구로 사용해 왔다고 판단한다. 특히 화제가 되었던 2006년과 2009년에 발생한 우크라이나에 대한 공급 중단은 우크라이나의 외교 정책에 영향을 미치려는 시도로 널리 인식되었다. 이러한 문제의 핵심은 우크라이나를 둘러싼 러시아와 EU의 정치적 경쟁, 그리고 우크라이나 내부의 친(親)러시아 세력과 친(親)EU 세력 간의 권력 투쟁이다. 러시아는 우크

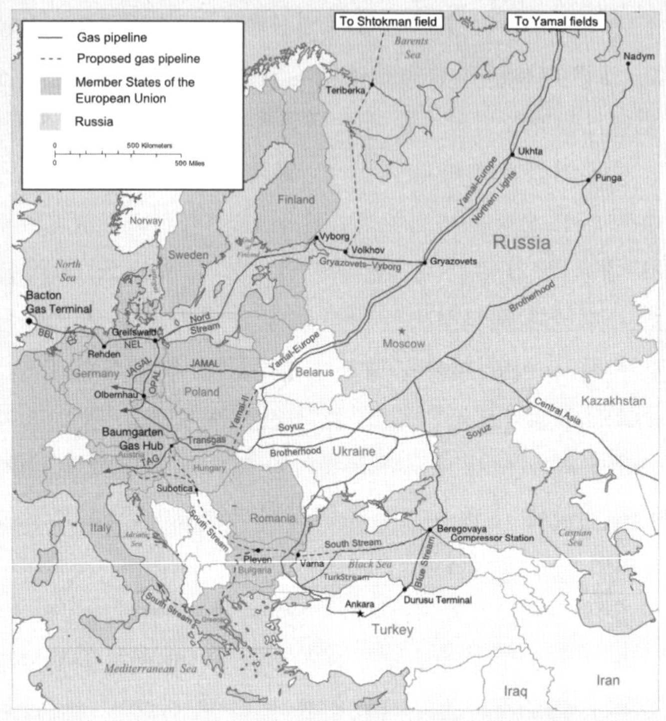

러시아와 유럽을 연결하는 러시아 천연가스 수송관 지도. 유럽의 러시아 천연가스 의존도는 종종 '에너지 무기'로 해석된다. 러시아에서 유럽에 이르는 천연가스 수송관의 광범위한 네트워크는 천연가스 공급자인 가스프롬 혹은 러시아 정부의 결정에 따라 유럽이 받을 수 있는 '에너지 위기'의 양상이 얼마나 복잡하게 전개될지를 시사한다. 한편 러시아 가스의 유럽 수송은 지상에서 벨라루스와 우크라이나, 튀르키예 등을 통과하며 중간 경유국들과 러시아 사이의 협력과 갈등의 중요 요인이 되었다. 발트해 바다 밑에서 러시아와 독일을 연결하는 노르트스트림(Nord Stream)은 러시아에서 서유럽으로 직접 가스를 운반하는 첫 수송관으로, 중간 경유국을 거치지 않으려는 러시아의 오랜 열망의 결과물이다.

라이나와 다른 구 소련 국가들을 '가까운 해외(near abroad)'로 간주하며, 자국의 자연스러운 '영향권(sphere of influence)'에 속한다고 본다. 반면, EU와 친서방 우크라이나 세력은 우크라이나를 미래의 EU 가입 후보국으로 간주한다. 이들 모두는 천연가스가 이 투쟁에서 결정적인 도구가 될 수 있음을 인식하고 있다.[3]

또 다른 주목할 만한 수출 금지 조치는 인도에 대한 우라늄 수출 금지 사례다. 여기서 유엔(UN)은, 1968년에 서명되고 1970년에 발효된 핵확산금지조약의 체결을 통해 세계 대부분의 국가들을 하나로 모으는 데 중요한 역할을 했다. NPT 가입국들은 우라늄을 다른 조약 가입국들에게만 수출할 수 있으며, 핵무기를 이미 보유한 국가를 제외한 회원국들은 핵무기 개발과 관련된 모든 활동을 포기해야 했다. 그러나 인도는 핵무기 개발을 우선시하기로 결정하며 NPT 가입을 거부했다. 이에 따라 인도에 대한 우라늄 수출이 금지되었다. 인도는 자국 내 우라늄 자원이 부족했기 때문에, 서방 국가들은 우라늄 수출 금지 조치가 인도의 핵무기 개발 야망을 다시 생각하도록 강제할 거라 기대했다. 그러나 이러한 기대는 무산되었다. 1974년, 인도는 최초의 원자폭탄 실험에 성공하며 서방 세계의 강한 반발을 불러일으켰다. 하지만 이는 다른 개발도상국들이 핵무기를 군사 전략의 핵심으로 고려하도록 자극하는 계기가 되었다. 결국 2008년, 인도에 대한 우라늄 수출 금지 조치는 완화되었다. 주요 이유는 인도가 남아시아 및 중앙아시아의 지정학적 환경에서 서방 세계의 중요한 동맹국으로 간주되었기 때문이다. 특히 테러와의 전쟁에서 인도의 역할이 부각되었다. 그 이후 인도는 여러 공급국으로부터 우라늄을 수입할 수 있게 되었으나, 우라늄 수출 문제는 여전히 논란의 대

상이며, 특히 호주에서는 강한 반대 여론이 존재한다.[4]

재생에너지 분야에서도 전력 수출국들이 외교 정책 목표를 달성하기 위해 수출 금지 조치를 활용할 가능성이 제기되고 있다. 현재 대부분의 국제 전력망 연결은 교류 동기화 방식으로 이루어져 있으며, 이러한 연계망은 상호 의존적이다. 전력은 날씨, 계절, 시간대별 수요에 따라 양방향으로 흐를 수 있다. 그러나 본질적으로 순수한 전력 순수출국은 많지 않다. 최근에는 전력망 안정성보다 전력 수출을 목적으로 한 초고압직류송전(HVDC, High-Voltage Direct Current) 연결망 건설이 증가하는 추세다. 일부 연결망은 의도적으로 단방향 전력 흐름을 전제로 설계되기도 한다. 최초의 HVDC 송전망은 1960년대에 건설되었으며, 대표적으로 핀란드는 러시아로부터 전력을 수입하기 위해 백투백(Back-to-Back) HVDC 방식을 도입했다. 1980년대 이후 이러한 전력 거래가 원활하게 운영되는 것 같았지만, 2011~12년에 핀란드는 예상치 못한 전력 공급 감소로 인해 큰 충격을 받았다. 러시아가 HVDC 연결망을 외교적 도구로 활용하려 했다는 명확한 증거는 없었으나, 국경 너머 러시아 전력회사가 핀란드로 보낼 전력 일부를 국내 시장으로 전환한 것으로 보인다. 당시 러시아 내 전력 요금이 더 높았기 때문에 수익 극대화를 노린 조치였다. 실제 원인이 무엇이건 간에 이 사건으로 인해 핀란드 전력망 운영자는 러시아가 HVDC 연결망을 이용해 핀란드 외교 정책에 압력을 가할 가능성이 있음을 인지하게 되었다.[5]

비슷한 우려는 2009년 대규모 태양광 발전 프로젝트 '데저텍'이 발표되었을 때도 제기되었다. 이 프로젝트는 북아프리카 및 중동에서 생산된 태양광에너지를 유럽 본토의 일조량이 낮은 지역으로 수출하는 것을 목표로 삼았다.[6] 마찬가지로, 중국 국가전력망공사(SGCC)가 햇빛이 풍부한 신장 지역의 태양광 및 기타 전력을 중앙아시아와 더 나아가 유럽으로까지 수출한다는 거대한 비전을 처음 발표했을 때, 서방 국가들은 이를 의심의 눈초리로 바라보았다. 실제로 정치적 동기로 인해 전력 공급이 중단된 사례도 존재한다. 대표적인 사례가 2014년에 러시아가 점령 후 병합한 크림반도다. 다만, 이 경우 국가 행위자가 아닌 정체불명의 방해 세력이 개입했다. 이들은 급진적 우크라이나 민족주의자로 추정되며, 남부 우크라이나의 송전탑을 폭파함으로써 크림반도로의 전력 공급을 차단했다.[7]

에너지 수출국들은 종종 수출 금지 조치를 실행하면서 '분할통치' 전략을 병행하여 적대국들의 정치적 결속을 약화시키고, 그들이 단합된 대응을 하지 못하도록 유도해 왔다. 1973년 아랍 국가들은 세계 원유 수입국들을 여러 범주로 나누는 전략을 활용했는데, 미국을 비롯한 일부 국가는 '석유 수출 금지 대상국'으로 지정하고, 반면 '최혜국'으로 분류된 국가들도 있었다. 이렇게 하면 수입국들이 한목소리로 가용 원유를 배분하는 합의를 이루기 어려울 거라는 계산에서 비롯된 일이었다.[8] 소련 역시 냉전 초기 천연가스 수출 전략을 펼치면서 자본주의 국가들을 두 그룹으로 나누었다. 크렘린은 이탈리아, 오스트리아, 프랑스, 핀란드 등과는 적극적인 에너지 협력을 추진하며, 가스 수출을 통해 다른 분야에서도 협력을 확대하려 했지만, 서독과는 대화 자체를 거부했다. 소련 지도자 레오니드 브레즈네프(Leonid Brezhnev)는 1966년 소련 공산당 대회에서 서독을 두고 '세계 긴장을 악화시키는, 유럽 내 미국의 주요 동맹국'이며, 당시 서독 정부에 대해

'구 나치 인사와 전범들로 구성된 위험한 정권'이라고 비난했다. 반면, 가스를 수입할 수 있도록 허용해 준 국가들은 '건설적이고 우호적인 태도를 가진 국가'라는 찬사를 받았다.[9]

수입국들 역시 수입 금지 조치를 전략적으로 활용할 수 있다. 이들은 특정 에너지 자원의 수입을 거부함으로써, 수출국에게 정책을 변경하도록 압박을 가하는 방식으로 수입 금지 조치를 실행한다. 최근 사례로는 서방 국가들의 이란산 원유 구매 금지 및 북한산 석탄 수입 금지가 있다. 마찬가지로 과거 서방 국가들은, 아파르트헤이트 시기 나미비아산 우라늄 수입을 거부했듯, 정치적으로 불안정하다고 판단한 국가들에게서 수입을 거부했다.[10]

이와 관련된 또 다른 사례로는, 인권 문제, 표현의 자유 침해, 부패, 환경 논란 등과 같은 이유로 서방계 석유 기업들이 수단과 같은 국가에서 정치적 압박을 받아 철수한 경우가 있다. 예를 들어, 2001년 미국 하원은 '수단에 투자한 석유 기업이 미국 금융시장에서 자금을 조달하는 것을 금지하는 법안'을 통과시켰다.[11] 이러한 조치는 아프리카 정부들이 보다 민주적이고 자유주의적인 개혁을 시행하도록 압박하려는 목적이었다. 그러나 실제로는 기대했던 효과를 거두지 못한 경우가 많았으며, 지난 20여 년간 서방 기업들이 떠난 공백은 오히려 중국 등 다른 국가들의 국영 석유 기업들에 의해 채워졌다.

수출국과 수입국 사이에서, 에너지가 통과하는 국가들(중간 경유국)도 정치적 지렛대로서 에너지 흐름을 조작하려는 시도를 할 수 있다. 이러한 경향은 특히 전력이나 천연가스와 같은 송·배전망 기반의 에너지 시스템에서 두드러지며, 대체 가능한 경로가 없는 경우 더욱 심화된다. 소련 해체 이후, 중앙 및 서유럽으로

가는 러시아산 가스의 주요 경유국이 된 벨라루스와 우크라이나
는 자신들이 상당한 영향력을 가질 수 있음을 깨닫고, 이를 외교
적 수단으로 활용해 왔다. 이는 러시아가 천연가스를 '무기'로 사
용한다는 논의에서 종종 간과되는 부분이다. 이러한 중간 경유국
들의 영향력 행사는 러시아가 최근 막대한 비용을 들여 발트해
를 경유하는 완전히 새로운 가스 수송 인프라인 노르트스트림을
구축한 주요 이유 중 하나다. 이를 통해 러시아는 구 소련 국가들
을 거치지 않고 직접 유럽으로 가스를 공급할 수 있게 되었다.

이 사례는 반세기 전, 미국의 시스템 구축자들과 정부 관계자
들이 캐나다를 경유해 알래스카산 원유를 미국 정유시설로 수
송하는 방안과 관련해 제기했던 정치적 리스크와 비교할 수 있
다. 당시 우려했던 것은 캐나다 연방정부, 주정부, 그리고 원주민
공동체(First Nations)가 가질 수 있는 잠재적 영향력이었다. 이러
한 우려는 결국 대체 경로인 '알래스카 횡단 파이프라인(Trans-
Alaskan Pipeline)'과 알래스카 발데즈(Valdez) 항에서 미국 태평양
연안이나 아시아로 유조선을 통한 수송 방안을 선호하는 주요
이유 중 하나가 되었다.[12] 미래에도 이와 유사한 논쟁이 재생에너
지의 장거리 송전을 둘러싸고 벌어질 가능성이 크다. 예를 들어,
북아프리카에서 유럽으로 태양광 전력을 공급하는 계획이었던
'데저텍' 프로젝트는 초기부터 알제리산 천연가스의 주요 경유국
이었던 튀니지를 비롯한 일부 국가들이 가지게 될 잠재적 영향
력에 대한 논의를 촉발했다.[13]

사진: Assenmacher

독일 북동부 발트해 연안 루브민(Lubmin) 마을의 노르트스트림 파이프라인 건설 현장 모습(2011년 8월 10일 촬영). 2025년 현재 폴란드 정부의 부총리이자 외무부 장관을 맡고 있는 라도스와프 시코르스키(Radosław Sikorski)는 노르트스트림 가스관 건설에 대해 유럽 내에서 가장 강력하고 직설적인 비판을 해온 정치인 중 한 명이다. 시코르스키는 국방부 장관을 맡고 있던 2006년 당시 노르트스트림 건설 계획이 발표되자 "몰로토프-리벤트로프 파이프라인"이라 부르며 강하게 반발했다. 1939년 나치 독일과 소련이 폴란드를 분할 점령하기 위해 맺었던 '몰로토프-리벤트로프 조약(독소 불가침 조약)'에 비유하며, 폴란드를 비롯해 중동부 유럽 국가들을 배제한 체 독일과 러시아가 '강대국들의 담합'을 벌였다고 비판한 것이다. 시코르스키는 이 해저 노선이 경제보다 정치 동기가 강하며, 벨라루스·폴란드를 경유하는 기존 노선을 업그레이드하는 편이 더 싸다는 주장도 함께 폈다.

가격 조종

정부는 에너지 흐름을 직접적으로 조종하는 것뿐만 아니라, 가격 조종을 통해 간접적으로도 영향을 미칠 수 있다. 석유, 석탄, 우라늄과 같이 운송이 쉬운 연료의 경우, 특정 지역을 겨냥한 가격 인상이 선택적으로 시행되기 어렵다. 이는 구매자가 다른 공급자로 쉽게 전환할 수 있기 때문이다. 물론 항상 그런 것은 아니며, 이에 대한 논의는 4장에서 다루었다. 예를 들어, 1973, 1974년과 1979년의 급격한 유가 인상은 아랍 국가들이 '비우호적'이라고 여긴 특정 국가들뿐만 아니라 전 세계에 영향을 미쳤다.

반면, 송전망이나 가스 배관망과 같은 물리적 인프라에 기반한 에너지 시스템은 특정 국가를 대상으로 가격 조종을 가할 수 있는 훨씬 더 많은 기회를 제공한다. 이러한 시스템에서는 수입국이 대체 공급원을 찾을 가능성이 제한적이거나 아예 없기 때문이다. 대표적인 사례가 러시아의 가스프롬이다. 소련 시절 구축된 가스 파이프라인 네트워크의 영향으로 인해, 구 소련 국가들과 핀란드는 사실상 러시아 가스에 종속된 상태였다. 이 구조 덕분에 가스프롬은 해당 국가들에 대한 가스 수출 가격을 거의 일방적으로 결정할 수 있었다. 앞선 장에서 보았듯이, 동유럽 국가들의 가스 가격은 '자연적' 논리와는 무관하게 변화해 왔으며, 수입국들은 급격한 가격 인상과 갑작스러운 할인 혜택을 경험했다. 이러한 가격 변동은 널리 알려진 바와 같이 크렘린의 외교 정책 목표와 연관된 것으로 해석되었다.

이 점이 가장 극명하게 드러난 사례로 우크라이나를 들 수 있다. 2013년 12월, 친러 성향의 빅토르 야누코비치(Viktor Yanukovych)

우크라이나 대통령은 러시아와의 협상을 통해 러시아가 우크라이나에 지속적으로 천연가스를 공급할 뿐만 아니라, 기존보다 33% 할인된 가격으로 제공하기로 합의했다. 이때 우크라이나는 에너지 수요의 상당 부분을 러시아 천연가스에 의존하고 있었다. 하지만 이에 대한 대가로, 야누코비치는 자국 정부가 EU와 어떠한 정치적 연합 협정도 체결하지 않겠다고 약속해야만 했다. 이러한 가스 가격과 외교 정책의 직접적인 연계는 우크라이나 전역에서 대규모 반정부 시위를 촉발시켰고, 결국 2개월 후 야누코비치는 축출되었다. 이에 가스프롬은 즉각적으로 할인 조치를 철회했으며, 기존의 다른 가격 인하 혜택도 모두 취소했다. 그 결과, 우크라이나의 가스 가격은 갑자기 80% 인상되었다. 얼마 지나지 않아, 2014년 3월 러시아 군대가 크림반도를 점령 및 병합했고, 동부 우크라이나에서 친러시아 분리주의자들과 키이우 정부 간의 내전이 발발했다.[14]

금수 조치나 급격한 가격 인상과는 반대로, 특정 시장에 저가 에너지를 대량 공급하는 전략도 존재한다. 대표적인 사례가 소련의 석유 덤핑이다. 1950년대 중반, 소련이 국제 석유 시장에 본격적으로 수출국으로 재진입했을 때, 미국 정부는 크렘린이 외교 정책을 위해 유럽에 원유를 헐값에 공급한다고 비판했다. 특히 이탈리아, 핀란드, 스웨덴 등 서유럽 국가들에 할인된 가격으로 대량의 석유를 공급하는 것을 두고, 미국은 소련이 국제 석유 시장을 교란하고, 서유럽의 정치적 통합을 방해하며, 수입국들 사이에서 친소 정서를 확산시키려 한다고 해석했다.[15] 최근에는 중국이 에너지 관련 제품을 세계 시장에 덤핑한다는 의혹이 제기되고 있다. 가장 많이 언급되는 사례는 태양광 패널의 저가 공급이며, 이 외에도 초과 생산된 석탄의 대량 수출도 논란이 되었다. 또한,

일부 서방 전문가들은 1990~2000년대 중국이 희토류를 인위적으로 낮은 가격에 공급함으로써 서방 희토류 기업들을 시장에서 몰아냈다고 주장했다. 이후 중국이 희토류 공급을 독점적으로 통제하면서, 일본 및 기타 국가들에 대해 전략적으로 희토류 공급을 제한했다는 의혹이 제기되었다(자세한 내용은 6장에서 다룬다).

석유 시장에서는 사우디아라비아가 유일하게 대규모 덤핑 전략을 실행할 수 있는 국가다. 사우디는 세계에서 가장 큰 원유 생산 및 비축 역량을 보유하고 있기 때문에, 전 세계 석유 기업뿐만 아니라 각국 정부에서도 사우디의 생산량 변동을 면밀히 모니터링하고 있다. 사우디아라비아의 원유 증산이 본격적으로 논의된 것은 2010년대 이후, 북미의 셰일오일과의 경쟁 때문이었다. 사우디아라비아 국영 석유회사 아람코와 사우디 정부는 OPEC 및 러시아와 협력하여 여러 차례에 걸쳐 원유 생산량을 증가시킴으로써 국제 유가를 낮추려고 시도했다. 이 전략의 목표는 비용이 더 높은 미국 셰일오일 기업들을 시장에서 몰아내는 것이었다. 그러나 이것이 단순히 수익성과 시장 점유율을 고려한 상업적 전략인지, 아니면 외교 정책적 목적을 가진 조치인지는 여전히 논란이 되고 있다. 이러한 모호성에 대한 논의는 이후 다시 다룰 것이다.

시스템 구축 조종

정부는 외교적 목적을 위해 에너지 시스템 구축 활동을 조종하기도 한다. 실제로 외교 정책 결정권자가 새로운 에너지 시스템이나 그 구성 요소 또는 연결망을 직접 주도하여 건설하는 경우는 드물다. 그러나 특정 프로젝트를 장려하거나 억제하며, 자국의 이익에 맞게 조정하려는 개입은 빈번하다. 가장 일반적인 사례는, 한 에너지 기업이나 장비 공급업체가 특정 프로젝트를 제안했을 때 대통령실이나 외교부가 이에 대해 알게 되는 경우다. 정부는 외교적 관점에서 해당 프로젝트의 가치를 평가하고, 이를 외교 관계 개선과 국가 위상 강화를 위한 기회로 판단하면, 적극적으로 지원하기도 한다. 반면, 정치적 위험성이 크다고 판단되면 프로젝트를 거부할 수도 있다. 이러한 외교적 고려는 글로벌 에너지 지형을 결정짓는 데 중요한 역할을 해왔다.

예를 들어, 냉전 시대에는 북대서양조약기구(NATO) 회원국들이 미국의 압박을 받아 서유럽과 동유럽을 잇는 전력망 건설을 저지했다. 당시 유엔 유럽경제위원회(UNECE)와 전력 분야 엔지니어들은 경제적·정치적 이점을 이유로 이러한 연결망을 지지했으나, 미국과 서방 동맹국들은 철의 장막을 넘는 송전망이 동구권과의 관계를 강화할 것을 우려해 이를 막았다.[16] 동아시아에서는 1970년대 중국 외교 정책 결정자들이 일본과의 원유 수출 협력을 적극적으로 추진했다. 중국은 일본과의 에너지 협력이 당시 중국의 적대국이었던 소련과 일본 간의 외교적 관계 발전을 저지할 것이라 기대했다.[17]

때로는 에너지 프로젝트 자체가 국가 간 협상의 핵심 협상 카드로 활용되기도 한다. 볼리비아의 천연가스 수출 파이프라인 건설 시도가 대표적인 사례다. 볼리비아는 칠레로 가스를 수출하는 파이프라인을 건설하는 대가로, 칠레의 영토 일부를 할양 받아 태평양에 직접 접근할 수 있기를 원했다. 그러나 이 협상은 실패했다.[18] 또 다른 사례는 2001년 미국 정부가 카자흐스탄 원유의 송유관 프로젝트를 지원한 일을 들 수 있다. 카자흐스탄은 자국 원유를 세계 시장에 수출하기 위해 러시아 영토를 통과하는 송유관을 계획했다. 이는 카스피해 인근 유전에 대한 러시아의 통제력 강화를 가져올 가능성이 높았지만, 조지 W. 부시 대통령은 당시 아프가니스탄 전쟁에서 러시아의 협력을 확보하는 조건으로 이 프로젝트를 지원하기로 결정했다.[19]

또한 정부들은 비우호적 국가들에 대한 기술과 장비 수출을 금지(수출 금지 조치)하는 전략을 통해 에너지 시스템 구축을 조종해 왔다. 이러한 조치는 냉전 시대에 큰 주목을 받았으며, 미국과 다른 NATO 회원국들은 소련·동유럽·중국·쿠바 등 공산권 국가로의 기술 수출을 차단하려 했다. 냉전 시기에는 여러 에너지 기술이 국가 안보와 직결된 전략적 요소로 규정되었으며, 공산권으로의 수출이 국가 안보에 위협이 된다고 여겨졌다. 가장 논란이 많았던 품목은 장거리 송유관 및 가스 파이프라인에 사용되는 대구경 강관, 천연가스 시스템에 필요한 압축기 스테이션, 정유 및 가스 처리 플랜트의 턴키(turnkey) 방식 공급 등이었다. 이러한 조치는 1950년대 말~1960년대 초와 1980년대 초 두 차례 정점을 찍었다. 당시 수출 금지 조치는 가스 압축기 부문의 주요 제조사인 영국 롤스로이스(Rolls Royce)와 고품질 강관 제조업체인 독일 티센(Thyssen)과 만네스만(Mannesmann) 같은 서방 기업들에게 심각한 타격을 주었다. 이들 기업들은 수출 제한을 달가워하지 않았다. 소련을 비롯해 공산권 국가들이 그들의 제품에 대한 세계 최대 시장 중 하나였기 때문이었다.[20] 21세기에 들어서면서 다시 한번 에너지 기술 분야에서 수출 금지 조치가 잇따랐으며, 주요 대상국은 러시아와 이란이었다. 그리고 이번에도 서방의 제조업체들과 서비스 제공업체들은 이러한 제재를 전혀 반기지 않았다.

또한 에너지 관련 개발 원조도 외교 정책의 중요한 수단으로 활용되었다. 소련은 개발도상국들에게 기술 지원과 전문 인력을 제공하며 적극적으로 개입했다. 당시 기술 전문가들은 자신들의 활동이 빈곤 퇴치, 산업 성장 촉진, 사회 현대화 등 인류 발전에 기여한다고 믿었지만, 크렘린의 시각은 달랐다. 소련은 이들 국가가 에너지 자원을 개발하도록 돕는 행위를 외국 경쟁 세력을 견제하고, 특히 미국의 영향력이 확대되는 것을 방지하는 전략적 조치로 보았다. 서방 국가들도 비슷한 방식으로 행동했다. 미국이 제2차 세계대전 이후 유럽에 제공한 마셜 플랜은 공산주의 확산을 막기 위한 전략적 원조의 대표적 사례였다. 이후 서유럽 국가들이 개발 원조 공여국으로 바뀌면서 아프리카·아시아·라틴아메리카에 지원을 확대했다. 그러나 이 원조는 경제적 필요성이 아니라 정치적 기준에 따라 선별적으로 제공되었다. 예를 들어, 1960년대 주요 원조 공여국으로 떠오른 스웨덴은 자국의 세계적 수준의 수력 발전 기술을 이용해 모잠비크와 탄자니아의 사회주의 개혁을 지원하고 장려했다.[21]

시간이 지나면서 서방 국가들은 기대했던 정치적 기준을 충족하지 못한 국가들에 대한 개발 원조를 철회하기도 했다. 오늘날 서방의 원조는 아시아 국가들의 지원과 경쟁을 벌이고 있다. 특히 중국은 자원이 풍부한 아프리카 여러 국가에서 매우 적극적인 행보를 보이며, 인권 문제 등의 이유로 서방 국가들이 철수한 자리에 들어서는 경우가 많다. 앞서 살펴본 바와 같이, 아프리카 석유 산업에 대한 중국의 국가 주도적 투자는 석유 수입 의존도가 커지는 상황에서 취약성을 관리하려는 전략으로 해석될 수 있다. 이러한 투자가 아프리카의 에너지 시스템을 근본적으로 재편하면서 동시에 중국의 대(對)아프리카 외교 정책에도 중요한 역할을 하고 있음은 분명하다.

국제 에너지 프로젝트에 대해 외교 정책 결정자들이 지지하거나 반대하는 정도는 해당 프로젝트의 기술적, 지리적, 조직적 특성과 밀접한 관련이 있다. 외교부는 프로젝트의 규모가 지나치게 크다고 판단해 반대할 수도 있고, 특정 시스템 구축 주체가 주도해야 하거나 다른 수송 경로를 선택해야 한다는 조건 아래에서만 지지를 표명할 수도 있다. 예를 들어, 전후 석유 질서를 협상하는 과정에서 사우디아라비아의 국왕 이븐 사우드(Ibn Saud)는 영국에 대해 깊은 불신을 가졌기 때문에, 사우디의 석유 생산 확대 계획이 반드시 미국 기업들에 의해서만 수행되어야 하며, 영국이 참여해서는 안 된다고 고집했다.[22] 냉전 시기, 소련의 천연가스를 서유럽으로 수송하는 최적의 가스 파이프라인 경로를 결정하는 과정에서도 외교 정책이 큰 영향을 미쳤다. 당시 서독 정부는 1972년까지 동독을 주권국으로 인정하지 않았기 때문에, 경제적으로 가장 효율적인 경로임에도 불구하고 동독을 통과하는 가스 파이프라인 건설을 허용하지 않았다.[23]

21세기에도 외교적 고려로 인해 특정 에너지 프로젝트가 배제되거나 조정되는 사례가 많다. 인도 정부는 외교적 이유로 인해 이란과 투르크메니스탄에서 가스 파이프라인을 통한 천연가스 수입을 포기했다. 가스를 도입하려면 파키스탄을 경유해야 하는데, 이는 외교적으로 현실성이 없다고 판단했기 때문이다. 대신 인도는 LNG 터미널을 구축하여 여러 국가로부터 해상으로 수입하는 방식을 선택했다. 하지만 이는 이란·투르크메니스탄에서 가스 파이프라인을 통해 직수입하는 방식보다 경제적으로 훨씬 불리한 선택이었다. 한국도 유사한 상황에 처해 있다. 한국은 동남아시아와 중동으로부터 대량의 LNG를 수입하고 있지만, 경제적으로는 러시아에서 가스 파이프라인을 통해 가스를 공급 받는 것이 더 유리할 것이다. 그러나 해당 가스 파이프라인이 북한을 통과해야 하기 때문에, 현재까지도 이 옵션은 외교적으로 받아들여지지 않고 있다. 카스피해 석유의 수출 경로 또한 기술·경제적 최적화가 아니라 외교 정책에 의해 결정되었다. 카스피해 원유는 아제르바이잔·조지아·튀르키예를 거치는 경로를 택했는데, 이는 경제적 측면에서 보면 비합리적이었다. 기술적으로 가장 효율적인 경로는 이란을 관통하는 루트였으나, 미국 외교 정책 결정자들은 이 경로를 지정학적으로 받아들일 수 없다고 판단했다. 나아가, 미국은 자국의 전략적 목표에 부합하는 경로를 선택했다. 당시 미국 에너지부 장관 빌 리처드슨(Bill Richardson)은 1998년 11월, 해당 송유관 경로가 결정된 배경에 대해 "우리의 가치를 공유하지 않는 세력이 전략적으로 영향력을 행사하는 것을 막기 위한 조치"라고 설명했다.[24]

외교 정책적 동기가 중요한 역할을 하는 투자 분야 중 하나는 지정학적으로 민감하거나 분쟁이 있는 지역, 즉 국경 지대나 아직 경계가 확정되지 않은 영토에서 진행되는 프로젝트다. 국제 하천 유역에서의 수력 발전 프로젝트가 이에 해당한다. 예를 들어, 제1차 세계대전이 끝난 후 프랑스는 라인강 상류의 수력 발전 잠재력을 활용할 목적으로 대규모 토목 프로젝트를 추진했다. 이 급진적 계획은 라인강의 물길을 프랑스 측 횡단 운하로 끌어들여 사실상 강 전체를 프랑스로 돌리려 했다. 인접한 독일에서는 이 프로젝트를 바덴뷔르템베르크(Baden-Württemberg) 지역의 농업을 파괴하려는 적대적인 시도로 해석했으며, 일부 독일 과학자들은 이로 인해 남부 독일이 사막화될 것이라고 주장했다. 결국, 이 프로젝트는 히틀러가 프랑스를 상대로 전쟁을 벌이는 명분 중 하나로 활용되었다.[25]

국제 하천에서의 수력 발전 프로젝트는 여러 차례 심각한 정치적 논란을 불러일으켰다. 어떤 경우에는 라인강처럼 국가 간 경계를 이루는 강에서 진행된 개발이 문제가 되었다. 헝가리와 현재의 슬로바키아 국경을 따라 흐르는 다뉴브강에서 추진된 가브치코보-너지마로시(Gabčíkovo-Nagymaros) 댐 건설이 대표적 사례다. 1977년 시작된 이 프로젝트는 아직 완공되지 않았다. 헝가리는 1980년대 후반 공산주의 체제 붕괴 시점에서 환경 피해를 이유로 자국 내 공사를 중단했다. 그러나 슬로바키아는 프로젝트를 계속 추진했고, 결국 강의 흐름을 변경하는 방식으로 건설을 강행했다. 이는 프랑스가 과거 라인강에서 했던 조치와 유사한 방식이었다. 이후 이 프로젝트는 헝가리와 슬로바키아 간의 정치적 관계에서 주요한 걸림돌로 작용했다.[26]

수력 발전 프로젝트는 상류 국가와 하류 국가 간 관계에서도 외교적 분쟁을 촉발했다. 상류 국가가 댐을 건설하면 하류 국가로 흐르는 수량에 영향을 미칠 수밖에 없다. 이러한 분쟁을 조정하기 위해 국제법과 협약이 마련되었지만, 일부 프로젝트는 여전히 외교적 긴장과 갈등을 야기하고 있다. 특히, 일부 댐은 하류 국가를 상대로 상당한 정치적 영향력을 행사할 수 있는 '에너지 무기'로 해석되기도 한다. 상류 국가가 댐을 닫아 일시적으로 수량을 차단

사진: 스웨덴 국립과학기술박물관

1918년 스피츠베르겐에서의 석탄 생산. 이 사진은 스피츠베르겐의 스베아 (Svea) 광산에서 생산된 첫 번째 석탄을 운반하는 모습을 담고 있다. 스웨덴의 외교 정책 결정자들은 기업 주도의 채굴 프로젝트를 지원했으며, 이를 북극권 스발바르제도의 정치적 통제권을 둘러싼 국제 경쟁에서 외교적 수단으로 활용했다. 현재 노르웨이에 속하는 스발바르제도는 20세기 초까지 '테라 눌리우스(terra nullius)', 즉 '주인 없는 땅'으로 간주되었으며 러시아, 스웨덴, 노르웨이 사이에서 분쟁의 대상이 되었다.

해 가뭄을 초래하거나, 반대로 급격히 개방해 홍수를 일으키는 시나리오가 대표적이다. 이러한 논란은 튀르키예가 티그리스강과 유프라테스강 유역에서 추진하는 수력 발전 계획, 그리고 에티오피아가 청나일강에서 진행하는 대형 수력 발전 프로젝트에서 두드러지게 나타났다. 티그리스강의 경우 하류에 이라크가, 유프라테스강의 중류에는 시리아가, 중·하류에는 이라크가, 청나일강의 중류에는 수단이, 하류에는 이집트가 위치해 있어, 상류 국가의 결정이 중·하류 국가의 농업과 생존에 직접적인 영향을 미친다.

이와 더불어, 여러 정부는 영토 분쟁과 해외 정치적 영향력 확대를 위한 수단으로 에너지 개발 활동을 활용해 왔다. 이는 제국주의 확장 시기부터 이어져 온 역사적 전통이다. 당시에는 특정 지역에서 경제적·산업적 활동이 이루어지는 것이 국제적으로 영토 주장을 인정받는 중요한 요건으로 간주되었다. 예를 들어, 20세기 초 스웨덴·노르웨이·러시아의 외교 정책 결정자들은 북극권에 위치한 스발바르제도에서 석탄 채굴 사업을 적극 지원했다. 이들은 이를 통해 스발바르의 법적 지위를 둘러싼 국제 협상에서 자국의 입지를 강화하려 했다.[27] 오늘날에도 이와 유사한 사례가 존재한다. 영국 정부가 포클랜드제도 인근 해역에서 석유와 천연가스 탐사·개발을 승인하고 지원한 결정도 이 같은 맥락에서 이해할 수 있다. 포클랜드제도에 대한 영유권을 주장하는 아르헨티나와의 분쟁 속에서, 에너지 개발을 통해 영국이 해당 지역에 대한 통제력을 강화하고 국제적으로 정당성을 확보하려 한다는 분석이 가능하다.

이와 유사하게 북극해, 동중국해, 남중국해 등에서 해양 경계를 둘러싼 분쟁과 해양 에너지 자원에 대한 배타적 권리를 둘러싼 갈등은 외교 정책과 밀접하게 연관되어 있다. 다만, 이 경우 해양 에너지 자원이 실제로 외교 정책 수단으로 동원된 것인지, 아니면 에너지 자원 자체가 분쟁의 핵심인지 분명하지 않은 경우가 많다. 북극해에서 러시아가 벌이는 국가 주도 활동이 대표적인 사례다. 한편으로는 이러한 활동이 러시아가 해당 지역에서 정치적·군사적 우위를 확보하려는 크렘린의 전략적 노력으로 해석될 수 있다. 동시에, 러시아 내륙의 유전과 가스전이 급속히 고갈되는 상황에서 연료 수출을 유지하기 위한 추가 자원 확보라는 실질적인 필요성도 반영하고 있다. 가스프롬과 로스네프트(Rosneft) 같은 국영 에너지 기업들은 북극 탐사에 대한 실질적인 투자에 소극적인 태도를 보였으며, 그 이유로 막대한 기술적·경제적 난제를 들었다. 그러나 이러한 태도는 사실상 정부로부터 탐사 및 개발 보조금을 확보하려는 전략적 행보일 수도 있으며, 실제로는 북극 탐사에 대한 기대가 클 가능성도 있다. 결과적으로 북극 탐사는 주로 크렘린 주도로 추진되는 것으로 보인다. 크렘린은 이 지역의 전략적 중요성을 고려할 뿐만 아니라, 북극 지역 에너지 개발이라는 도전적인 과업을 통해 러시아가 상실한 초강대국 지위를 보상하려는 목적도 가지고 있다. 2007년 8월, 러시아가 북극해 해저에 자국 국기를 꽂은 사건은 이러한 의도를 상징적으로 보여주는 사례라 할 수 있다.

소유권과 통제권의 조작

에너지를 둘러싼 외교 정책에서 소유권과 통제권은 핵심적인 주제다. 특히 외국 자본이 자국의 에너지 시스템을 소유하는 문제는 오랫동안 논란이 되어 왔다. 이는 단순한 경제적 문제가 아니라, 외국 정부의 전략과 연계될 가능성이 있다는 인식 때문이었다. 심지어 외국 투자자가 민간 기업이라 하더라도, 외국 정부의 개입 가능성은 항상 의심받았다. 에너지 부문에 투자하는 외국 기업은 언제든 민족주의 정서나 반(反)외세 정서가 격화될 가능성을 염두에 두어야 한다. 상황이 심각해지면 투자 자산을 겨냥한 사보타주가 일어나기도 하며, 심지어 몰수될 위험도 있다. 이러한 일들은 20세기 중반 탈식민지화의 절정기에 오일 메이저들이 경험했던 것으로 당시 멕시코에서 리비아에 이르기까지 개발 도상국 석유 산업 전반에 걸쳐 국유화 바람이 불었다. 좀 더 최근에는 2012년, 아르헨티나 대통령 크리스티나 페르난데스(Cristina Fernandez)가 스페인의 석유·가스 회사 렙솔(Repsol)이 지배하던 아르헨티나 대표 석유기업 YPF를 (재)국유화하면서 비슷한 사례가 발생했다.

외국 기업의 인수 시도에 정치적 의도가 깔려 있다는 의심은 종종 해외 투자의 성사를 막기도 한다. 2005년 미국에서 벌어진 유노칼(Unocal) 사건이 대표적이다. 유노칼은 1890년에 설립된 미국의 석유·가스 기업이었다. 2000년대 초반, 이 회사가 매물로 나올 것이라는 전망이 점점 뚜렷해졌다. 누가 이를 인수할 것인가? 미국의 석유 메이저 기업 중 하나이자, 미국 내 두 번째로 큰 석유 기업인 셰브론이 가장 유력한 후보였다. 셰브론은 165억 달러라는 매우 경쟁력 있는 입찰가를 제시하며 다른 경쟁자들을 앞섰다. 그러나 예상치 못한 새로운 경쟁자가 등장했다. 바로 중국 국영 석유기업 CNOOC(중국해양석유총공사)였다. CNOOC는 유노칼을 인수하기 위해 185억 달러를 제시했다. 이는 미국 기업 인수를 위한 중국 기업의 사상 최대 입찰가였다. 이에 미국 내에서는 강한 반발이 일어났다. 반대측은 국가 안보 문제를 제기하며, CNOOC가 중국 정부의 통제 아래 있는 국영 기업이라는 점을 지적했다. 비판론자들은 CNOOC의 인수가 단순한 경제적 목적이 아니라, 중국 정부가 외교 정책 목표를 달성하기 위한 전략적 행보일 가능성을 제기했다. 유노칼이 중국 기업의 손에 들어간다면, 이는 미국 내 '트로이 목마'가 될 것이며, 잠재적으로 미국에 큰 위협이 될 것이라는 주장이었다. 결국, 이 거래는 무산되었다. 유노칼의 경영진, 워싱턴 로비스트, 공화당 정치인들이 연합하여 CNOOC의 인수를 차단하는 법안을 통과시켰기 때문이다.[28]

한편 중국은 아프리카에서 좀더 많은 성공을 거두었다. 앞서 살펴본 바와 같이, 중국 국영 기업들이 앙골라와 수단 같은 국가들에 대규모 투자를 진행한 것은 중국의 원유 수입 의존도를 낮추려는 전략의 일환이었다. 그러나 중국 정부와 공산당은 이러한 투자를 단순한 에너지 안보 문제로만 보지 않았다. 오히려 아프리카에서의 투자를 외교적 기회로 활용하고 있다. 중국은 이를 통해 아프리카 각국 정부와 긴밀한 외교 관계를 구축하고, 중국식 사회·경제 발전 모델을 확산하며, 나아가 아프리카의 정치적 미래에 영향을 미치고자 한다.

러시아의 국영 가스 기업 가스프롬은 유럽에서 여러 건의 중요한 해외 인수를 진행했다. 가스프롬은 자사 고객 국가뿐만 아니라 러시아산 가스가 통과하는 국가에서도 입지를 강화하려는 의지를 강하게 드러냈다. 예를 들어, 현재 가스프롬은 벨라루스와 아르메니아의 가스 수송 인프라를 소유하고 있으며, 독일의 가스 유통업체인 윙가스(Wingas)도 보유하고 있다. 또한, 세르비아, 몰도바, 헝가리, 라트비아, 에스토니아, 핀란드 등 여러 국가의 주요 가스 회사에 대해 25~50%의 지분을 확보하고 있다.[29] 가스프롬은 이러한 해외 투자가 순전히 사업 전략적인 이유에서 이루어진 것이라고 주장한다. 세계 각국의 에너지 생산업체들이 한 세기 이상 해온 것처럼, 단순히 다운스트림(에너지 유통 및 판매 부문) 통합을 추구하는 것일 뿐이라는 입장이다. 회사 경영진은 이러한 활동이 러시아의 외교 정책과는 무관하다고 강조한다. 그러나 해당 국가들에서는 가스프롬의 인수에 대해 당혹스러움과 불만이 표출되곤 했다. 소유권 변경을 승인한 정치인들은 종종 뇌물을 받았거나, 러시아 측 핵심 경영진 및 의사결정권자들과 개인적인 친분을 이유로 편파적인 결정을 내렸다는 의혹을 받았다. 많은 전문가들은 가스프롬의 이러한 행보를 크렘린이 회사를 외교적 도구로 활용하려는 시도로 해석하고 있다.

소국들도 에너지 기업의 해외 인수에 적극적이었다. 예를 들어, 스웨덴의 수도 스톡홀름의 전력 및 지역 난방 시스템은 현재 핀란드 국영 기업인 포르툼(Fortum)의 통제하에 있다. 이로 인해 스웨덴 정부청사의 난방과 전력 공급이 핀란드의 결정에 좌우되는 상황이 되었다. 포르툼은 또한 스웨덴의 여러 원자력 발전소에도 주요 지분을 보유하고 있다. 한편 스웨덴 정부도 국영 에너지 기업인 바텐팔을 통해 독일의 주요 도시 전력망을 장악하고 있다. 바텐팔은 독일의 함부르크와 베를린을 비롯해, 과거 동독 지역의 대부분의 전력 시스템을 소유하고 있다. 독일 내 바텐팔의 확장을 두고, 1618~48년의 30년 전쟁 당시 스웨덴 국왕 구스타브 아돌프(Gustavus Adolphus)가 독일에서 펼친 군사적 침공과 비교하는 시각도 있다. 당시 스웨덴 국왕은 독일을 가톨릭으로부터 해방시킨 인물로 평가를 받기도 했는데, 오늘날 스웨덴 녹색당은 정부가 바텐팔의 영향력을 활용해 독일을 화석연료로부터 해방시켜야 한다고 주장하고 있다.[30]

담론 조작

정보화 시대에서 정치적 영향력을 결정하는 것은 정부가 무엇을 하느냐 뿐만 아니라 무엇을 말하고, 어떻게 말하느냐도 포함된다. 에너지 지정학도 예외가 아니다. 에너지에 관한 담론은 외교 정책 결정자들에게 강력한 도구가 될 수 있다.

대부분의 국제 에너지 관계는 외교 정책과 직접적인 연관성이 크지 않으며, 따라서 대중적인 논쟁으로 이어지는 경우가 드물다. 에너지와 관련된 대부분의 갈등과 위기는 정치적 논쟁보다는 계약 조항의 해석 차이, 국제 에너지 무역에서의 기술적 문제, 정치적 성격이 없는 시장 경쟁 등에서 비롯된다. 이러한 문제들은 엔지니어, 변호사, 경제학자들 사이에서 논란이 될 수 있지만, 원칙적으로 정치적 개입이 필요한 사안은 아니다.

그러나 외교 정책 결정자들은 때때로 이러한 논쟁을 의도적으로 정치 쟁점화한다. 테러 조직이 자신들이 직접 개입하지 않은 공격에 대해서도 책임을 주장하는 것과 유사하게, 외교 정책 결정자들은 본래 정치적 개입 없이 발생한 국제 에너지 위기, 갈등, 단절 등을 정치적으로 해석하며 자신들의 영향력을 과시한다. 예를 들어, 1980년대 초반 서유럽 여러 국가들은 소련산 천연가스

242

수입 확대를 위한 협상을 진행 중이었다. 그러나 경기 침체로 인해 유럽 내에서는 동유럽산 가스 추가 도입에 대한 관심이 점점 줄어들었고, 1982년 말에는 이탈리아와 프랑스의 가스 기업들이 협상을 일시 중단했다. 이후 1982년 12월, 폴란드에서 민주화 운동인 연대노조(Solidarność; 솔리다르노시치) 운동이 군사적으로 진압되면서 서유럽 전역에서 이에 대한 정치적 항의가 거세졌다. 당시 대부분의 서방 전문가들은 이 사건이 소련의 개입에 의해 발생했다고 판단했다. 이에 따라 서방 정부들은 소련의 행동에 대한 반발로 가스 도입 협상을 정치적 이유로 연기한다고 발표했다. 즉, 본래 경제적 이유로 중단된 협상이 외교 정책적 맥락에서 재해석되었다.[31]

또 다른 사례로, 1970년대 알제리의 LNG 대미 수출을 둘러싼 담론을 들 수 있다. 1973년 아랍 국가들이 석유 수출 금지 조치를 발표했을 당시, 알제리 국영 에너지 기업 소나트랙(Sonatrach)은 LNG 수출 터미널에서 기술적 문제를 겪고 있었다. 이에 대한 해결이 지연되자, 1973년 12월 알제리 에너지부 장관 벨라이드 압데살람(Belaid Abdessalam)은 미국 기자들에게 LNG 공급 문제를 정치적 사안으로 재해석하며, "미국이 아랍-이스라엘 분쟁을 원만히 해결해야 지속적인 LNG 공급이 가능할 것"이라고 말했다.[32] 이는 기술적 요인과 정치적 요인이 혼재된 상황에서 특정한 외교적 이익을 위해 에너지 문제를 재구성하는 전형적인 사례다.

세 번째 사례는 소련 붕괴 이후 러시아와 에스토니아 간의 천연가스 공급을 둘러싼 갈등이다. 1993년 당시, 많은 구 소련 공화국들은 러시아로부터의 가스 공급 대금을 지불할 능력이 없었고, 가스프롬은 대금 회수가 어려워 심각한 재정 위기에 처해 있었다. 미납 채무가 급증하는 상황에서 러시아와 에스토니아 간 외교적 위기가 겹쳤다. 에스토니아 정부가 제정한 새로운 시민권 법이 자국 내 러시아계 주민들에게 불리하게 작용한다는 이유로 러시아가 강하게 반발했고, 이 과정에서 에스토니아에 대한 가스 공급 중단이 이루어졌다. 그러나 같은 시기 리투아니아를 비롯한 다른 구 소련 공화국들도 비슷한 공급 차단을 경험했다. 리투아니아 정부는 반(反)러시아 성격의 법을 제정한 적이 없었지만, 가스 채무 규모가 에스토니아보다 훨씬 컸다. 이를 고려하면, 에스토니아에 대한 가스 공급 중단은 시민권 법과 무관하게 발생했을 가능성이 크지만, 러시아는 가스 대금 채무 문제를 외교 정책 차원에서 활용하려 했던 것으로 보인다.[33]

물론 담론 조작이 긍정적인 형태로 진행될 수도 있음을 기억해야 한다. 정부들은 정치적 목적이 없던 국제 에너지 프로젝트를 외교적 성과로 포장하며 홍보하기도 한다. 여러 국가의 정상들은 국경을 가로지르는 하천의 수력 발전소, 석유 및 천연가스 파이프라인 구축, 국경 인근 해상 풍력 발전소 등의 개통식에 참석하며, 이러한 프로젝트를 국제 협력의 상징으로 설명한다. 실제로 정부가 프로젝트 개발에 미미한 역할만 했더라도 이를 외교적 성과로 강조하는 경우가 많다.

게다가 많은 국가에서 재생에너지 투자는 정부가 환경 책임과 기술 혁신을 강조하는 수사적 도구로 활용되고 있다. 이러한 투자의 주요 목적은 국제적으로 긍정적인 평판을 구축해 외국 자본을 유치하고, 더 나아가 국가의 위상을 높이는 데 있다. 독일의 유명한 에네르기벤데(Energiewende)가 대표적인 사례다. 대규모 풍력 및 태양광에너지 투자는 독일의 국제적 명성을 에너지 분야를 넘어 전반적으로 끌어올리는 데 기여했다. 독일 정치인들은 이러한 긍정적인 담론이 절실한 상황인데, 이는 세계 여러 지역에서 여전히 독일을 어둡고 폭력적인 과거와 결부시켜 인식하기 때문이다.

에너지 무기: 실재와 인식

어떤 국가가 '에너지 무기'를 보유하고 있는지, 그리고 실제로 이를 외교적으로 활용하는지는 종종 논쟁의 대상이 된다. 이해관계자와 전문가들은 일반적으로 이에 대해 서로 다른 해석을 내놓으며, 대외 에너지 공급의 갑작스러운 중단, 가격 충격, 또는 새로운 국제 에너지 프로젝트에서 외국 파트너의 비협조와 같은 핵심 사건과 외교 정책 간의 인과관계에 대해 상이한 결론을 도출한다. 타국 정부의 진짜 의도는 종종 불분명하며, 설령 실제로 에너지를 외교적 수단으로 사용하려 한다 해도 이를 공개적으로 인정하지 않는 경우가 태반이다. 반대로, 정부가 에너지를 외교적 도구로 활용하겠다고 공표하더라도 실제 동기는 정치적 목적과 무관할 수도 있다. 또한 정치적, 경제적 동기가 결합되거나 교차하는 경우도 흔하기 때문에 특정 에너지 프로젝트에서 외교적 요소를 명확히 구분하는 것이 어려운 경우가 많다.

분석적으로 보면, '에너지 무기'는 사람들이 그것의 존재를 믿는 한에서만 존재하는 것으로 생각되기 쉬우며, 객관적 현실보다 그러한 '인식'을 중심에 두는 것이 더 중요하다. 예를 들어, 러시아의 천연가스가 실제로 '에너지 무기'로 기능했는지 여부와 상관없이, 관련된 행위자들은 그것이 존재한다고 받아들이면서 입장을 정해야 했다. 중요한 점은 러시아의 '에너지 무기'가 실재하든 상상된 것이든, 서유럽의 지하 가스 저장 시설 확충, 대체 가스 공급업체와의 연결 파이프라인 건설, 그리고 전반적인 공급 다변화 전략에 매우 구체적인 영향을 미쳤다는 점이다. 1970년 무렵 동서 간 가스 교역이 시작될 당시, 서유럽 국가들은 모스크바의 의도에 대해 강한 의구심을 가졌으며, 모든 수입국들은 소련과의 협상 및 가스 수입 인프라 건설 과정에서 정치적 동기에 따른 공급 차단과 공격적인 가격 덤핑의 위험을 현실적인 위협으로 간주했다. 이에 따라, 소련의 예상치 못한 조치로 인한 피해를 최소화하기 위해 막대한 기술적 투자가 이루어졌다. 결국 소련의 '가스 무기'가 실제로 존재했는지 여부와 관계없이, 그것이 '사회적으로 구성된 현실'이라는 점에서 유럽 가스 시스템의 물리적 특성에 분명한 영향을 미쳤다.[34]

중국의 희토류 독점과 관련된 사례에서도 같은 논리가 적용된다. 희토류는 재생에너지 시스템을 확대하는 데 필수적인 원자재로, 중국이 이를 무기화할 가능성에 대한 논란이 지속되고 있다. 2010년 가을, 센카쿠열도(중국명: 댜오위다오) 인근 해상에서 중국 어선과 일본 해안경비대 선박이 충돌하는 사건이 발생했다. 일본은 이에 충격을 받고 중국 어선 선장을 체포했고, 이는 양국 간 외교적 긴장으로 이어졌다. 얼마 지나지 않아, 중국은 희토류 수출량을 40% 삭감한다고 발표했다. 세계 시장에서 희토류 가격이 급등했으며, 중국산 희토류에 대한 의존도가 높았던 일본이 가장 큰 타격을 입었다. 대부분의 일본 및 서방 전문가들은 이를 '중국이 희토류를 정치적 무기로 활용한 사례'로 해석했다. 반면, 베이징 정부는 이 같은 해석을 강하게 부인했다. 중국 정부는 급증하는 국내 수요와 환경 보호를 위한 생산 감축이 원인이라고 주장했다. 그러나 중요한 점은, 중국이 실제로 희토류 무기를 사용했는지 여부가 아니라, 세계가 그렇게 인식했다는 사실이다. 희토류 전문가인 한나 빅스트룀(Hanna Vikström)은 이 사건 이후 일본 정부와 기업이 보인 반응을 다음과 같이 설명한다. "일본은 희토류의 미래 공급 불안을 우려하여 희토류 비축을 시작했고, 다른 금속으로의 대체 연구를 진행했다. 일본 정부는 베트남 및 몽골과 공급망 구축을 비롯해 새로운 생산 시설 등에 대해 논의했으며, 도요타와 히타치와 같은 대기업들은 제품에서 희토류를 제거하는 기술을 개발하려 했다. 심지어 일본 정부는 심해 광물 채굴 가능성을 연구하기 시작했으며, 이를 자신들이 통제할 수 있는 미개척 자원으로 간주했다."

미국 정부도 비슷한 방식으로 대응했다. 미국 에너지부(Department of Energy)는 국내 희토류 생산을 확대하고, 대체 물질을 찾으며, 희토류를 보다 효율적으로 활용하는 전략을 수립했다. 또한 미국 국방부는 미군의 희토류 의존도를 전면적으로 조사하는 연구를 시작했다.[35]

전유(Appropriation)

역사적으로 외교 정책이 에너지 국제화의 주요한 동력이 된 경우는 드물다. 일반적으로 공급 안정, 경제적 이익, 환경 문제 등이 더 중요한 요인으로 작용한다. 국제 에너지 사업을 구상하고 주도하는 핵심 세력은 주로 에너지 기업이나 경제, 산업, 외교, 무역, 에너지, 환경 등을 담당하는 정부부처에 속해 있다. 반면 외교부는 대개 국경을 넘나드는 석유·가스 파이프라인, 전력망, 유조선 항로, 국경을 가로지르는 하천의 수력 발전소 같은 사업을 현실적으로 구상하기 어려운 위치에 있다. 이러한 프로젝트는 고도의 전문성과 기술적 역량을 요구하며, 이는 대부분 정부 내 다른 부처나 민간 부문에 집중되어 있다. 외교부가 새로운 에너지 비전을 내놓더라도 에너지 전문가들은 이를 비현실적이거나 순진한 발상이라고 평가절하하는 경우가 많다.

그러나 다른 주체가 먼저 비전을 제시하면 외교부는 이에 관심을 보이며 외교적 관점에서 그 영향을 평가할 수 있다. 긍정적인 평가가 이루어지면, 해당 프로젝트의 적극적인 지지자가 될 수도 있으며, 때로는 정부나 기업 간 협상을 가속하는 데 결정적인 역할을 하기도 한다. 대표적인 사례가 클린턴 행정부의 카스피해 석유·가스 산업에 대한 적극적인 지원이다. 소련 붕괴 직후, 이 지역에 대한 미국의 관심은 미국 대형 석유 기업들이 주도했다. 그중에서도 셰브론이 선두에 섰다. 이 회사는 1990년, 카자흐스탄이 아직 소련의 일부였던 시절부터 사업 기회를 모색하고 있었다. 1991년 카자흐스탄이 독립하자, 셰브론은 누르술탄 나자르바예프(Nursultan Nazarbayev) 정부와 협력하여 카자흐스탄 석유 자원을 개발하기로 합의했고, 이를 세계 시장에 수출하기 위해 카스피해 파이프라인 컨소시엄을 구성했다. 이 파이프라인은 러시아 영토를 지나도록 설계되었다. 이후 엑슨모빌, 코노코필립스 등 다른 미국 기업들도 뒤따라 사업을 확장했다.

이들 기업은 기본적으로 기업가 정신과 이윤 추구를 바탕으로 사업을 전개했다. 하지만 이들의 사업이 빠르게 성장하면서 워싱턴의 주목을 받았고, 미국 정부는 카스피해 석유 산업에서 미국 기업들이 차지하는 역할을 외교 정책 수단으로 활용할 수 있다고 판단했다. 클린턴 행정부는 셰브론과 다른 기업들이 이 지역을 '미래의 러시아 제국주의를 막아낼 전초기지'로 만드는 데 기여할 수 있다고 보았다. 카자흐스탄과 주변 카스피해 연안국들의 새로운 에너지 프로젝트 지원을 통해, 클린턴 행정부는 '신생 카스피 국가들이 새로운 수익원을 창출하는 데 미국 기업들이 도움을 줄 수 있으며, 이를 통해 그들이 모스크바의 정치적·경제적 영향에서 벗어나기'를 기대한 것이다. 이러한 배경에서 미국 정부는 현지 정치인 및 국가 기관과의 관계 구축을 돕기 위해 미국 석유 기업들을 적극적으로 지원했다.[36]

서독의 냉전 시기 소련산 천연가스 수입도 유사한 사례다. 이 프로젝트는 바이에른 주정부와 독일 철강업계가 주도했다. 독일 철강 기업들은 소련에 대규모 고품질 강관을 판매하는 대가로 천연가스를 수입하고자 했다. 독일 연방 경제부도 초기에 협상에 참여했으며, 독일 최대 가스회사 루르가스(Ruhrgas)도 핵심 역할을 했다. 그러나 구체적인 협상이 시작되면서 이 프로젝트는 외교부 장관 빌리 브란트의 관심을 끌었다. 브란트는 천연가스에 대해 잘 알지 못했지만, 공산권 국가들을 대상으로 새로운 서독 외교 정책을 추진하는 과정에 있었다. 그의 정책 기조는 '접근을 통한 변화(Wandel durch Annäherung)', 즉 대화와 협력을 통해 공산권 국가들의 변화를 유도하는 것이었다. 브란트와 그의 측근 에곤 바르(Egon Bahr)는 소련과의 가스 협상이 이 정책을 실행하는 강력한 도구가 될 수 있다고 판단했다. 결과적으로, 원래는 민간 및 다른 정부 각 부처가 주도했던 동서 간 천연가스 교역이 외교 정책 기조에 맞춰 조정되었고, 외교부처가 이를 적극적으로 활용하게 되었다.[37]

기타 행위자들

이 장을 마무리하기 전에, 국가 정부가 아닌 다른 행위자들이 어떻게 국제 에너지 시스템을 정치적으로 활용하려 하는지에 대해 몇 가지 짚고 넘어갈 필요가 있다. 앞서 1960~70년대 바이에른 지역 정치·경제 세력이 북독일과의 경쟁에서 석유·가스 파이프라인을 활용했던 사례를 살펴보았다. 또한 최근에는 시나이사막의 베두인들이 중앙 이집트 정부의 소수민족 차별 정책에 항의하며 이스라엘로 가는 이집트 천연가스 수출을 방해한 바 있다. 분리주의 세력도 에너지를 투쟁 수단으로 자주 이용해 왔다. 특히 아프리카에서 이런 사례가 많다. 2007년, 에티오피아의 오가덴(Ogaden) 민족해방전선은 중국이 운영하는 유전 지대를 습격해 중국인 노동자 9명을 살해하고 6명을 납치했다.[38] 나이지리아에서는 니제르 델타 해방 운동(MEND)이 서방 석유 기업들을 공격해 왔다. 이들은 송유관과 원유 저장 시설을 파괴하고, 석유업계 종사자를 납치하는 방식으로 저항했다. 이들의 근본적인 불만은 쉘과 다른 서방 석유 기업들이 초래한 환경 파괴, 그리고 석유로 벌어들인 막대한 수익이 지역의 빈곤 해소에 전혀 기여하지 않는다는 점에 있다.[39]

국제 테러 조직도 중요한 행위자 범주에 속한다. 이들은 특정 국가의 이익을 대변하지 않지만, 분명한 외교적 목표를 추구하는 경우가 많다. 9·11 테러 이후 미국이 주도한 아프가니스탄과 이라크 침공이 진행되던 시기에, 일부 전문가들은 알카에다가 중동의 주요 석유 시설을 대상으로 대규모 테러 공격을 감행할 가능성을 우려했다. 이러한 공격의 주요 목표는 미국을 중동 지역에서 철수시키려는 정치적 목적을 달성하는 것이었다.[40] 비관적인 시각을 가진 이들은 이슬람 극단주의 조직이 에너지 인프라를 공격하는 것이 불가피하다고 봤다. 이는 세계 주요 이슬람 인구 밀집 지역이 세계 최대 규모의 석유·천연가스 매장지와 상당 부분 겹치기 때문이다. 그러나 일부 전문가들은 알카에다와 다른 이슬람 극단주의 조직이 실제로 에너지 시스템을 주요 목표로 삼을 의도가 크지 않다고 주장한다. 그들은 중동의 석유 인프라가 상징적 타격 목표로서의 가치가 낮다는 점을 지적했다.

9·11 테러 5주년을 맞아, 오사마 빈 라덴의 부하이자 이집트 출신 성직자인 아이만 알자와히리(Ayman al-Zawahiri)는 극단주의자들에게 "이슬람의 적들에게 수익을 안겨주는 기업들의 에너지 인프라를 공격하라."고 촉구했다. 하지만 그로부터 이틀 뒤 예멘에서 발생한 자살 차량 폭탄 공격이 실패로 끝난 것을 제외하면, 아랍-이슬람권에서 이러한 공격이 두드러지게 나타나지는 않았다.[41] 한편, 듀안 채프먼(Duane Chapman)은 중동 석유 시설에 대한 테러가 글로벌 에너지 시장에는 큰 영향을 미치지 않았지만, 2004년 5월 사우디아라비아에서 발생한 석유 회사 직원 숙소 공격과 같은 사례가 이라크 전쟁으로 촉발된 정치적 불확실성을 더욱 심화하는 데 기여했다고 분석했다.[42] 이런 점에서 볼 때, 석유 시설을 겨냥한 테러 행위는 실제로 알카에다의 정치적 목표

를 달성하는 데 기여했다고도 볼 수 있다.

한편, 여러 테러 조직과 무장 단체들은 에너지 자원을 이용해 재정을 마련해 왔다. 그러나 언론 보도에서 과장된 것과 달리, 석유 수익이 테러 조직의 주된 자금원이 되는 경우는 드물다. 실제로, 석유 생산 시설을 운영하는 것은 고도의 기술과 관리 역량을 요구하는 일이기 때문에 반군들이 이를 감당하기 어려운 경우가 많다. 이슬람국가(ISIS)가 점령한 지역의 원유 생산을 분석한 연구에서도, 점령 직후 생산이 사실상 중단된 것으로 나타났다.[43]

더 생각할 거리

- 특정 국가를 선택한 뒤 해당 정부가 외교 정책의 도구로 에너지를 어떻게 활용하는지 분석해 보자.
- 러시아 정부가 에너지를 외교 정책 수단으로 활용한다는 주장을 뒷받침하는 증거와 논거를 수집해 보자. 그런 다음, 러시아의 에너지 수출이 정치적 목적이 아닌 경제적 논리에 의해 주도된다는 반론을 찾아보자. 출처의 신뢰성을 비판적으로 평가하고, 러시아의 에너지 수출이 정치적 요인과 경제적 요인 중 어느 쪽에 더 영향을 받으며 명확한 결론을 내릴 수 있는지 논의해 보자.
- 국제 에너지 흐름과 관련된 경제적·기술적 갈등이 국가 행위자들에 의해 외교 정책의 도구로 활용된 사례를 하나 이상 찾아보자.

6장

에너지 초국가주의

생시몽주의 원칙

에너지가 외교적 수단으로 활용될 수 있다는 생각은 일반적으로 위협, 강고한 권력 투쟁, 폭력, 그리고 악의적 의도가 깔린 맥락에서 논의된다. 이런 시각에서는 에너지의 정치적 가치는 다른 국가의 행위자가 원래 자발적으로 하지 않을 일을 강제로 수행하도록 만드는 데 있다. 이 경우 에너지는 비유적으로 '무기'가 되고, 국제 에너지 무대는 전쟁터로 변한다. 이는 지정학적 맥락에서 에너지를 활용하는 '강경한(hard)' 방식이다.

그러나 에너지는 '유화적인(soft)' 외교 수단으로도 활용되며, 국제 협력을 강화하고, 세계 정치의 안정성과 경제적 번영을 촉진하는 데 동원되기도 한다. 이를 '에너지 초국가주의(energy transnationalism)'라고 부를 수 있으며, 이는 오랜 철학적 전통에 뿌리를 두고 있다. 1814~15년 빈 회의 당시, 혁명 전쟁과 나폴레옹 전쟁의 여파 속 유럽의 평화 질서를 재정립하는 과정에서, 프랑스 철학자 클로드 앙리 드 생시몽(Claude Henri de Saint-Simon)은 초국가적 인프라가 국가 간 상호 의존성을 창출하는 중요한 수단이 될 수 있으며, 이를 통해 미래의 전쟁을 사실상 불가능하게 만들 수 있다고 주장했다. 이 강력한 비전은 이후 다양한 형태로 반복해서 등장했다. 오늘날에도 생시몽주의 원칙(Saint-Simonian imperative), 즉 에너지, 천연자원, 인프라를 동원하여 정치적 통합과 조화를 기반으로 한 평화로운 세계 질서를 구축해야 한다는 사상은 광범위하게 퍼져 있다.[1]

이번 장에서는 외교적 도구로서의 에너지 활용에 있어 '강경한' 방식과 '유화적인' 방식이 어떻게 상호작용해 왔는지를 살펴볼 것이다. 에너지가 '무기'로 사용되는 경우와 생시몽주의 원칙에 따른 초국가적 협력의 사례는 긴밀히 얽혀 있으며, 같은 상황을 다른 시각으로 보면 완전히 상반된 해석이 나올 수 있다. 예를 들어, 러시아의 서유럽으로의 천연가스 수출은 '강경한' 에너지 지정학의 사례로 볼 수 있는가? 이는 정치적 목적에 따라 공급을 중단할 수도 있다는 잠재적 위협을 내포하고 있기 때문이다. 아니면, 동서유럽을 물리적으로 연결하는 복잡한 파이프라인 인프라를 러시아와 유럽의 엔지니어들이 긴밀한 협력 속에서 건설했다는 점에서, 오히려 '유화적인' 에너지 외교의 사례로 봐야 하는가? 또한 EU 내 에너지 협력은 생시몽주의에 입각한 초국가적 협력 사례인가, 아니면 유럽이 새로운 신흥 강대국들과의 경쟁에서 활용하는 '강경한' 무기인가? 이는 결코 명확한 문제가 아니다. 따라서 생시몽주의 원칙에 대응하려는 다양한 시도를 해석할 때 신중한 접근이 필요하다.

유럽 전력 초국가주의의 기원

유럽은 에너지를 '부드러운(soft)' 혹은 '긍정적인(positive)' 외교 도구로 활용하는 가장 흥미로운 지역이다. 19세기에는 생시몽주의 사상에 기반해 대규모 기반 시설이 국제 협력을 촉진하는 강력한 수단으로 여겨졌으며, 이때 주된 관심 대상은 수로와 철도였다. 20세기에 접어들면서 에너지가 점점 더 중요한 역할을 하게 되었고, 특히 전력망이 주목받기 시작했다. 전력 초국가주의는 제1, 2차 세계대전 사이에 본격적으로 시작되었다. 당시 기술 전문가들은 전력 시스템이 규모를 확대해야 한다는 논의를 진행하고 있었다. 예를 들어, 영국에서는 전시(戰時) 경험을 통해 '전력 풀(power pool)'의 연료 절감 효과가 입증되었다. 전력 풀은 여러 발전소가 공동으로 넓은 지역에 전력을 공급하는 방식으로, 모든 발전기와 전기 기계가 동일한 주파수로 '동기화(synchronous)'될 경우 기술적으로 가능하고 경제적으로도 실현 가능했다. 이러한 동기화 기술의 핵심이었던 교류(AC) 송전 기술은 이미 전쟁 이전에 돌파구를 마련한 상태였다. 1920년대에 들어 유럽 각국 정부는 전력 시스템 구축을 직접 주도하려는 강한 의지를 보였다. 대부분의 정부는 전력 풀의 경제적 이점이 매우 크다는 점을 확인하고, 이를 자국의 영향력을 강화하는 정당한 수단으로 여겼다. 이에 따라 전국적인 전력망 구축 계획을 추진하기 시작했다.

그러나 국가 주도의 전력 시스템 구축 구상은 국제적 연결의 필요성을 강조하는 집단에 의해 도전받았다. 범유럽주의(Pan-European Movement)와 국제연맹의 국제주의 정신에 영감을 받은 이들은, 국경을 초월한 전력 시스템이 유럽 경제를 강화하고, 생시몽주의 전통에 따라 국제 연대를 증진하며 평화를 보장하는 수단이 될 수 있다고 주장했다. 제1차 세계대전 이전에도 몇몇 국경 간 전력 연결이 이루어졌으나, 이는 지역적으로 제한된 중요성을 가질 뿐이었다. 그러나 1930년 전후에는 유럽의 불균형한 에너지 지리와 구조 문제를 기회로 전환하고, 이를 유럽 전체의 이익을 위해 활용하자는 더 야심 찬 구상이 제안되었다. 이러한 결과로 몇 가지 대규모 계획이 등장했다. 영국제도(British Isles)나 북해 연안에서 러시아까지, 그리고 스칸디나비아에서 포르투갈까지 연결되는 범유럽 전력망과 송전망 구축이 제안되었다.

이들 범유럽 전력망 지지자들은 정치적 국경을 초월한 접근 방식을 취했다. 국가 계획자들이 각국의 명확한 전력망 경계를 상정한 '국가 중심의 전력 유럽(Electrical Europe)'을 구상한 반면, 이들은 단일한 유럽 '초고압 광역 전력망(슈퍼그리드)'을 목표로 했다. 이들은 유럽 전역의 불균등한 수력 및 석탄 자원을 효율적으로 활용하기 위해서는 오직 이러한 초고압 광역 전력망만이 합리적인 해결책이 될 수 있다고 주장했다. 특히 독일의 에른스트 쉰홀처(Ernst Schönholzer)와 오스카 올리벤(Oskar Oliven)은 범유럽 교통 및 통신 네트워크 계획에서 영감을 받아, 장거리 송전선을 '국제 전력 고속도로'로 불렀다.[2] 가장 독창적인 범유럽 전력망 구상은 헤르만 죄르겔(Herman Sörgel)의 '아틀란트로파(Atlantropa)' 프로젝트였다. 이 구상의 핵심은 지브롤터해협에 거대한 수력 발전용 댐을 건설하는 것이었다. 그는 이를 통해 유럽과 아프리카를 물리적으로, 그리고 정치적으로 결합할 수 있다고 보았으며, 세계적으로 심화되는 '세 개의 A', 즉 아시아(Asia)와 남북 아메리카(Americas)에 맞서 유럽이 경쟁력을 확보하는 방안으로 제시했다.[3]

이러한 구상들은 실현되지 않았다. 대공황 이후 1930년대 경제 민족주의가 다시 부상하면서 범유럽 전력망 구상은 급속히

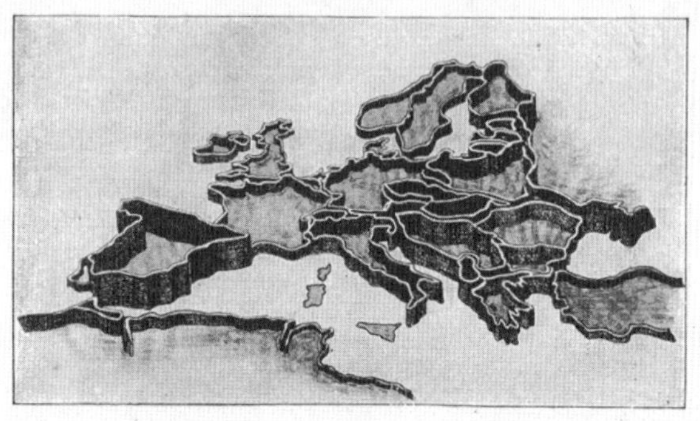

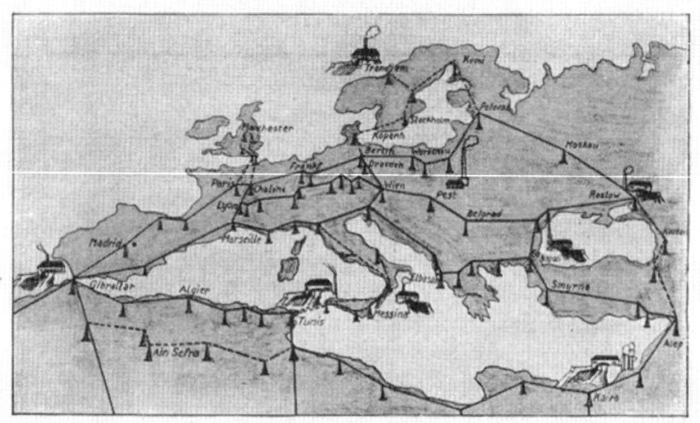

사진: Herman Sörgel, 《Die drei großen 'A'》 91

아틀란트로파(Atlantropa) 구상. 범유럽주의적 사상가들은 전력망을 유럽의 경쟁력을 강화하고, 국경을 초월한 연대를 증진하며, 평화를 확보하는 도구로 인식했다. 이 지도 한 쌍은 헤르만 죄르겔의 급진적인 아틀란트로파 구상을 보여준다. 전력망과 유럽의 정치적 미래 간의 연관성이 이 구상에서 명확히 드러난다. 위의 지도에서 인간은 '포식자'로 묘사되며, 유럽은 개별 감방으로 이루어진 거대한 우리로 명명된다. 통합이라는 '아름다운 아이디어'를 위해 감방을 열려는 자는 다른 이들의 먹잇감이 될 것이라고 경고하고 있다. 아래 지도는 '분리하는 벽' 대신 '연결하는 선로!'를 주장한다. "오직 하나의 거대한 '힘의 네트워크'를 통한 공동의 동시적 연결만이 유럽 연합을 창조한다."라고 설명하고 있다.

쇠퇴했다. 중앙에서 주도하는 다국적 전력 풀에 대한 자금 조달 가능성도 급락했다.[4] 제2차 세계대전 동안 히틀러 정권의 기술자들은 나치 독일이 지배하는 범유럽 전력망을 구축하려 했으나, 일부 소규모 프로젝트를 실현하는 데 그쳤다.[5]

그러나 생시몽주의적 전력망 구상을 제시했던 유럽의 사상가들은 포기하지 않았다. 전쟁 이후 유럽이 자본주의 진영과 공산주의 진영으로 나뉘고 철의 장막이 형성되었음에도, 이들은 여전히 전력 초국가주의를 주장했다. 유엔 유럽경제위원회(UNECE)의 사무총장이었던 군나르 뮈르달(Gunnar Myrdal)은 '정치적 국경과 무관하게 지리적 요인을 고려한 유럽 전력화 계획'을 마련하고자 했다. 그의 기본적인 논리는 에너지 협력이 유럽의 동서 분단을 극복하는 데 기여할 수 있다는 것이었다. UNECE 전력위원회의 위원장이었던 피에르 스미츠(Pierre Smits) 역시 제1, 2차 세계대전 사이에 범유럽 초고압 광역 전력망 구상이 '경제적으로 타당성이 부족한 다소 이상적인 계획'이라고 평가하면서도, 정책 결정자들이 '유럽적 관점에서 사고하는 법'을 배워야 한다고 강조했다. 이러한 구상이 제안한 내용 중 하나는 노르웨이, 오스트리아, 유고슬라비아의 수력 전력을 서유럽으로 대규모로 송전하는 것이었으며, 폴란드와 체코슬로바키아의 화력 발전 전력을 활용하는 방안도 포함되었다.[6]

그러나 이러한 견해는 지정학적으로 볼 때 미국과 소련이라는 두 초강대국에게는 너무 급진적이었다. 두 나라는 국제 협력의 이점을 인정하면서도, 서유럽과 동유럽에 각각 독립적인 전력망을 구축하는 방안을 지지했다. 각 전력망이 강한 국제적 연결성을 가질 수는 있어도, 두 시스템이 상호 의존적으로 연결되는 것은 절대 허용하면 안 된다는 입장이었다. 결과적으로, 철의 장막을 가로지르는 자연 기반의 상호보완성은 활용되지 못했다. 경제성과 효율성은 정치적·군사적·이념적 고려사항에 의해 희생되었다.

이후 유럽의 전력망 확장은 초국가적 통합이라는 비전 아래 진행되었지만, 동시에 워싱턴과 모스크바 간의 대립이 이를 좌우했다. 서방 진영에서는 미국 마셜 플랜의 기획자들, 특히 유럽 부흥 계획(European Recovery Program)의 주요 전력 고문이었던 워커 시슬러(Walker Cisler)가 서유럽 전력망을 긴밀히 통합하는 방안을 추진했다. 서유럽 내 통합 수준은 최대한 높여야 하며, 각국의 개별 이익은 이 과정에서 후순위로 밀려야 한다고 보았다. 따라서 전력망 구축 사업은 '국경을 고려하지 않고' 선택되어야 한다는 원칙이 강조되었다. 그러나 이 구상과 유엔 유럽 경제위원회의 대안적 비전의 차이점은 동유럽을 배제한다는 점이었다.[7]

그러나 시슬러의 제안은 UNECE뿐만 아니라 유럽의 지역 및 국가 전력 회사들의 이해관계와도 충돌했다. 전쟁 중과 전후 기간 동안 유럽 각국 정부는 자국 전력망에 대한 통제권을 강화했으며, 이를 서유럽 초대형 전력망 운영 주체에 넘길 의사가 없었다. 결국, 각국 정부와 전력 기업들은 마셜 플랜의 전력 부문 원조를 대부분 국가별 전력망 구축 및 복구에 집중하도록 유도했고, 국경을 초월한 연결 사업은 각국 전력 회사 간의 개별 협상에 따라 보조적인 역할을 하는 데 그쳤다.

그 결과, 서유럽 전력 통합의 핵심 모델은 개별 국가 또는 지역 단위의 전력망을 중심으로 구축되었으며, 국가 간 연결은 일부 보완적인 역할을 하는 데 그쳤다. 그러나 전력 회사들은 여전히 협력의 필요성을 인식하고 있었다. 모든 국가가 전력 공급의 자급자족을 유지하고자 했지만, 기술자들은 국경 간 연결이 전력망 안정성을 높이고 예비 발전 용량을 절감하는 수단이 될 수 있다고 보았다. 따라서 전력망에 대한 국가주의적 접근과 초국가적 협력이 공존하게 되었으며, 결과적으로 이는 후대에 매우 성공적인 모델로 평가받고 있다. 1951년, 벨기에, 프랑스, 이탈리아, 룩셈부르크, 네덜란드 등 북대서양조약기구(NATO) 소속국과 오스트리아, 스위스의 전력 회사 대표들이 모여 초국가적 전력망 구축 및 운영을 조정하기 위한 비정부 기구를 설립했다. 이 조직은 전력 생산 및 송전 조정 연합(UCPTE, Union for the Coordination of Production and Transmission of Electricity)으로 명명했으며, 1958년에는 UCPTE 관할 지역 전체가 동기화 운영을 시작했다. UCPTE의 전력망은 범유럽 전력망 구상이 포함했던 영토의 일부에 불과했지만, UCPTE는 자신들을 유럽의 대표 전력망으로 내세웠다.[8]

UCPTE는 북유럽 국가들의 전력 회사에도 가입을 제안했다. 그러나 이들 국가들은 서방 진영에 속하고 마셜 플랜의 지원도 받았음에도 불구하고 UCPTE에 참여하지 않기로 결정했다. 대신, 전후 북유럽 협력 강화 흐름에 따라 1963년 UCPTE에 대응하는 북유럽 전력 연합을 설립했다. 그 결과 나타난 북유럽과 서유럽 간의 전력망 분리는 해저 동기식 연계망을 구축하는 데 따르는 기술적 난이도와 높은 비용에서 비롯되었다. 특히, 서덴마크와 동덴마크 간의 장벽이 가장 큰 문제였다. 이에 따라 서덴마크는 북유럽 전력 연합에 가입하는 대신 UCPTE에 연결되었다. 이후 초고압직류송전(HVDC) 기술을 활용한 해저 비동기 연결이 도입되면서 북유럽과 서유럽 전력망 간에 일정 수준의 상호작용이 가능해졌다.[9]

남유럽에서는 스페인과 포르투갈이 독재 정권하에 있었기 때문에 UCPTE 가입 초대를 받지 못했다. 대신, 이베리아반도의 주요 전력 회사들은 자체적인 협력을 추진하며 상호 연결망을 구축했다. 또한, 1962년 스페인, 포르투갈, 프랑스 전력 부문 대표들은 UCPTE를 모델로 삼아 프랑코-이베리아(Franco-Iberian) 전력 연합을 출범시켰다. 2년 후, 오스트리아, 이탈리아, 그리고 공산주의 국가인 유고슬라비아가 협력할 수 있도록 유사한 조직이 설립되었다. 이로 인해 오스트리아와 프랑스는 두 개의 지역 전력 기구에 동시에 참여하게 되었다.[10]

공산주의 동유럽에서는 소련이 추진한 초대형 전력망 구축이 서유럽에서 미국이 주도한 시도보다 더욱 성공적이었다. 나치 독일의 석유 공급원 역할을 했던 에스토니아 소비에트 사회주의 공화국의 대규모 유혈암(oil-shale) 매장지는 1950년대 들어 대형 유혈암 화력 발전소 건설을 통해 새로운 역할을 맡게 되었다. 송전선이 이 화력 발전소를 라트비아 및 카렐리아 지역의 수력 발전소, 그리고 리투아니아, 벨라루스, 칼리닌그라드(과거 독일 도시 쾨니히스베르크)의 화력 발전 시설과 연결했다. 1960년대 중반이 되자 북서부 전력망(North Western Ring)이 구축되었으며, 이 네트워크는 더 이상 전쟁 이전의 정치적 국경을 반영하지 않았다. 초대형 전력망의 통제 센터는 라트비아에 위치했으며, 이곳의 수력 발전 시설이 조정 용량을 활용해 전력망의 균형을 유지하는 역할을 담당했다. 반면, 에스토니아의 화력 발전소는 자체 수요를 훨씬 초과하는 전력을 생산하며 기저부하 공급을 맡았다. 레닌그라드는 이 시스템에서 가장 중요한 소비 중심지였다.[11]

소련 전역에서 이와 유사한 전력 연합이 동쪽과 남쪽으로 확대되었다. 1967년, 브레즈네프 정권하에서 강력한 권한을 지닌 소련 전력화부(Soviet Ministry of Electrification) 장관 표트르 네포로즈니(Piotr Neporozhny)의 지휘 아래 모스크바에 중앙 조정 센터가 설립되었으며, 이를 통해 여러 전력 풀을 동기화해 연결했다. 또한 이들은 서유럽에서는 상상할 수 없을 정도로 전력 풀 간 경계를 무시한 새로운 초고압 송전망을 구축했다. 이를 통해 한 전력 풀에서 다른 전력 풀로 대규모의 전력 '수출'이 가능해졌으며, 이를 활용한 모스크바로의 전력 공급이 특별히 중요하게 여겨졌다.[12]

동유럽과 중앙유럽의 소련 위성국들은 전력 공급 확대를 최우선 과제로 삼았으며, 이를 중공업 발전의 핵심 요소로 인식했다. 이들은 UCPTE에서 영감을 받아 중앙 및 동유럽 전력 연합을 구성하자는 제안을 내놓았다. 공산당 지도자들은 이러한 전력 협력을 사회주의 형제애의 상징으로 여기며 적극적으로 지지했으며, 중앙 기획자들은 이를 개별 국가의 경제 계획을 통합하는 노력의 일환으로 보았다. 협력은 1956년 경제상호원조회의(COMECON)가 전력 교환 및 다뉴브강 수력 발전 활용을 위한 위원회를 설립하면서 시작되었다. 3년 후, 이 조직은 전력 상설 위원회(Standing Commission on Electric Power)로 격상되었으며, 불가리아, 루마니아, 헝가리, 체코슬로바키아, 폴란드, 동독 및 소련 일부 지역의 전력망을 통합하는 역할을 맡았다.

헝가리와 체코슬로바키아를 연결하는 기존 송전선이 이 협력의 기초가 되었다. 1960년, 폴란드와 동독이 체코슬로바키아의 전력망과 연결되었으며, 이를 통해 간접적으로 헝가리의 전력망과도 연계되었다. 1962년에는 헝가리의 전력망이 제1, 2차 세계대전 사이 기간의 유럽 지도에서 동부 폴란드에 해당했던 지역의 전력망과 합쳐졌다. 이 지역은 1944년 소련에 병합되면서 소련 우크라이나의 일부가 되었지만, 당시까지 소련의 나머지 전력망과 완전히 통합되지 않은 상태였다. 따라서 전력망 관점에서 보면, 과거 동부 폴란드 지역은 사실상 소련의 일부가 아니었으며, 전쟁 이전의 정치적 흔적이 여전히 전력망에 남아 있었다. 루마니아와 불가리아는 각각 1963년과 1966년에 COMECON 전력 시스템에 가입했다. 프라하는 COMECON 통합 전력망의 중심지였으며, 이곳에 중앙 조정 센터가 설치되어 다른 공산주의 국가의 발전소와 전력망 운영자들에게 지시사항을 전달했다.[13]

소련 붕괴 이후, 유럽의 초국가적 전력망 체계는 두 가지 중요한 변화를 겪었다. 첫째, 중앙 및 동유럽의 대부분의 구 공산권 국가들은 소련과의 전력망 연결을 끊고, 대신 유럽 전력 생산 및 송전 조정 연합(UCPTE)과 동기화했다. 그 결과, UCPTE의 전력망은 동쪽으로 확장된 반면, 기존에 울란바토르에서 동베를린까지 연결되던 전력망은 축소되었다. 둘째, 서유럽의 UCPTE와 기타 전력 연합들이 반세기 동안 지배적이었던 체제가 EU의 개입으로 도전을 받기 시작했다. 1990년대 이후 EU는 유럽 에너지 초국가주의를 주도하는 더욱 강력한 역할을 수행하려 했다. 특히 EU 집행위원회는 전 유럽 차원의 에너지 협력이 필요하다고 주장하며, 이를 이끌 가장 적합한 주체로 자신들을 지목했다. 시장 자유화, 테러 위협, 사이버 공격과 같은 새로운 도전에 대응하려면 EU 차원의 조율이 필수적이라는 논리를 내세웠다. 이에 대해 UCPTE 및 기존의 중규모 지역 전력 협력 기구들은 EU의 개입이 공급 안정성을 강화하기보다 오히려 약화시킬

264

것이라고 반박했다. 이들은 오랜 세월 동안 유럽 전력망 운영에서 쌓아온 권한을 자발적으로 EU에 넘기려 하지 않았다. 그러나 점진적으로 이들 조직은 전략을 변경하여, EU 집행위원회의 개혁을 저지하는 대신 적극적으로 협상하고 영향력을 행사하는 방향으로 전환했다. 결국, 기존의 전력 부문 단체들은 EU 집행위원회의 제안을 받아들여, 유럽 전역을 아우르는 전력 송전망 운영자 연합(ENTSO-E)으로 통합되었다. 이에 따라 2009년 기존의 중규모 지역 전력 협력 기구들은 해체되었다. 또한 천연가스 부문에서도 유사한 조직인 유럽 가스 수송 시스템 운영자 네트워크(ENTSOG)이 결성되었다. 현재, EU가 유럽 에너지 초국가주의를 주도하는 것은 기정사실로 받아들여지고 있다.

유럽 모델의 도입

유럽이 전력을 활용해 초국가적 협력과 국제적 정치 조화를 촉진한 경험이 성공 사례로만 해석되는 것은 아니다. 그러나 세계 여러 지역에서 외교 정책을 담당하는 인사들에게 영감을 주었으며, 초국가적 협력을 강화할 적절한 수단을 모색하는 데 중요한 참고 사례가 되었다. 대표적인 예가 1950~60년대 탈식민화와 함께 구체화되기 시작한 아프리카 경제 및 정치 통합 구상이다. 아프리카 국가들 간 통합의 궁극적인 목표를 둘러싸고 의견이 갈리고, 핵심 사안에서도 정부 간 견해 차이가 컸지만, 대부분의 국가는 기반 인프라 통합이 대륙 전체에 이익이 될 것이라는 데 동의했다.

1963년 출범한 아프리카 통일 기구(OAU)는 초기부터 범아프리카 전기통신 연합, 범아프리카 우편 연합, 아프리카 철도 연합 등 다양한 인프라 관련 기관을 설립했다. 이후 냉전 종식과 남아프리카공화국 아파르트헤이트 체제의 해체를 계기로 전력망이 아프리카 초국가주의를 강화하는 도구로 부상했다. 이 과정에서 대륙 전체를 아우르는 전력망 통합 구상과 지역 중심의 접근법이 함께 등장했다. 후자의 경우 서아프리카 국가 경제 공동체(ECOWAS), 동남아프리카 공동시장(COMESA), 동아프리카 공동체(EAC), 남아프리카 개발 공동체(SADC) 등 지역 단위의 이해관계를 대변하는 기관들이 주도했다.

현재까지 가장 야심 찬 계획은 이집트 카이로에서 남아프리카공화국 케이프타운을, 케냐 몸바사에서 나이지리아 라고스를 연결하는 범아프리카 전력망 구축이다. 이 프로젝트의 지지자들은 이를 '아프리카의 만성적인 에너지 문제를 해결할 궁극적 해법이자 아프리카 협력과 발전의 상징'으로 간주한다. 그러나 지금까지의 노력은 대륙 단위보다는 지역별 전력망 구축에 집중되어 있다. 대표적인 사례로는 1995년 출범한 남아프리카 전력망 연합(SAPP), 2000년 출범한 서아프리카 전력망 연합(WAPP), 2003년 출범한 중앙아프리카 전력망 연합(PEAC), 2005년 출범한 동아프리카 전력망 연합(EAPP) 등이 있다. 2001년 아프리카 연합(AU)으로 개편된 OAU는 장기적으로 이들 지역 전력망을 상호 연결하고 북아프리카 및 중동의 전력망과도 연계하는 구상을 갖고 있다.

아프리카 전력망 통합의 출발점이 된 것은 식민지 시대부터 남아프리카 지역의 잠베지강 수력 발전을 활용하려는 계획이었다. 유럽과 마찬가지로 협력의 초기 동력은 엔지니어와 전력 회사들이 제공했다. 이들은 기술적 문제 발생 시 상호 지원이 가능하고, 광범위한 지역의 에너지 자원을 최적화할 수 있다는 점에서 초국가적 전력망의 이점을 강조했다. 하지만 남아프리카 개발 공동체(SADC) 역시 이 프로젝트에 높은 관심을 보였으며, 이를 회원국 간 국제 협력의 도구로 활용하려 했다. SADC 소속 12개 회원국(남아프리카공화국에서부터 북쪽의 탄자니아와 콩고민주공화국까지)은 이 프로젝트를 에너지 부문을 넘어 다른 분야에서도 통합을 촉진할 본보기로 여겼다.[14]

유럽 모델을 적용하려 한 또 다른 지역은 중남미다. 이 지역에서는 여섯 개국의 전력회사가 협력하여 중남미 전력 연계 시스템(SIEPAC)을 구축했다. 각국 정부도 적극적으로 지원했으며, 스페인 정부와 미주개발은행(IDB)도 프로젝트에 자금을 지원했다. SIEPAC 논의는 1987년에 시작되었으며, 1995년에는 관련 국가들이 실행 계획에 합의했다. 1998년, 참여국들은 중남미 전력 시장 기본 조약을 체결하면서 협력을 본격화했다. 이 프로젝트의 핵심 인프라는 남쪽 파나마에서 북쪽 과테말라까지 연결하는 1,790km 길이의 대규모 고압 송전선으로, 2013년에 완공되었다. 이후 SIEPAC과 멕시코 전력망을 연결하는 송전선이 건설되었으며, 향후 콜롬비아 전력망과도 연결할 계획이 추진되고 있다. SIEPAC은 중남미의 소국들이 협력한 대표적인 사례로 평가되며, 더 나아가 이 지역에서 현대화, 번영, 평화를 상징하는 프로젝트로 자리 잡았다. 이는 특히 최근 수십 년간 중남미 여러 국가들이 극심한 폭력과 경제적 어려움을 겪어온 상황에서 더욱 중요한 의미를 갖는다.[15]

석탄, 석유, 가스: 화석연료 초국가주의

유럽은 전력뿐만 아니라 화석연료 초국가주의에서도 선도적인 역할을 했다. 19세기 유럽에서 최초의 대규모 국제 석탄 시장이 형성되었으며, 영국이 주요 수출국으로 자리 잡고 대부분의 국가가 이 전략적 자원을 수입했다. 정치 지도자들은 이러한 의존 관계에서 비롯될 위험성을 일찍이 인식했다. 이후, 이들은 이러한 상황에서 정치적 기회를 찾기도 했다. 제1차 세계대전은 유럽과 미국이 국제 석탄 협력을 실험해볼 첫 번째 계기가 되었다. 그러나 진정한 돌파구는 제2차 세계대전 이후 유럽석탄철강공동체(ECSC)의 창설을 통해 마련되었다. 전쟁 후, 유럽에서는 에너지 공급 부족이 심각한 문제로 떠올랐다. 이러한 부족 현상은 각국이 석탄과 기타 주요 산업 원자재를 두고 경쟁할 것이라는 우려를 불러일으켰다. 이 같은 상황에서, 서방 연합국은 히틀러 패망 이후 독일 석탄이 타국에도 원활하게 공급될 수 있도록 보장하고자 했다. 이들은 1930년대 보호주의로의 회귀를 원하지 않았다. 1950년 5월, 프랑스 외무장관 로베르 쉬망(Robert Schuman)은 ECSC 설립 구상을 발표하며, 석탄과 철강을 공동으로 관리하는 서유럽 시장을 조성하자고 제안했다. 그러나 그의 관심은 단순히 원자재와 산업 발전에 국한되지 않았다. 그는 이 공동 시장이 정치적 안정과 유럽 내 전쟁 가능성을 낮추는 데 기여할 것이라 기대했다. 그는 생시몽주의 전통을 계승하며 "유럽석탄철강공동체는 전쟁을 단순히 생각할 수 없는 것이 아니라, 물리적으로 불가능한 것으로 만들 것"이라고 주장했다.[16]

이러한 아이디어는 ECSC 구상의 핵심 설계자인 장 모네(Jean

Monnet)와 다양한 학자들에 의해 더욱 발전했다. 핵심 개념은 바로 '초국가적 통합(supranationalism)', 즉 일부 정치적 권한을 '유럽'이라는 상위 수준으로 이양하는 것이었다. 보다 큰 정치적 비전을 가진 몇몇 사람들은 ECSC를 유럽 통합을 위한 첫걸음으로 보았다. 석탄과 철강은 단순한 시작점이었으며, 이 두 가지 원자재를 공동 관리하는 시스템이 유럽 통합을 위한 촉매제가 될 것이라고 보았다. 성공적인 ECSC는 초국가주의 방식이 효과적이라는 것을 입증하며, 이를 계기로 석탄과 철강뿐만 아니라 다른 분야에서도 유럽 통합을 추진할 동력을 제공할 것이라 기대했다.

공동 석탄·철강 시장은 1953년 2월 공식 출범했다. 그러나 결과적으로 ECSC가 유럽의 에너지(및 철강) 공급에서 차지한 비중은 그리 크지 않았다. 그 이유는 단순했다. ECSC가 해결하려 했던 전후 석탄 부족 문제는 시장의 힘과 기술 발전을 통해 이미 해결되고 있었기 때문이다. 예를 들어, 프랑스가 ECSC 가입을 원한 주된 이유는 독일의 코크스용 석탄을 안정적으로 공급받기 위해서였다. 그러나 1950년대 들어 운송 기술이 발전하면서 미국의 풍부한 코크스용 석탄을 수입하는 것이 경제적으로 가능해졌다.[17] 이후, 유럽에는 전세계 각지의 석탄들이 유입되기 시작했다. 전후 유럽에서 문제였던 석탄 공급 부족은 곧 석탄 공급 과잉 문제로 바뀌었다. 20세기 후반 내내 유럽 석탄 산업이 직면한 주요 과제는 유럽이 내부 공급에서 외부 공급으로 전환하는 과정에서 자국의 석탄 산업을 어떻게 질서 있게 축소할 것인가였다. 동시에, 유럽이 석탄에서 석유로 주 연료를 전환하면서 석탄의 전략적 중요성도 빠르게 감소했다. 그럼에도 불구하고 ECSC가 지닌 정치적 의미는 부정할 수 없다. 석탄과 철강은 결국 더 큰 유럽 통합을 위한 발판이 되었고, 1958년 유럽경제공동체(EEC)가 ECSC의 실험을 확장·계승하는 형태로 출범했다. 오늘날, 유럽 통합을 공부하는 고등학생과 대학생들은 서유럽의 경제·정치 통합이 ECSC에서 시작되었음을 필수적으로 배우게 된다. 석탄과 철강의 초국가주의는 결국 정치적으로 통합된 유럽을 형성하는 데 기여한 것으로 평가된다.

반면, 석유의 경우 유럽 내에서 의미 있는 자체 생산량이 거의 없었으며, 루마니아 정도가 예외로 꼽힌다. 또한 석유 산업에서는 ECSC에 대응하는 유사한 형태의 공동체가 등장하지 않았다. 하지만 여러 유럽 국가의 정부와 민간 부문은 대규모 협력을 추진했고, 그 결과 1960~70년대에는 유럽 대륙을 가로지르는 여러 개의 국제 석유 파이프라인이 건설되었다. 유럽 석유 초국가주의의 출발점은 원유 정제였다. 두 차례의 세계대전 사이, 유럽 각국 정부는 자국에서 사용되는 석유를 원유 생산국이 아닌 자국 내에서 정제하도록 적극 장려했다. 일부 국가는 국영 정유회사를 설립하여 식민지에서 원유를 탐사하던 기업과 연계하기도 했다. 1926년 설립된 이탈리아의 아지프와 1927년 설립된 스페인의 캄파스가 대표적인 사례다. 이러한 정책 기조 속에서, 정유 산업은 철저히 국가 중심으로 운영되었다. 정유소는 주로 대형 항구 인근에 세워졌고, 해외에서 수입된 원유가 이곳에서 정제된 후 유조선, 철도, 트럭을 통해 산업 단지, 주유소, 공항 등으로 공급되었다.

그러나 석유에 대한 국가주의적 접근 방식은 곧 초국가적 협력으로 전환되었다. 1950년대 석유 소비가 기하급수적으로 증가하면서, 유럽의 항구에서 내륙 지역까지 철도와 도로를 이용해 정유 제품을 운송하는 방식이 비효율적이라는 문제가 대두되었다. 특히 철도망에 과부하가 걸리면서 대안이 필요해졌다. 이에 따라, 석유 기업과 석유화학 기업, 산업 단체, 지방 정부 등이 협력하여 대형 석유 파이프라인을 건설하기 시작했다. 이러한 파이프라인은 유럽의 주요 산업 중심지와 연결되었으며, 대표적인 노선으로는 마르세유에서 독일 바덴뷔르템베르크로 가는 파이프라인, 로테르담에서 루르 지역으로 이어지는 파이프라인, 제노바에서 잉골슈타트(Ingolstadt)로 연결된 파이프라인, 그리고 트리에스테에서 잉골슈타트와 빈으로 이어지는 파이프라인이 있다.[18]

특히, 독일 남부 바이에른 지역과 정치 지도자 오토 셰들이 수행한 전략은 주목할 만하다. 그는 바이에른을 북독일로부터 경제적으로 독립시키려 했으며, 북아프리카와 중동에서 수입한 석유를 이를 위한 도구로 활용했다. 그러나 바이에른이 독일 북부를 거치지 않고 외국 석유를 들여오기 위해서는 단순히 원유 수출국과 협력하는 것만으로는 부족했다. 이들은 이탈리아, 오스트리아, 스위스와 협력하여 알프스를 가로지르는 석유 파이프라인을 건설했다. 이는 유럽 석유 산업 역사에서 가장 인상적인 프로젝트 중 하나로 평가된다. 이와 유사한 전략을 택한 다른 내륙 지역들도 존재했다. 독일 루트비히스하펜은 강력한 화학기업 BASF가 자리한 곳으로, 석유 공급을 위해 독일 북부의 로테르담이나 함부르크가 아닌 프랑스와의 협력을 선택했다. 동유럽에서도 체코슬로바키아, 헝가리, 폴란드, 동독 등이 서로 협력하며 소련과 연결되었고, 소련의 방대한 석유 자원을 이용할 수 있도록 드루즈바 파이프라인 시스템을 구축했다. 결론적으로 석유 파이프라

우크라이나 서부의 르비우 주 로지르체 마을에 위치한 스트리 강변의 '드루즈바' 송유관 표면(2011년 9월 촬영). 제2차 세계대전 이후 수십 년 동안 석유가 석탄을 대체하며 소련의 주력 에너지원으로 자리 잡았다. 드루즈바(Дружба; 우정) 석유 파이프라인 시스템은 세계 최대 규모로 타타르스탄과 사마라 유전에서 추출된 석유를 동유럽에 위치한 COMECON 회원국의 정유소 및 화학 단지로 공급했다. 소련 지도부는 이러한 대규모 에너지 프로젝트가 공산권 국가들 간의 정치적 결속을 강화하는 데 기여할 것으로 기대했다.

인 건설은 유럽 여러 국가 간 협력의 기반이 되었으며, 이는 역동적인 석유 초국가주의를 형성하는 데 중요한 역할을 했다. 다만, 이러한 협력이 유럽 정치 통합에 실질적인 영향을 미쳤는지에 대해서는 명확한 결론을 내리기 어렵다.[19]

유럽에서 천연가스 초국가주의는 매우 두드러졌으며, 동시에 논란이 많았다. 석탄이나 석유에 비해 천연가스의 국제 거래가 본격화되기까지는 오랜 시간이 걸렸다. 그 이유는 장거리 운송이 훨씬 더 어려웠기 때문이다. 오늘날까지도 천연가스는 전 세계적으로 완전히 통합된 시장을 형성하지 못하고 있다. 아이러니하게도, 유럽에서 천연가스가 본격적으로 연료로 자리 잡은 계기는 유럽의 에너지 독립을 강화하려는 시도였다. 천연가스를 적극 도입한 국가는 대체로 국내에 대규모 석탄 매장지가 없는 지역이었다. 대표적인 예가 프랑스, 이탈리아, 오스트리아, 그리고 독일의 바이에른이었다. 이들은 석탄 수입 의존도를 줄이기 위한 방안으로 천연가스를 적극적으로 장려했다. 초기에는 국내에서 발견된 상당한 양의 천연가스 덕분에 이러한 전략이 가능해 보였다. 그러나 정부와 기업들이 본격적으로 천연가스를 개발하고 보급하자, 사용자들이 급격히 늘어났다. 결과적으로, 국내 가스 공급량이 빠르게 한계에 도달했다. 이때, 유럽 가스 회사들은 전략적 선택의 기로에 놓였다. 첫 번째 선택지는 가스 공급이 부족하다는 사실을 인정하고 사용자들에게 석탄이나 석유로 연료를 전환하라고 통보하는 것이었다. 그러나 이는 소비자들의 반발을 불러올 것이 분명했다. 두 번째 선택지는 해외에서 추가적인 가스 공급원을 찾아 점점 늘어나는 수요를 충족하는 것이었다. 유럽 대부분의 가스 회사들은 두 번째 전략을 선택했다.[20]

하지만 유럽에 필요한 천연가스를 어디에서 공급받을 수 있을까? 초기 논의에서 가장 유력한 후보지는 북아프리카였다. 특히 사하라사막에서 대규모 천연가스 매장지가 발견되면서, 이를 지중해를 가로질러 유럽 대륙으로 운송하는 방안이 큰 관심을 끌었다. 이 전략은 프랑스를 비롯해 바이에른, 이탈리아, 스페인, 오스트리아, 영국 등 여러 나라에서 주목받았다. 여러 유럽 국가들은 장거리 파이프라인을 건설해 북아프리카 가스를 유럽으로 들여오는 구상을 발전시켰다. 이 계획은 당시 유럽이 자신의 식민지 주변부 자원을 활용하려는 시도처럼 보일 수도 있지만, 동시에 여러 유럽 국가들이 협력하는 초국가적 에너지 프로젝트라는 점에서도 주목할 만했다.

그러나 바로 이 시기, 유럽 내에서도 중요한 천연가스 매장지가 추가로 발견되었다. 네덜란드에서 발견된 흐로닝언 천연가스전은 그 규모가 어마어마하여, 네덜란드 자국 내에서만 이 가스를 모두 소비하는 것은 불가능해 보였다. 이에 따라 네덜란드는 벨기에, 프랑스, 독일과 대규모 천연가스 수출 계약을 체결했고, 이 협력은 유럽의 가스 초국가주의의 또 다른 초석이 되었다.[21]

이와 동시에, 소련의 주변부인 북서부 시베리아에서도 훨씬 더 거대한 천연가스전이 발견되었다. 1960년대 초 이곳에서 이루어진 천연가스 발견은 서방 언론의 큰 주목을 받았고, 서유럽의 여러 가스 기업들이 소련산 천연가스 수입 가능성을 검토하기 시작했다. 소련의 정치 및 산업 지도부도 이에 긍정적인 반응을 보였다. 이에 따라, 1970년대부터 서유럽은 필요한 대부분의 천연가스를 사하라사막과 시베리아 툰드라에서 조달했다. 여기에 더해 네덜란드의 흐로닝언 가스전까지 가세하면서, 유럽 내

가스 시장은 매우 경쟁적인 구조를 갖추게 되었다. 사실 유럽 자체에는 천연가스 매장량이 많지 않았으며, 흐로닝언과 프랑스 라크(Lacq) 가스전 정도가 주요 자원으로 꼽혔다. 하지만 이러한 글로벌 경쟁 속에서 유럽의 가스 수입업자들은 다양한 가스 공급처를 확보하여 유리한 가격에 천연가스를 도입할 수 있었다.

특히, 시베리아와 사하라에서 유럽으로 이어지는 장거리 가스 파이프라인은 여러 유럽 국가들이 협력하지 않으면 건설이 불가능했다. 이는 유럽의 가스 초국가주의를 더욱 강화하는 결과를 낳았다. 유럽 각국의 외교 정책 결정자들은 이러한 대형 파이프라인 프로젝트를 적극적으로 지원하고 승인했다. 그들은 천연가스 초국가주의가 정치적으로도 새로운 기회를 창출할 것이라고 판단했다. 특히, 서독의 외무장관이자 후에 총리가 된 빌리 브란트는 서독과 소련 간의 가스 무역이 두 국가 간 신뢰를 구축하는 데 중요한 역할을 할 것이라고 보았다. 브란트는 냉전 시대의 긴장된 독일-소련 관계 속에서, 에너지 교류가 정치적 화해를 위한 중요한 수단이 될 수 있다고 기대했다.[22]

유럽만이 석유와 천연가스 초국가주의가 두드러진 지역은 아니다. 예를 들어, 미국과 캐나다 국경을 따라 조밀한 석유 및 가스 파이프라인 네트워크가 형성되어 있으며, 두 나라 간에 상당한 양의 에너지가 오간다. 이 초국가적 시스템은 미국과 캐나다의 공공 및 민간 부문 행위자들이 긴밀히 협력하도록 만들었으며, 그 결과 두 나라의 전반적인 관계가 더욱 공고해졌다. 현재 캐나다는 미국 에너지 안보의 보증자로 널리 인식되고 있다. 석유뿐만 아니라 천연가스 역시 미국과 멕시코 관계에서 중요한 역할을 하고 있다.

남미 또한 초국가적 에너지 시스템 구축, 특히 천연가스 분야에서의 통합을 정치적 지역 통합과 결합하려는 야심 찬 시도를 거듭했다. 유럽과 북미에서와 마찬가지로, 이러한 발전은 범지역적 기구(ECSC가 석탄을, IAEA가 원자력을 다루는 것처럼)에서 조정한 것이 아니라, 개별 국가 간 양자 협력을 통해 주도되었다. 그러나 미주개발은행(IDB)과 라틴아메리카 에너지 기구(OLADE)와 같은 국제기구들이 자금 지원과 기술 자문을 통해 여러 프로젝트에 관여했다. 남아메리카의 가스 통합에 대한 첫 번째 비전은 1950년대로 거슬러 올라간다. 볼리비아와 아르헨티나를 연결하는 첫 번째 국제 가스 파이프라인이 1972년 가동을 시작했지만, 이후 20년 동안 큰 진전은 없었다. 그러나 1990년대에 접어들면서 지역 인프라 통합이 사회 발전의 강력한 촉진제로 다시 주목받기 시작했다. 이에 따라 여러 국가들은 천연가스를 국내 개발을 강화하고 국제적 정치 관계를 개선하는 수단으로 인식했다.[23]

예를 들어, 칠레의 콘세르타시온(Concertación) 정부는 1991년에 볼리비아 및 아르헨티나와 가스 수입 협상을 시작했다. 이후 5년이 지난 1996년 OLADE 연례 회의에서 볼리비아 대통령 곤살로 산체스 데 로사다(Gonzalo Sánchez de Lozada)는 볼리비아를 남미 남부 원뿔꼴지대(Southern Cone) 천연가스 유통의 중심지로 만들겠다고 선언했다. 한편, 베네수엘라의 사회주의 대통령 우고 차베스(Hugo Chávez, 1999~2013년 재임)는 콜롬비아 및 브라질, 아르헨티나의 방대한 가스 시장에 베네수엘라의 천연가스를 공급하겠다는 구상을 내놓았다. 차베스는 에너지 협력과 정치적 초국가주의 사이의 연관성을 분명히 강조하며, 남미 석유·가스 통합이 '21세기 사회주의' 구축의 핵심 요소라고 주장했다. 또한 그는 장기적으로 베네수엘라 오리노코강(Orinoco River) 유전에서 콜롬비아 태평양 연안 도시 투마코(Tumaco)까지 이어지는 석유 파이프라인을 건설하여, 미국 중심으로 이루어졌던 베네수엘라의 전통적 석유 수출 구조를 아시아 경제권 중심으로 전환할 계획을 세웠다.[24]

이러한 비전이 실제 인프라 건설로 이어진 사례도 있다. 1996년, 아르헨티나와 칠레는 두 나라의 남부 지역을 연결하는 소규모 파이프라인을 건설했다. 그리고 1997년에는 중앙 아르헨티나와 칠레의 수도 산티아고를 연결하는 대규모 파이프라인 프로젝트가 시작되었다. 이후, 양국의 북부 지역을 연결하는 추가 파이프라인도 건설되었다. 1999년, 남미에서 가장 야심 찬 프로젝트로 꼽히는 볼리비아-브라질 가스 파이프라인(3,150km)이 완공되었다. 2002년에는 아르헨티나에서 우루과이의 콜로니아 델 사크라멘토(Colonia del Sacramento)와 몬테비데오(Montevideo)로 연결되는 크루스 델 수르(Cruz del Sur) 파이프라인이 개통되었다. 이 외에도 몇 개의 프로젝트가 성공적으로 마무리되었으며, 21세기 초반까지 남아메리카는 유럽의 성공을 본받아 긴밀한 초국가적 에너지 네트워크를 구축하는 데 상당한 성과를 거둔 것으로 보였다.

그러나 이후 남미에서의 초국가주의적 에너지 협력은 좌초되었다. 볼리비아-브라질 파이프라인이 개통된 직후, 브라질은 국내에서 생산된 가스가 과잉 공급되는 상황에 직면했다. 이로 인해 브라질은 당장 볼리비아산 가스를 필요로 하지 않게 되었고, 볼리비아와의 가스 가격 재협상을 시도하는 협상 카드로 자국의 가스 공급력을 활용했다. 이 같은 움직임은 볼리비아에서 급격한 민족주의적 반발을 초래했다. 결국, 볼리비아를 지역 가스 통합의 중심지로 만들려 했던 곤살로 산체스 데 로사다(Gonzalo Sánchez de Lozada) 대통령은 2003년 폭동으로 축출되었다.[25] 이후 볼리비아는 가스 산업에 대한 투자 유치에 실패했고, 2007년에는 가스 부족 사태에 직면했다. 그 결과, 수출 계약을 모두 이행할 수 없는 상황에 처했고, 브라질과의 계약을 우선적으로 이행하기 위해 아르헨티나로의 공급량을 50% 이상 줄이기로 결정했다. 같은 시기, 경제 위기에 시달리던 아르헨티나는 칠레 및 우루과이에 대한 계약을 이행할 수 없었고, 이로 인해 10년 동안 아르헨티나와 칠레 간 가스 공급이 중단되었다.

이후 남미 국가들은 지역 내 공급망이 수요를 충족하기에는 한계가 있다고 판단하고, 칠레, 브라질, 아르헨티나를 중심으로 해외에서 가스를 수입할 수 있도록 LNG 재기화 터미널을 건설하기 시작했다.[26] 최근에 들어서야 남미의 가스 초국가주의가 다시 활성화되고 있다. 유럽과 마찬가지로 해외에서 수입한 가스를 역내 통합을 촉진하는 요소로 활용하는 방식이 부각되고 있다. 예를 들어, 아르헨티나는 칠레를 경유하여 저렴한 미국산 셰일가스를 수입할 수 있게 되었는데, 이때 사용되는 파이프라인은 원래 가스를 반대 방향으로 보내기 위해 건설된 인프라였다. 반면, 베네수엘라의 가스 수출 잠재력은 차베스 대통령 사망 이후 정치·경제적 붕괴로 인해 앞으로도 상당 기간 동안 실현되기 어려울 것으로 전망된다.[27]

석유와 가스 부문에서 초국가적 협력을 통해 정치적 관계 개선을 도모한 양자 프로젝트는 남미 외에도 존재한다. 이스라엘과 이집트는 천연가스 협력을 오랜 기간 이어왔다. 양국은 공동으로 가스 파이프라인을 건설하고 상호 이익이 되는 에너지 교역을 지속했다. 이는 양국 간 역사적으로 어려웠던 관계와 모순되는 협력 사례로 평가된다. 낙관론자들은 이러한 에너지 프로젝트가 이스라엘과 주변국 간 상호 이익의 네트워크를 구축하고, 천연가스 문제를 넘어선 지역 협력을 촉진하는 계기가 될 것이라고 보고 있다. 다시 말해, 천연가스 협력이 장기적인 정치적 안정으로 이어질 가능성이 있으며, 이를 통해 향후 레반트(Levant) 지역에서 전쟁을 방지하는 역할을 할 수도 있다.[28] 중국과 일본도 유사한 사례다. 1970~80년대 양국 간 협력은 일본의 기술 수출과 중국의 석유 수출이라는 상호 이익이 맞물려 성사되었으며, 이 과정에서 수십 년 전의 전쟁을 공식적으로 종결하는 계기가 마련되었다. 수단과 남수단의 석유 관계는 오랜 정치적 갈등을 해소할 수 있는 잠재력을 가진 사례로 평가된다. 러시아의 북한·남한 천연가스 공급 구상 역시 한반도의 정치적 긴장을 완화하는 수단으로 주목받고 있다.

국경 지역에 위치한 석유 및 가스 매장지는 종종 국제적 갈등 요소로 작용하며, 전략적으로 민감한 문제로 여겨진다. 특히, 해상 국경이 겹치는 지역에서의 석유·가스 매장지 소유권 분쟁이 대표적인 사례다. 그러나 생시몽주의 관점에서 보면, 이러한 분쟁 지역은 오히려 역사적 갈등을 해결하고 협력을 촉진할 기회를 제공할 수 있다. 예를 들어, 오스트리아와 체코슬로바키아 국경을 가로지르는 츠베른도르프-비소카(Zwerndorf-Vysoká) 천연가스전은 냉전 시대에 양국 간 정치적 분위기를 개선하는 데 기여했다.[29] 보다 최근에는, 바렌츠해(Barents Sea)에서 대규모 석유·가스 매장지가 발견되면서 러시아와 노르웨이가 협력하기 시작했다. 양국은 이 해저 자원을 공동으로 탐사·개발하는 데 협력했을 뿐만 아니라, 수십 년 동안 분쟁을 빚었던 해상 국경을 공식적으로 확정하는 계기가 되었다.[30]

원자력 초국가주의

제2차 세계대전 이후, 원자력에너지는 새로운 에너지원으로 떠올랐으며, 이를 활용하려는 시도는 국가적 비전과 초국가적 비전이 복잡하게 얽히는 과정 속에서 전개되었다. 초기에는 핵전쟁에 대한 공포와 함께, 미국이 개발한 혁신적인 신무기가 국가 안보와 생존을 위협할 수 있다는 우려가 컸다. 워싱턴은 중장기적으로 다른 국가들이 핵무기 개발에 필요한 지식을 습득하는 것을 완전히 막을 수 없을 것이라고 예상했다. 이는 미국이 핵 문제에서 국제 협력을 모색하게 된 주요한 동인이 되었다. 미국은 점차 핵분열 기술의 평화적 이용이라는 유인책을 내세워, 다른 정부들이 핵무기 개발 계획을 포기하도록 설득하는 전략을 발전시켜 나갔다.

1945년 12월, 히로시마와 나가사키가 파괴된 지 불과 4개월 후, 미국, 영국, 소련은 원자력에너지 발견과 관련하여 발생하는 문제를 논의하기 위한 국제 원자력 위원회를 설립하기로 합의했다. 이 위원회는 새롭게 출범한 유엔(UN) 산하에 두고, 안전보장이사회의 감독을 받도록 했다. 1년 후, 위원회의 미국 대표였던 버나드 바루크(Bernard Baruch)는 국제원자력개발청(IADA, International Atomic Development Authority) 창설을 제안했다. 이

기관은 세계 안보를 위협할 가능성이 있는 모든 원자력 활동을 관리·통제하는 역할을 맡아야 한다는 것이 핵심이었다. 또한, 국가 간 원자력 정보 교류를 대폭 확대하는 방안도 포함되었다. 그러나 많은 전문가들은 바루크의 계획이 비현실적이며, 위험하거나 불필요하다고 평가했다. 미국 의회는 이 계획에 반대했고, 결국 실현되지 못했다. 대신, 미국은 핵기술을 비밀리에 유지하는 방향으로 정책을 정하고, 세계 우라늄 공급망을 독점하는 전략을 선택했다. 영국, 캐나다와 협력하여 공동 기관을 설립한 미국은, 벨기에령 콩고에서 생산되는 우라늄뿐만 아니라, 남아프리카, 호주, 미국, 캐나다에서 생산될 우라늄도 매입하기로 했다. 이 기관은 몇 년 동안 소련권을 제외한 전 세계 우라늄 생산량 대부분을 확보하는 데 성공했다.[31]

한편, 핵 문제에서 보다 개방적인 접근을 요구하는 세력도 있었다. 과학자와 엔지니어들은 핵물리학 및 화학 분야의 국제적 연구 교류가 계속되어야 한다고 주장했다. 맨해튼 프로젝트에 참여했던 미국 기업들은 핵 기술을 해외에 수출할 수 있어야 한다고 요구했다. 이들 기업은 수출이 허용되지 않을 경우 외국 경쟁 업체에 시장을 빼앗길 수 있다고 우려했다. 특히, 민간 원자력 산업의 성장 가능성이 커지면서 핵 기술 수출 규제 완화 요구가 더욱 강해졌다.

이러한 논의는 1949년 9월, 소련이 예상보다 훨씬 빠르게 첫 핵실험을 성공시키면서 전환점을 맞았다. 미국 전문가들은 소련이 핵무기를 개발하는 데 최소 20년은 걸릴 것이라 예상했으나, 소련은 불과 4년 만에 핵폭탄을 완성했다. 1952년 10월, 영국이 세 번째 핵 보유국이 되면서 핵무기 경쟁은 더욱 가속화되었다.

1953년 12월 8일, 미국 대통령 드와이트 D. 아이젠하워가 뉴욕에서 열린 유엔 총회에서 '평화를 위한 원자력'을 주제로 연설하는 모습. 아이젠하워는 미국, 소련, 그리고 기타 '주요 관련국'이 우라늄을 제공하고 이를 평화적으로 활용할 새로운 유엔 원자력 기구 설립을 제안했다. 대통령 연단에는 (왼쪽부터) 다그 함마르셸드(Dag Hammarskjöld) 유엔 사무총장, 비자야 락쉬미 판디트(Vijaya Lakshmi Pandit) 인도 출신 유엔 총회 의장, 앤드루 코르디어(Andrew Cordier) 유엔 사무총장 특별보좌관이 자리하고 있다.

이런 상황에서, 아이젠하워 미국 대통령은 국제 원자력 협력이 불가피하다는 점을 강조했다. 1953년 12월, 유엔(UN) 연설에서 '평화를 위한 원자력(Atoms for Peace)' 프로그램을 발표하며 국제 원자력기구(IAEA) 창설을 제안했다. 그는 바루크(Baruch)의 구상에서 영감을 받아, IAEA가 전 세계 원자력 규제를 담당하는 역할을 넘어, 우라늄과 기타 핵물질의 흐름을 중앙 집중식으로 관리하는 시스템을 운영해야 한다고 주장했다. 이 계획도 실현되지는 않았지만, 1957년 공식 출범한 IAEA는 이후 핵연료 농축, 재처리, 방사성 폐기물 처리 등과 관련한 초국가적 협력 모델을 지속적으로 추진해 왔다.

'평화를 위한 원자력' 프로그램은 또 하나의 중요한 요소를 포함하고 있었다. 미국은 다른 국가들에게 연구용 원자로와 핵연료를 제공하겠다고 제안했다. 이에 소련도 같은 방식으로 대응하면서 두 초강대국 간 경쟁이 이 분야에서도 전개되었다. 이러한 흐름은 1955년 8월 제네바에서 열린 제1차 원자력의 평화적 이용을 위한 국제회의를 계기로 더욱 가속화되었다. 1959년까지 미국은 무려 42개국과 원자로 협정을 체결했고, 소련도 공산권 국가를 중심으로 협력을 확대해 1968년까지 26개국과 협정을 맺었다. 이러한 협정들은 단순한 기술 이전을 넘어, 해당 국가들과의 정치적 유대 강화를 위한 강력한 도구로 작용했다. 미국과 소련의 연구용 원자로 제공에는 사용 후 핵연료의 반환 조건이 포함되어 있어, 핵연료 주기의 후반부(back-end) 역시 국제적 차원에서 관리되기 시작했다. 특히 소련은 이후 연구용 원자로뿐만 아니라 대형 상업용 원자로에 대해서도 이와 유사한 방식의 연료 공급 협정을 체결하며 국제적 영향력을 확대했다.[32]

이 시기에는 전 세계 원자력 시스템의 형성 과정에서 몇 가지 다른 초국가적 원자력 이니셔티브도 등장했다. 일부는 국제원자력기구(IAEA)의 체제와 경쟁하거나, 미국과 소련이 핵 문제에서 초강대국 패권을 유지하려는 움직임과 충돌하는 양상을 보이기도 했다. 그중 하나가 유럽원자력공동체(EURATOM)의 창설이었다. EURATOM의 직접적인 배경은 1956년 수에즈 위기로, 이 사건은 유럽이 석유 공급 차단에 얼마나 취약한지를 적나라하게 보여주었다. 이에 따라 대체 에너지원에 대한 관심이 급격히 높아졌고, 과학·산업계에서 원자력을 적극 옹호하던 종사자들은 이를 원자력에너지 투자를 확대할 절호의 기회로 인식했다. 서유럽 정부들도 원자력 공동체를 통해 유럽 내부의 정치적 안정과 협력을 더욱 강화할 수 있다고 판단했다. 1957년 5월 발표된 한 보고서는 유럽석탄철강공동체(ECSC) 회원국들이 협력을 확장해 원자력 부문까지 포함할 것을 권고했다. 보고서는 1967년까지 회원국들이 공동으로 15,000MW 규모의 원자력 발전 용량을 구축할 것을 제안했다. 그해 1월, 유럽 국가들은 EURATOM을 공식 출범시켰으며, 동시에 오늘날 EU의 전신인 유럽경제공동체(EEC)도 설립했다. 미국은 이러한 유럽의 움직임을 위협이자 기회로 인식하고, 유럽과의 협정을 추진했다. 이를 통해 미국은 유럽 원자력 발전소에 필요한 농축 우라늄을 공급하는 역할을 맡으려 했다.[33]

EURATOM 출범과 동시에, 유럽경제협력기구(OEEC, 후일 경제협력개발기구, 약칭 OECD로 발전)도 원자력 문제에서 중요한 역할을 하기 시작했다. 원래 OEEC의 주된 업무는 마셜 플랜을 통해 유럽 전후 복구를 지원하는 것이었으나, 회원국 수가 EEC보다 훨씬 많았던 만큼, 원자력 분야에서도 적극적인 행보를 보였다. 1956년 12월, OEEC 장관회의는 유럽원자력기구(ENEA, 후일 원자력기구, 약칭 NEA로 개편) 창설을 승인했다. ENEA는 유럽 내 원자력 안전 규제 체제를 수립하는 한편, 더욱 야심 찬 계획으로 유럽 공동 사용 후 핵연료 재처리 공장(EUROCHEMIC)을 건설하는 '공동 사업'을 추진했다.[34] 이러한 구상은 기존의 개별 국가 차원의 재처리 공장 건설 계획과는 극명한 대조를 이루었으며, 새롭게 부상하는 원자력 시대 속에서 유럽 정치적 통합의 상징이 되었다. EUROCHEMIC의 첫 번째 시설은 벨기에 몰(Mol)에 건설되었으며, 1960년에 완공되었다. 특히 미국 전문가들이 유럽의 설계 및 건설 과정에서 중요한 역할을 하면서, 이 프로젝트는 단순한 유럽 내부 협력을 넘어 대서양을 가로지르는 협력 관계를 더욱 강화하는 계기가 되었다. ENEA는 또한 1950년대 후반 두 개의 실험적 연구용 원자로 프로젝트를 추가로 추진하며 유럽 원자력 연구 역량을 한층 끌어올렸다.

1960년대에 접어들면서 EURATOM과 ENEA는 점차 동력을 잃기 시작했다. 그 주요 이유는 원자력 발전 프로그램이 점점 개별 국가 중심으로 운영되었기 때문이다. 유럽의 사례를 본떠 다른 지역에서도 유사한 프로젝트를 추진하려 했지만, 성공하지 못했다. 예를 들어 파키스탄 원자력위원회(Pakistan Atomic Energy Commission) 위원장이 제안한 아시아 원자력 공동체(ASIATOM) 구상은 결국 무산되었다.[35]

그럼에도 불구하고 원자력에너지를 정치적 목적으로 활용하려는 시도는 계속 이어졌다. 1960년대 후반, 영국은 우라늄 농축 기술에서의 기술적 우위를 유럽 대륙과의 정치적 관계를 강화하는 수단으로 활용하고, 핵 분야에서 미국에 대한 의존도를 낮추려는 전략을 세웠다. 영국은 초기에 유럽경제공동체(EEC) 가입에 관심을 보였고, 1960년대 들어 경제적 어려움을 겪으면서 그 관심이 더욱 커졌다. 하지만 1967년 프랑스 대통령 샤를 드골이 또다시 영국의 EEC 가입을 거부했다. 이에 영국 정부는 서유럽 대륙국가들과의 관계를 강화할 대안을 모색했고, 그중 하나로 우라늄 농축 기술을 활용하는 방안을 떠올렸다. 영국의 과학자들과 엔지니어들은 가스 원심분리 기술이라는 새로운 농축 기술에서 괄목할 만한 진전을 이루었으며, 이는 당시까지 시장을 지배하던 가스 확산 방식보다 경제성이 뛰어났다고 평가되었다. EEC 가입이 좌절된 후, 영국은 네덜란드와 서독에 이 기술을 공유하겠다는 제안을 하며 새로운 협력 구도를 형성하려 했다. 그때까지 서독은 우라늄 농축 분야에서 프랑스와 협력하고 있었는데, 독일 입장에서는 프랑스가 아프리카의 대규모 우라늄 자원을 장악하고 있어, 프랑스와의 협력이 유리하다고 판단했다. 그러나 영국 정부는 독일을 설득하려 했다. 영국은 프랑스보다 더 나은 대안을 제공할 수 있으며, 자국의 가스 원심분리 기술이 경제적으로도 우수할 뿐만 아니라, 영국 광산 기업들이 상당한 해외 우라늄 자원을 보유하고 있다는 점을 강조했다.

이렇게 해서 영국은 프랑스-독일 간 원자력 개발 협력 관계를 약화시키고, 새로운 유럽 내 정치적 세력 균형을 구축하려는 전략을 추진했다. 당시 영국 기술부 장관이었던 토니 벤(Tony Benn)은 다음과 같이 말했다. "프랑스를 그들의 비효율적인 고비용 원자력 기술과 함께 고립시키고, EEC 6개국 내에서 우리가 지배적인 위치를 차지한다면 이는 강력한 정치적 무기가 될 것이다." 결국 1969년 11월, 영국, 서독, 네덜란드는 공동으로 가스 원심분리 농축 시설을 건설하는 협정을 체결했다. 영국과 독일 국경 근처의 네덜란드 지역에 첫 번째 시설이 세워졌으며, 1980년대에는 독일에도 세 번째 시설이 추가되었다.[36]

원자력에너지 분야에서 나타났던 가장 광범위한 초국가적 협력은 과거 공산권에서 등장했다고 볼 수 있다. 그러나 상당히 비대칭적인 구조로 진행되었고, 소련의 주도적 역할이 절대적이었다. 그럼에도 불구하고 국제적 기술 교류와 협력의 수준은 상당히 높았다. 앞서 언급한 연구용 원자로 건설은 시작에 불과했다. 소련은 아르메니아부터 우크라이나까지 다양한 소련 연방 공화국, 그리고 불가리아, 헝가리, 체코슬로바키아, 폴란드, 동독과 같은 위성 국가들에도 상당한 원자력 공학 역량을 구축하도록 지원했다. 연구용 원자로가 도입된 이후, 본격적인 상업용 원자로가 등장하면서 여러 코메콘 회원국들이 긴밀히 협력해 원자력 발전소를 건설하기 시작했다. 이러한 상업 원자로 건설 계약에는 소련이 농축 우라늄과 연료봉을 공급하고, 사용 후 핵연료를 소련으로 반환하여 재처리하는 방식의 핵연료 공급 체계가 포함되었다.[37]

소련 정부는 원자력에너지를 소련 연방 내 공화국들을 더욱 긴밀히 묶어두는 수단으로 활용했다. 이러한 의도는 소련 내 원자력 발전소의 지리적 배치에서도 분명히 드러난다. 예를 들어, 체르노빌 원자력 발전소는 우크라이나와 벨라루스 국경에 위치했으며, 이그날리나 원자력 발전소는 리투아니아와 러시아, 벨라루스 국경 인근에 세워졌다.[38] 이와 같은 배치는 원자력 인프라가 정치적 통합과 상호 의존을 촉진할 것이라는 전략적 구상의 일부였다. 유고슬라비아 역시 이 같은 경향을 따랐다. 티토 정부는 국가 내 유일한 원자력 발전소를 슬로베니아와 크로아티아 국경에 건설하고, 이를 양 공화국이 공동 관리하도록 결정했다.

에너지 시스템과 제국주의의 잔영

에너지 시스템은 지정학적 혼란 속에서도 정치적 관계를 안정시키는 중요한 역할을 할 수 있다. 예를 들어, 20세기 중반 영국, 프랑스 및 기타 유럽 제국들이 해체되면서 여러 신생 독립국들이 등장하자, 이전의 종주국들은 구 식민지에 대한 정치적·경제적 영향력을 일정 부분 유지할 방법을 모색했다. 이 과정에서 에너지는 유력한 도구로 인식되었다. 프랑스는 1962년 알제리의 공식적인 통제권을 상실했으나, 그 시점에 이미 알제리의 방대한 석유와 천연가스 자원을 개발하기 위한 대규모 사업이 진행 중이었다. 프랑스와 알제리 양측은 독립 이후에도 이러한 에너지 프로젝트에서 협력을 지속할 강한 유인이 있었다. 알제리는 프랑스의 기술과 자본이 필요했고, 프랑스는 사하라 지역의 석유와 가스를 절실히 필요로 했다. 그러나 협력 과정은 순탄치 않았다. 식민 지배가 남긴 상처와 독립 과정에서의 감정적 반감, 폭력적 충돌이 협력을 가로막았다. 이에 따라 알제리 독립 정부는 때때로 프랑스와의 협력을 피하고, 대신 이탈리아, 영국 및 기타 국가들과의 협력을 모색했다. 그럼에도 불구하고 프랑스는 알제리의 대외 관계에서 여전히 독보적인 위치를 차지했고, 알제리의 석유와 가스는 양국 관계를 더욱 긴밀하게 만드는 핵심 요소가 되었다.

프랑스는 사하라 이남 아프리카에서도 유사한 전략을 펼쳤다. 특히 아프리카의 우라늄은 핵의 시대를 맞아 프랑스에 필수적인 전략 자원이 되었다. 프랑스의 구 식민지들은 독립적인 핵연료 공급을 보장하는 역할을 했다. 이에 따라 프랑스 원자력청(CEA, Commissariat à l'Énergie Atomique)은 지질학자들을 파견해 마다가스카르, 가봉, 니제르의 우라늄 자원을 조사했다. 그러나 석유와 마찬가지로, 프랑스는 탈식민화의 격변 속에서 이 사업을 지속하는 데 상당한 어려움을 겪었다. 1960년 니제르 독립 당시 체결된 조약에 따라, 프랑스는 니제르 우라늄에 대한 우선 접근권을 확보했다. 이후 수년간 격렬한 논쟁과 샤를 드골, 조르주 퐁피두 대통령의 반복적인 개입 끝에, 두 개의 프랑스 주도 광산 기업이 니제르 우라늄 산업 개발을 담당하도록 결정되었다. 1970년대 초까지 니제르의 사하라 우라늄 자원은 '프랑스 에너지 성장에 필수불가결한 요소'로 평가되었다. 동시에, 이러한 에너지 협력은 구 식민지 국가들이 파리와의 경제적·정치적 유대에서 벗어나지 못하도록 만들었다.[39]

이와 유사한 사례는 다른 유럽 제국들이 구 식민지와의 관계를 유지하기 위해 에너지를 활용한 방식에서도 찾을 수 있다. 탈식민화 시대는 정치·경제적으로 불안정하고 혼란스러웠지만, 에너지는 협력을 지속할 수 있는 중요한 수단이었다. 이에 대해 비판적인 시각도 존재한다. 일부 연구자들은 서방이 구 식민지 국가들에서 주도한 에너지 자원 개발을 '신식민주의' 혹은 '신제국주의'의 전형적인 사례로 보고 있다.[40] 이들은 서방 강대국들이 정치적 통제력을 행사하지 않게 되었을 뿐, 경제적으로는 여전히 구 식민지에 대한 지배력을 유지하고 있다고 주장한다. 실제로, 이러한 신식민지적 관계가 경제적으로 성공을 거두었다 하더라도, 그 혜택이 모든 사람에게 골고루 돌아간 것은 아니었다. 대부분 특권층이 가장 큰 수혜를 입었으며, 일반 대중은 상대적으로 소외되었다. 그러나 이러한 관계를 긍정적으로 볼 것인지, 부정적으로 해석할 것인지와 무관하게, 한 가지 분명한 사실이 있다. 에너지는 서구 제국주의 세력과 신생 독립국 간의 정치적·경제적 관계를 유지하는 데 있어 중요한 역할을 해왔다는 점이다.

또 하나의 붕괴한 제국은 바로 소련이었다. 그러나 이 경우 상황이 다소 달랐다. 러시아와 다른 소련 공화국들 사이의 에너지 연결망은 지난 반세기 동안 매우 복잡하게 얽혀 있었고, 이미 성숙한 상태였다. 또한, 이러한 시스템은 강한 지속성을 가지고 있었다. 앞서 살펴본 바와 같이, 소련 당국은 소비에트 연방 국가들 간 상호 의존성을 극대화하도록 에너지 시스템을 설계했다. 이러한 점에서 볼 때, 독립한 구 소련 국가들이 서로 협력적인 에너지 관계를 유지하는 것이 논리적이고 합리적인 선택처럼 보였다. 그러나 대다수의 구 소련 국가들은 에너지 부문을 포함한 모든 영역에서 모스크바로부터의 완전한 독립을 원했다.

1991년 8월, 완전한 정치적 독립을 달성한 발트 3국은 곧바로 자국의 전력망을 러시아와 벨라루스의 전력망에서 분리할 가능성을 검토했다. 정치적으로는 이를 실행할 자유가 있었다. 그러나 문제가 있었다. 기존 전력망의 기술적 안정성은 발트 3국, 벨라루스, 그리고 러시아 북서부 지역이 포함된 북서 전력망의 긴밀하게 동기화된 고압 송전망에 기반하고 있었다. 게다가 에스토니아와 리투아니아는 동쪽 이웃 국가들에 전력을 순수출하는 주요 국가들이었다. 따라서 발트 3국이 전력망을 분리하려면 공급 안정성 측면에서 정전과 같은 위험을 감수해야 했으며, 경제적으로도 전력 수출로 인한 수입이 줄어들 수 있었다. 공산주의 붕괴 이후 깊은 경기 침체에 빠진 발트 3국에 전력 수출은 중요한 재정적 버팀목이었다. 이러한 상황에서 발트 3국은 북유럽 국가들에게 접근하여 강력한 북유럽 전력망과의 연결 가능성을 타진했다. 동시에, 당시 서유럽 전력망과의 통합을 모색하고 있던 폴란드와도 연계 방안을 논의했다. 전력망 연결을 지지하는 이들은 이것이 발트 3국의 전력망 안정성을 강화할 뿐만 아니라, 이 지역의 잉여 전력을 수출할 대체 경로를 제공할 것이라고 주장했다.[41]

그렇다면 이러한 계획은 어떻게 진행되었을까? 공산주의 붕괴 후 15년이 지난 2006년, 에스토니아와 핀란드의 전력망 운영사들은 핀란드만을 가로지르는 해저 초고압직류송전(HVDC)을 통해 두 나라의 전력망을 연결하는 데 성공했다. 이후 리투아니아는 폴란드 전력망과 연결되었고, 라트비아 역시 스웨덴의 고압 전력망과 해저 케이블을 통해 연결되었다. 그러나 2007년, EU 가입의 전제 조건으로 리투아니아가 이그날리나의 대형 원자력 발전소를 폐쇄하면서, 그리고 에스토니아의 오염 물질을 다량 방출하는 유혈암(oil shale) 발전이 감소하면서, 발트 3국은 스칸디나비아나 폴란드로 전력을 수출해 큰 수익을 올리는 데 실패했다. 더욱 놀라운 사실은, 소련 붕괴 후 거의 30년이 지난 지금도 발트 3국이 러시아 및 벨라루스 전력망에서 완전히 분리되지 않았다는 점이다. 여전히 소련 시절 구축된 북서 전력망에 동기화된 상태로 남아 있으며, 기본적인 운영 방식도 크게 변하지 않았다. 정치적으로는 2004년부터 발트 3국이 EU와 NATO의 회원국이 되었지만, 전력 부문에서는 여전히 구 소련의 일부로 남아 있

는 셈이다. 즉, 소련이라는 실체는 사라졌지만, 그 유령은 여전히 전력망을 통해 남아 있다.[42]

그렇다면 구 소련 시절의 전력망 연결이 오늘날 긍정적인 영향을 미치고 있을까, 아니면 부정적인 요소로 작용하고 있을까? 서방 전문가들 사이에서는 일반적으로 부정적으로 평가하는 시각이 우세하다. 이들은 이러한 연결망이 러시아에 대한 불필요한 의존성을 초래하며, 러시아가 이를 악용할 가능성이 있다고 주장한다. 특히 천연가스 분야에서 이러한 논의가 두드러진다. 실제로 발트 3국은 여전히 거의 전적으로 러시아산 가스에 의존하고 있다. 그러나 전력 부문에서는 가스보다는 불균형이 덜하다. 발트 3국이 러시아에 의존하는 만큼, 러시아(및 벨라루스)도 발트 3국의 전력망에 의존하고 있다. 더욱이, 북서 전력망의 송전 통제 센터는 러시아가 아니라 라트비아의 수도 리가에 위치해 있다. 따라서 일부에서는 발트 전력망 운영사가 오히려 러시아보다 더 큰 영향력을 행사할 수도 있다고 본다. 예를 들어, 리가의 송전 통제 센터는 국경을 넘는 전력 흐름을 조정하여 상트페테르부르크에서 정전 사태를 유발할 수도 있다. 하지만 이러한 사태는 한 번도 발생한 적이 없다. 오히려, 에스토니아, 라트비아, 리투아니아, 벨라루스, 러시아의 전력망 운영사들은 지금까지도 긴밀한 협력을 이어가고 있다. 역설적이게도 이러한 협력은, 현재 극도로 긴장된 정치적 관계 속에서도 긍정적인 초국가적 협력 사례로 해석될 수도 있다. 생시몽주의에 비추어 볼 때, 구 소련 지역의 전력 협력은 향후 더 우호적인 정치적 미래를 구축할 가능성을 내포하고 있다.

재생에너지 시대의 에너지 초국가주의

생시몽주의 원칙은 재생에너지 시스템 구축에서 어떤 의미를 가지는가? 지금까지 재생에너지 전환은 주로 환경적 기회, 특히 기후변화 대응과 연관되어 논의되어 왔다. 또한, 일부 국가에서는 화석연료 수입 의존도를 줄이는 수단으로도 인식되었다. 이 중 에너지 안보 차원에서 가장 적극적으로 재생에너지 투자를 추진하는 국가는 중국이다.[43] 그러나 에너지 전환과 관련하여 세 번째, 그리고 어쩌면 더욱 숭고한 전망이 존재한다. 재생에너지는 국제 정치적 안정을 강화하고, 지정학적 적대국 간의 신뢰를 구축하며, 불필요한 전쟁을 방지하고, 더 나아가 세계 평화와 조화를 촉진할 가능성을 지닌다는 것이다. 이러한 주장에 다소 순진하고 직관에 반하는 요소가 있다고 느낄 수도 있다. 그러나 이는 재생에너지 시대의 에너지 지정학에서 중요한 요소로 자리 잡고 있다.

예를 들어, 2000년대 초반 국제 바이오연료 무역이 부상했을 때, 남반구에서의 환경적 악영향과 개발도상국 식량 가격에 미치는 영향에 대한 많은 우려가 있었다. 북반구의 농업 로비 단체들은 이 논의에서 적극적인 역할을 하며, 브라질과 같은 국가에서 수입되는 바이오연료가 유럽과 북미의 바이오연료 원료 생산에 대한 불필요한 경쟁 요소로 작용한다고 주장했다. 그러나 일부 전문가들은 남반구에서의 바이오연료 생산과 관련된 환경적, 경제적 문제를 효과적으로 해결할 수 있다고 보았으며, 동시에 바이오연료 초국가주의가 가져올 정치적 기회에 주목했다. 이들의 주장은 명확했다. 바이오연료의 원료 작물 재배는 추운 북반구보다 열대 지역의 생산성이 훨씬 더 높으며, 따라서 북반구의 선진국들이 자국 내 원료 생산을 중심으로 한 보호주의적 바이오연료 정책을 추진하는 것은 경제적, 환경적으로 타당하지 않다는 것이었다. 오히려 남반구에서 북반구로 대규모 바이오연료 무역 체계를 구축한다면 남북 모두에게 이익이 될 것이라는 주장이었다. 이러한 이유로 '남북 바이오 협약(Biopact between North and South)'을 출범시켜야 한다는 제안이 나왔다. 2006년 10월, 국제에너지기구(IEA) 사무총장 클로드 망딜(Claude Mandil)은 "미국과 유럽이 바이오연료를 진지하게 고려한다면, 공급원을 남반구에서 찾아야 한다."고 주장했다. 비슷한 주장을 펼친 존 매튜스(John Mathews)는 다음과 같이 말했다. "남북 바이오 협약은 북반구가 생물다양성을 보호하고 남반구 국가들이 산림파괴를 방지하도록 돕는 실질적이고 강력한 수단이 될 것이다. 이는 현재 실행되고 있는 형식적인 조치들과는 비교할 수 없는 협약으로, 21세기 평화, 안보, 경제 발전을 위한 국제 체제를 형성하는 데 중요한 역할을 할 수 있다."[44]

곧이어, EU 집행위원회와 브라질의 룰라 다 시우바(Lula da Silva) 정부는 바이오연료에 대한 이러한 논의들과, 브라질이 EU의 주요 바이오에탄올 공급국이 될 가능성을 활용하여 전략적 협력 관계를 구축했다. 2007년 7월 개최된 EU-브라질 정상회의에서 양측은 민주주의와 평화, 빈곤, 인권 등 여러 주요 글로벌 이슈에 대해 '입장을 조율'하기로 합의했다. 또한, EU와 남미 공동시장(Mercosur) 간 협정 체결을 위한 논의가 시작되었다.[45]

현대식 초고압 광역 전력망(슈퍼그리드) 구축에 대한 대담한 구상을 떠올려보자. 앞서 언급했듯이, 과학자와 엔지니어, 전력회사는 이를 풍력과 태양광 발전의 간헐적 생산 문제를 해결할 방안으로 제시한다. 반면, 강경한 외교 정책 입안자들은 이 전력망이 새로운 형태의 국가 간 에너지 의존성을 초래할 가능성을 우려한다. 지역 중심의 분산형 전력 시스템을 지지하는 이들은 그 규모가 너무 크다는 이유로 반대한다. 그러나 21세기 생시몽주의자들은 이러한 초대형 전력망을 적극 찬성한다.

EU 집행위원회는 수십 년간 회원국 간의 교역 확대와 상호 의존성 강화를 추진해 왔다. 그러나 20세기에 형성된 국가 중심의 유럽 전력 시스템은 이러한 흐름에 반하는 방식으로 운영되었고, 오늘날까지도 국가 간 전력 교역량은 미미한 수준에 머물러 있다. 초대형 전력망을 구상하는 이들은 이를 근본적으로 변화시킬 수 있다고 주장하며, 이러한 비전은 EU 집행위원회에서도 강력한 지지를 받고 있다. 2009년 12월, EU 전력회사와 9개 유럽 국가의 외교장관들이 집행위원회의 지원을 받아 출범시킨 북해 연안국 초대형 전력망 이니셔티브(North Sea Countries Offshore Grid Initiative) 같은 프로젝트의 목적은, 단순히 EU의 재생에너지 전력 공급을 강화하는 데에만 있지 않다. 여기에는 참가국 간의 관계를 보다 긴밀하게 하려는 정치적 의미가 있다. 특히, 전력 부문뿐만 아니라 전반적인 관계에서 EU와 노르웨이의 협력을 강화하는 수단으로 활용되었다. 또한, 2016년 영국의 EU 탈퇴 결정 이후, 북해 지역 에너지 협력은 EU와 영국이 긴밀한 관계를 유지해야 하는 핵심 분야 중 하나가 되었다.

유럽과 북아프리카 및 중동을 전력망으로 연결하려는 대담한 구상은 생시몽주의 관점에서 더욱 중요한 의미를 갖는다. 지중해를 가로지르는 초대형 전력망은 단순한 기술적·환경적 프로젝트에 그치지 않는다. 이는 전력 공급을 개선하고 탄소 배출을 줄이는 목적을 넘어, 거대한 정치적·문화적 도전이기도 하다. 여기서 초점이 되는 것은 정치적, 경제적, 문화적으로 극명하게 다른 두 지역 간의 관계다. 북아프리카와 중동은 과거 유럽과 튀르키예 제국의 식민지였으며, 이로 인해 부정적인 역사적 유산이 남아 있다. 탈식민화 이후 지중해 남부 국가들에서는 반(反)유럽 정서가 강하게 형성되었고, 유럽에서는 반(反)이슬람 정서가 확산되며 이슬람 극단주의 테러에 대한 두려움이 지속적으로 존재하고 있다. 그렇다면, 재생에너지 초국가주의는 이러한 부정적 흐름을 완화하고 지중해 지역의 전반적인 관계 개선에 기여할 수 있을까? 이 지역의 초대형 광역 전력망을 추진하는 전문가들은 그 가능성을 확신하고 있다.

유럽에서 추진된 초대형 광역 전력망 초국가주의는 이후 아시아를 비롯한 여러 지역에서 유사한 이니셔티브를 촉진하는 계기가 되었다. 예를 들어, 데저텍 프로젝트는 동아시아의 고비텍(Gobitec) 구상에 영감을 주었다. 고비텍은 몽골과 중국에서 생산된 태양광 전력을 동아시아의 주요 소비 거점으로 송전하는 계획을 중심으로 한다. 일본에서는 2011년 후쿠시마 원전 사고 이후 이러한 방향성이 더욱 강화되었다. 일본에서 가장 부유한 인물로 알려진 손정의 소프트뱅크 회장은 도쿄에 재생에너지 연구소(Renewable Energy Institute)를 설립하고, 대대적으로 '아시아 슈퍼그리드(아시아 초고압 광역 전력망)' 개념을 제안했다. 이 프로젝트는 단순히 전력 공급을 개선하고 기후변화에 대응하는 데 그치는 것이 아니라, 일자리 창출과 빈곤 완화를 목표로 한다. 무엇보다도, 손정의는 이 프로젝트가 "제2차 세계대전 이전부터 지속

되어 온 동아시아 국가 간의 적대감을 완화하고 협력을 증진하
는 계기가 될 것"이라고 강조했다.[46]

유엔 또한 초대형 광역 전력망 구상을 적극 지지해 왔다. 유엔
이 전력망 초국가주의를 바라보는 관점은 생시몽주의 전통에 깊
이 뿌리를 두고 있으며, 이는 21세기 에너지 외교에서 희망의 지
정학을 가장 명확하게 보여준다. 이러한 비전은 이 장뿐만 아니
라, 본서 전체를 마무리하는 데도 적절한 결론이 될 것이다.

"두 개 이상의 국가를 연결하는 전력망을 계획하고, 설계하며,
건설하고 운영하는 과정에서는 다양한 형태의 협력이 필요하다.
국가 간의 고위급 정치적 협력이 필수적이지만, 전력망 연계의
또 다른 중요한 효과는 사회적 차원의 협력을 촉진하는 계기가
될 수 있다는 점이다. 전력망 연결이 국가 간 '정치적 다리'를 구
축하거나 강화하는 역할을 한다면, 이를 활용해 스포츠, 교육, 문
화 등의 교류를 활성화하고 사회 간 이해를 증진할 수 있다. 마찬
가지로, 전력 거래 경험을 바탕으로 다른 상품의 교역이 활성화
되면, 상호 연결된 국가의 시민들이 더욱 빈번하게 접촉하게 될
것이다. 또한, 송전선 건설 및 유지보수, 신규 발전소 건설과 같
은 전력망 연계 활동은 계약 방식에 따라 협력국 노동자들이 공
동으로 참여하는 계기가 될 수도 있다. 이처럼 명확한 상호 이익
을 창출하는 프로젝트를 함께 수행하고, 다양한 국적의 사람들이
직접 교류하는 것은 서로 간의 신뢰와 이해를 구축하는 가장 효
과적인 방법 중 하나다."[47]

더 생각할 거리
- 국제 에너지 프로젝트(양자 또는 다자 협력)를 선택하여 지정학적

맥락에서 해당 프로젝트가 ‘강경한’ 혹은 ‘유화적인’ 고려에 의해
주로 추진되는지 논의해 보자.

- 브라질과 마찬가지로 재생 가능 에너지를 전략적 도구로
  활용하여 글로벌 북반구 국가들과 협력을 모색한 글로벌 남반구
  국가들을 찾아볼 수 있는가?

- 최근 아시아 지역에서 초국가적 전력망 구축 구상이 많이
  논의되었다. 그렇다면 천연가스 부문에서 이와 유사한 논의는
  어떠한가? 이 지역의 외교 정책 결정자들은 이 경우 생시몽주의
  원칙에 어떻게 대응했는가? 유럽 및 남미 지역의 천연가스 통합
  사례와 비교했을 때 유사점과 차이점은 무엇인가?

한국 에너지 안보가 나아갈 길

스웨덴 왕립공과대학교의 페르 회그셀리우스(Per Högselius) 교수가 집필한 《에너지 지정학(Energy and Geopolitics)》의 번역을 마치며, 옮긴이로서 이 책이 한국 독자들에게 던지는 묵직한 질문과 깊은 통찰을 다시금 곱씹는다. 어느 겨울 아침, 스웨덴 자신의 집에서 불을 켜는 순간 우리를 둘러싸고 있는 복잡한 국제 송전망과 호주산 우라늄, 발트해의 풍력 터빈까지 생각이 이어지는 장면을 묘사하면서, 저자는 우리가 무심코 사용하는 에너지가 사실은 얼마나 거대하고 치열한 지정학적 상호작용의 산물인지를 생생하게 일깨워 준다.

이 책은 에너지 지정학을 단순히 산유국과 강대국의 석유 패권 다툼으로만 여기던 기존의 협소한 시각에 도전한다. 대신 석탄과 원자력, 신재생에너지를 모두 아우르고, 거대 기업과 국가뿐만 아니라 지역 정부, 환경 단체, 심지어 파업 노동자까지 다양한 행위자들이 얽혀 만들어 내는 복합적이고 '복잡한 혼란'의 장으로 우리를 안내한다. 기술의 발전이 어떻게 지정학의 지형을 바꾸고, 보이지 않는 인프라가 국가들을 어떻게 연결하며, 때로는 긍정적 협력의 도구로, 때로는 날카로운 무기로 변모하는지를 다채로운 역사적 사례를 통해 보여준다.

이 책의 번역은 글로벌 에너지 질서의 거대한 흐름 속에서 '에너지 섬'으로 불리는 대한민국의 현실을 되돌아보고 미래를 모색하는 의미 있는 여정이었다. 에너지의 90% 이상을 수입에 의존하며, 세계에서 가장 예측 불가능한 지정학적 환경에 놓인 우리에게 저자가 주는 통찰은 더욱 절실하게 다가온다. 이 책은 2019년까지의 데이터를 바탕으로 집필되어, 일부 통계와 정치 상황은 한국어판 출간 시점의 상황과 조금 차이가 있는 게 사실이다. 하지만 '에너지 무기화'와 '에너지 전환의 정치학'을 관통하는 저자의 분석 틀은 오늘날의 국제 정세를 이해하는 데 여전히 유효하다. 에너지를 둘러싼 협력과 갈등, 권력 투쟁의 본질을 꿰뚫는 통찰은 지금 우리에게도 시의적절한 길잡이가 되어줄 것이다. '옮긴이 해제'에서는 본서의 분석 틀을 빌려, 한반도를 둘러싼 지정학적 맥락 속에서 한국의 에너지 안보가 나아갈 길을 함께 고민하고자 한다.

'에너지 섬'의 숙명:
한국에 '에너지 지정학'이 왜 중요한가?

본서는 서두에서 "에너지 수요를 자국 내에서 자급자족할 수 있는 국가는 극히 드물며, 대부분의 국가들은 타국에 대한 지속적인 의존 관계를 형성해 왔다."고 단언한다. 이 문장은 한국의 현실을 그 어떤 나라보다 정확하고 아프게 관통한다. 한국은 세계 10위권의 경제 대국이자 반도체, 자동차, 조선 등 제조업 강국으로서 세계 경제의 중심에 서 있지만, 그 심장을 뛰게 하는 동력인 에너지는 거의 전적으로 외부로부터 수혈받고 있다. 저자가 직접 언급하듯, 한국은 일본, 대만, 싱가포르와 함께 에너지 공급을 "거의 전적으로 에너지 수입에 의존하고 있는" 대표적인 국가다. 이러한 압도적인 대외 의존성은 한국 경제의 근본적인 취약성이며, 에너지 공급의 안정성이 곧 국가 경제의 생존과 직결됨을 의미한다.

책에서 일관되게 강조하는 '시스템적 관점'에서 볼 때, 한국의 에너지 의존성은 단순히 연료를 수입하는 통계 수치를 넘어선다. 우리는 원유, 천연가스, 석탄이라는 상품 자체뿐만 아니라, 그 연료를 생산, 정제, 운송하여 우리의 산업 현장과 가정까지 전달하는 거대한 국제적 '시스템'에 의존하고 있다. 대표적인 예가 중동의 호르무즈해협과 동남아의 말라카해협 같은 해상 '조임목(choke point)'이다. 전 세계 석유 물동량의 상당 부분이 이 좁은 해협을 통과하며, 이곳의 정치적 불안정이나 군사적 충돌은 곧바로 한국의 에너지 공급망 전체를 마비시킬 수 있는 잠재적 위험 요소다. 이처럼 우리의 경제와 일상은 수천 킬로미터 떨어진 곳의 지정학적 안정성에 인질처럼 잡혀 있는 셈이다.

더욱이 한반도는 세계에서 가장 복잡하고 첨예한 지정학적 환경에 놓여 있다. 남북 분단이라는 현실, 북한의 핵 문제, 그리고 미·중·일·러 4대 강대국의 이해관계가 날카롭게 교차하는 지정학적 위치는 에너지 안보 문제를 더욱 풀기 어려운 고차방정식으로 만든다. 본서는 "러시아에서 한반도로 연결되는 천연가스 파이프라인이야말로 남북한의 정치적 통합을 촉진할 수 있는 촉매제가 될 수 있지 않을까?"라는 질문을 던진다. 이는 한반도의 에너지 문제가 곧 평화와 통합의 문제와 직결될 수 있음을 보여주는 동시에, 해당 프로젝트가 순수한 경제 논리를 넘어 얼마나 복잡한 정치적, 외교적 계산 속에서 다루어져야 하는지를 명확히 보여주는 대목이다. 이처럼 압도적인 에너지 수입 의존도와 세계에서 가장 민감한 지정학적 환경의 결합이야말로, 우리가 저자의 통찰에 깊이 귀를 기울여야 하는 이유다.

에너지 안보를 위한 제언 ①:
공급망 다변화와 '만들어진' 자립

그렇다면 우리는 무엇을 해야 할까? 본서는 4장에서 에너지 취약성을 관리하기 위한 두 가지 기본 전략으로 '의존도 줄이기'와 '의존도 관리하기'를 제시한다. 이는 한국의 에너지 안보 전략을 수립하는 데에도 유용하게 쓰일 수 있는 분석 틀이다.

첫째, '의존도 줄이기'는 국내 에너지원 개발과 에너지 효율 향상을 통해 이루어진다. 역사적으로 많은 국가가 수입 에너지에 대한 의존을 줄이기 위해 자국 내 자원 개발에 막대한 투자를 했다. 스웨덴의 '백색 석탄(수력 발전)' 개발, 불가리아의 저품질 갈탄을 활용한 에너지 자립 성공 신화, 프랑스의 대대적인 원자력 발전 확대 등이 대표적 사례다. 한국 역시 원자력 발전과 재생에너지 보급을 통해 화석연료 의존도를 낮추려는 노력을 지속하고 있다.

재생에너지로의 전환은 에너지 자립을 향한 중요한 길이지만, 이 책은 그것이 또 다른 형태의 의존성을 낳을 수 있다고 경고한다. 풍력 터빈과 전기차 배터리에 필수적인 희토류, 리튬, 코발트

와 같은 '핵심 광물'에 대한 의존이 그것이다. 이는 화석연료 의존이 광물자원 의존으로 대체되는 것을 의미하며, 특히 희토류 공급을 독점하고 있는 중국의 영향력을 고려할 때 새로운 지정학적 과제를 안겨준다. 따라서 기술 개발을 통해 특정 광물에 대한 의존도를 낮추고, 공급망을 다변화하려는 노력이 반드시 병행되어야 한다.

이 책에서 흥미로운 질문을 던지는 또 하나의 주제는 원자력 발전이다. 저자는 "원자력에너지는 자국산 에너지원인가?"라는 질문을 통해 우라늄 전량을 수입에 의존하는 유럽의 현실을 지적하고, 원자력을 '국내 에너지원'으로 간주하는 EU 통계의 역설을 꼬집는다. 한국 역시 마찬가지다. 실제로 한국의 원자력 발전은 캐나다나 호주에서 채굴된 우라늄 광석을 프랑스나 러시아에서 농축하고, 다시 국내로 들여와 연료봉으로 가공하는 복잡한 국제적 공급망에 의존한다. 이는 마치 핀란드 원전이 캐나다, 프랑스, 소련, 스웨덴을 거쳐 핵연료를 공급받는 것과 같은 복잡한 의존 구조다. 하지만 수년간 사용할 핵연료를 국내에 비축할 수 있다는 점은 다른 어떤 에너지원도 따라올 수 없는 공급 안정성의 강점이다. 한국의 에너지 정책은 이러한 원자력의 양면성을 정확히 인식하고, 신재생에너지 기술 개발과 에너지 효율 개선 노력을 병행하며 사회적 합의를 바탕으로 한 최적의 에너지 믹스를 찾아가야 할 것이다.

둘째, '의존도 관리하기'는 수입선을 다변화하고 전략적 비축을 확대하며, 시스템의 유연성을 확보하는 전략을 포함한다. 저자는 프랑스가 러시아, 알제리, 노르웨이 등 다양한 국가로부터 천연가스를 수입하며 특정 국가에 대한 의존도를 성공적으로 관리한 사례를 소개한다. 한국 또한 LNG 도입선을 다변화하고, 미국산 셰일가스를 도입하는 등 공급망 안정화를 위해 노력하고 있다. 이 책에서 지적하듯이, LNG는 파이프라인 가스에 비해 공급 유연성이 높다는 장점이 있다. 하지만 동시에 장기적으로 안정적인 공급선을 확보하고, 수송로의 안전을 보장해야 하는 과제를 안고 있다.

에너지 안보를 위한 제언 ②:
지정학적 행위자로서의 한국

에너지 안보는 단순히 경제적, 기술적 노력만으로 완성되지 않는다. 지정학적 행위자로서 한국의 주도적인 역할이 필요하다. 본서는 에너지를 외교 정책의 도구로 활용하는 방식을 '강경한' 방식과 '유화적인' 방식으로 나누어 설명한다. 한국은 이 두 가지 측면을 조화롭게 활용하는 지혜를 발휘해야 한다.

'강경한' 측면에서, 우리는 에너지 수송로의 안전을 확보하기 위한 최소한의 역량을 갖출 필요가 있다. 본서는 미국이 '카터 독트린'을 통해 페르시아만 석유의 안정적 수송을 자국의 핵심 이익으로 선언하고 이를 위해 군사력 사용도 불사하겠다는 의지를 천명한 사례나, 이란-이라크 전쟁 당시 유조선을 군사적으로 호위한 사례를 통해 에너지와 군사력의 관계를 보여준다. 한국이 미국과 같은 역할을 할 수는 없겠지만, 우리의 생명선인 해상 수송로의 안정을 위해 국제 사회의 노력에 동참하고 최소한의 방어 역량을 유지하는 것은 선택이 아닌 필수다.

그러나 더 중요한 것은 '유화적인' 방식, 즉 국제 협력을 통한 상호 의존성 구축이다. 본서 6장의 핵심 개념인 '에너지 초국가주의'는 에너지를 전쟁 방지와 국제 협력 촉진의 수단으로 활용하려는 시도를 의미한다. 이는 프랑스 사상가 생시몽의 철학에 뿌리를 두고 있으며, 그는 초국가적 인프라가 국가 간 상호 의존성을 높여 전쟁을 물리적으로 불가능하게 만들 수 있다고 보았다.

이러한 사상은 제2차 세계대전 이후 유럽석탄철강공동체(ECSC) 창설의 밑거름이 되었고, 궁극적으로 유럽연합(EU) 탄생의 기반이 되었다. 과거 전쟁의 원인이었던 석탄과 철강을 공동으로 관리함으로써 상호 의존의 네트워크를 만들고 평화의 기반을 닦은 것이다. '슈망 선언'에서 나타나듯, 그 목표는 전쟁을 '단순히 생각할 수 없는 것이 아니라, 물리적으로 불가능한 것으로 만들자'는 것이었다. 마찬가지로, 유럽의 전력망과 가스 파이프라인 연계 사업 역시 단순한 경제 프로젝트를 넘어, 유럽 국가들을 하나의 공동체로 묶는 정치적 통합의 도구로 기능해 왔다. 이러한 유럽의 경험은 분단과 갈등의 역사를 가진 동북아시아에 중요한 교훈을 준다. 에너지 협력을 통해 경제적 상호 의존도를 높이는 것은, 역내 국가들이 갈등보다는 평화를 선택하도록 만드는 가장 현실적인 평화 구축 방안이 될 수 있다.

동북아 에너지 공동체: 갈등을 넘어 상생으로

이러한 비전을 바탕으로, 우리는 장기적으로 '동북아 에너지 공동체' 구축을 목표로 삼아야 한다. 이는 결코 쉽지 않은 길이다.

남미 국가들이 야심만만히 추진했던 가스 통합 프로젝트가 각국의 이해관계 충돌과 정치적 불안으로 결국 좌초된 사례는 우리에게 많은 것을 시사한다. 하지만 불가능한 꿈은 아니다.

첫째, 한·중·러·일 천연가스 파이프라인 네트워크 연계는 동북아 에너지 공동체의 핵심 프로젝트가 될 수 있다. 현재 한국과 일본은 막대한 양의 LNG를 해상으로 수입하고 있다. 러시아의 풍부한 천연가스를 파이프라인으로 직접 도입할 수 있다면, 이는 경제적으로도 유리할 뿐만 아니라, 참여국 모두의 에너지 안보를 크게 개선할 수 있다. 물론 여기에는 북한 경유 문제와 같은 첨예한 지정학적 난제가 존재한다. 이 책이 지적하듯, 우크라이나나 벨라루스 같은 경유국이 가진 잠재적 영향력은 수출국과 수입국 모두에게 큰 부담이 될 수 있다. 그러나 바로 그 어려움 때문에, 이 프로젝트는 한반도 긴장 완화와 동북아 평화 체제 구축을 위한 강력한 지렛대가 될 수 있다. 상호 의존성이 깊어지면 누구도 쉽게 그 연결을 끊을 수 없기 때문이다.

둘째, '아시아 슈퍼그리드'로 불리는 동북아 광역 전력망 구축 역시 중요한 장기 목표다. 본서는 중국의 국가전력망공사가 제안한 대륙 간 송전망 구상이나, 후쿠시마 원전 사고 이후 일본 소프트뱅크의 손정의 회장이 주창한 '아시아 슈퍼그리드' 개념을 소개한다. 이는 몽골의 풍부한 풍력·태양광 자원과 러시아의 수력 자원, 그리고 한·중·일의 기술력과 자본을 결합하여, 역내 모든 국가가 저렴하고 안정적인 청정에너지를 공유하는 비전이다. 이는 단순히 에너지 협력을 넘어, 기후변화에 공동으로 대응하고 역내 경제 발전을 함께 이끄는 공동운명체를 형성하는 과정이 될 것이다.

　물론 이러한 거대 구상은 수많은 장애물에 직면할 것이다. 깊은 역사적 불신과 영토 분쟁, 상이한 정치 체제는 협력의 큰 걸림돌이다. 그러나 유럽이 두 차례의 세계대전을 겪고도 유럽석탄철강공동체(ECSC)를 통해 통합의 길을 열었듯이, 우리도 할 수 있다. 지금 당장 가시적인 성과를 내기 어렵더라도, 정부와 민간 차원에서 관련국들이 참여하는 상설 협의체를 구성하고, 기술적·경제적 타당성 검토와 신뢰 구축을 위한 노력을 꾸준히 이어가야 한다.

　페르 회그셀리우스의 《에너지 지정학》은 에너지가 단순한 자원이 아니라, 우리의 삶과 세계를 조직하는 근본적인 힘이라는 사실을 일깨운다. 에너지는 분쟁의 원인이 되기도 하지만, 저자가 마지막 장에서 인용한 유엔 보고서의 한 구절처럼, "서로 다른 국적의 사람들이 직접 교류하며 공동의 이익을 위한 프로젝트를 함께 수행하는 것은 신뢰와 이해를 구축하는 가장 효과적인 방법 중 하나"가 될 수 있다.

　에너지의 거의 전부를 해외에 의존하며, 세계 유일의 분단국가라는 지정학적 숙명을 안고 있는 우리에게 이 책은 위기 속에서 기회를 찾으라고 말한다. 에너지 의존이라는 근본적 취약성을, 오히려 주변국과의 평화와 번영을 위한 협력의 동력으로 전환시키는 지혜가 필요하다. 동북아 에너지 공동체라는 담대한 비전을 향한 길은 멀고 험난하겠지만, 그 길 위에서 우리는 비로소 지정학적 격랑을 헤쳐나갈 지속 가능한 항로를 발견하게 될 것이다. 이 책이 그 여정을 시작하는 모든 분들께 깊이 있는 통찰과 영감을 주는 안내서가 되기를 진심으로 바란다.

주

서문

1 예를 들어, 통계 포털 Statista, www.statista.com/statistics/285306/number-of-car-owners-in-china/ 참조.

2 Klare, *The Race for What's Left*.

3 Zimmermann, *World Resources and Industries*, 15쪽.

4 석유의 초기 역사에 대한 자세한 설명은 예를 들어, Black, *Crude Reality*에서 확인할 수 있다.

5 Högselius 외, "Natural Gas in Cold War Europe".

6 Emsley, *Nature's Building Blocks*, 476-482쪽; Hecht, "Colonial Networks of Power", 153-154쪽.

7 사회적 구성의 개념은 다양한 학문 분야에서 사용된다. 이 책에서는 특히 과학기술학(STS)과 기술 역사에서 영감을 얻었으며, Bijker 외, *The Social Construction of Technological Systems* 같은 중요한 저작들뿐만 아니라, 국제관계에서의 코펜하겐 학파와 여러 지리학자의 연구에서 영향을 받았다.

8 자원 상품화의 역사적 과정에 대한 두 가지 유용한 설명은 Black, *Crude Reality*와 Cronon, *Nature's Metropolis*이다.

9 Dodds, *Geopolitics*, 3-4쪽.

10 예를 들어, Högselius 외, *Europe's Infrastructure Transition*, 7-9장 참조.

1장

1 Hughes, *Rescuing Prometheus*, 195-197쪽 참조.

2 Högselius, *Red Gas*, 1장.

3 여기서는 Thomas P. Hughes 및 Arne Kaijser와 같은 학자들에게서 영감을 얻었다. 해당 학자들의 연구는 참고문헌에 수록되어 있다.

4   Cordovil, "De-electrifying the History of Street Lighting"; Del Curto and Landi, "Gas-Light in Italy".

5   Thue, "Connections, Criticality, and Complexity", 223쪽.

6   Högselius 외, *The Making of Europe's Critical Infrastructure* 참조.

7   저자는 현재 유럽연구위원회(European Research Council, ERC)의 지원을 받아 원자력에너지와 수자원 간의 연관성을 연구하는 대규모 프로젝트 NUCLEARWATERS: Putting Water at the Centre of Nuclear Energy History를 주도하고 있다.

8   예: Johnson 및 Shulman, Peter. "Energy (In)security in Poland".

9   예: Vikström 외, "Lithium Availability and Future Production Outlooks".

10   예: Kander 외, *Power to the People*.

11   Radkau, *Wood*.

12   예를 들어, 방글라데시에서 천연가스 시스템 구축이 농업의 '녹색 혁명(Green Revolution)'과 어떻게 맞물렸는지를 분석한 Quader의 연구 참조: Quader, "Natural Gas and the Fertilizer Industry".

13   이는 4장과 6장에서 더 자세히 논의된다.

14   여기서는 주로 Kaijser 외, *Changing Direction*, 89-105쪽을 기반으로 한다.

15   Yergin, *The Prize*, 11쪽부터; Hultgren 및 Olsson, "Uranium Recovery in Sweden".

16   예: Smil, *Energy at the Crossroads*, 1장.

17   네덜란드의 이탄 운송에 대해서는 De Vries, *The European Economy in an Age of Crisis*, 165쪽 참조. 유럽 석탄 운송에서 운하의 역할에 대해서는 Kunz 및 Armstrong, *Inland Navigation*에 수록된 국가별 사례 연구를 참고하라.

18   Tomory, "Building the First Gas Network".

19   예: Wasp, "Progress with Coal Slurry Pipelines".

20   불가리아 사례에 대한 심층 분석은 Tchalakov 외, "Bulgarian Power Relations" 참조.

21   특히 Klare, *Rising Powers, Shrinking Planet* 참조.

22   Högselius, "Spent Nuclear Fuel Policies in Historical Perspective".

23 예: Markusson 외, *The Social Dynamics of Carbon Capture and Storage.*

24 에너지 저장 문제에 대한 훌륭한 개요는 Ausfelder 외, "Energiespeicherung als Element einer sicheren Energieversorgung".

25 Yergin, *The Prize*, 28~30장.

26 Hughes, "The Electrification of America: The System Builders".

27 Hughes, *Networks of Power*, 14-17쪽.

28 Thue, "Electricity Rules", 15-23쪽 참조.

29 특히 Kaijser 외, *Changing Direction* 참조.

30 Högselius, *Red Gas*, 1장.

31 BP, *BP Statistical Review of World Energy 2017*; WNA, "World Uranium Mining Production".

32 Kaijser 및 Högselius, "Under the Damocles Sword".

33 Rüdiger, *From Import Dependency to Self-Sufficiency in Denmark.*

34 예: Mathews, "Biofuels".

35 Högselius, *Red Gas*; Högselius 외, *Europe's Infrastructure Transition*, 2장.

36 위와 동일.

2장

1 Bridge, "Energy (In)security", 6; Dodds, *Geopolitics.*

2 해당 기업들의 공식 웹사이트 참조.

3 Stent, *From Embargo to Ostpolitik*; Högselius, *Red Gas.*

4 Högselius, *Red Gas.*

5 특히, Millward, *Public and Private Enterprise* 참조.

6 Shell, *Annual Report 2016*, 36, 46, 47쪽.

7 Statoil, *Annual Report 2016*, 26쪽.

8 예를 들어, Stent, *From Embargo to Ostpolitik*, 17쪽.

9 Högselius, *Red Gas.*

10 Yergin, *The Prize*, 592-632쪽.

11 다양한 대체 용어가 존재함.

12 Stent, *From Embargo to Ostpolitik.*

13 예: Högselius 및 Kaijser, *När folkhemselen blev internationell.*

14 중화인민공화국(PRC)은 원래 연료산업부(Ministry of Fuel Industry)를 설립
    했으며, 1955년 이를 석탄산업부(Ministry of Coal Industry)와 석유산업부
    (Ministry of Petroleum Industry)로 분리함. Peng, "The Evolution of China's
    Coal Institutions"; Högselius, "The Saudi Arabia of the Far East?" 참조.

15 Högselius, *Red Gas.*

16 Yergin, The Prize, 7장 및 23장; Millward, *Public and Private Enterprise,*
    218-228쪽; BP, "Our History".

17 Stern, *Future of Russian Gas and Gazprom*; Högselius, *Red Gas.*

18 Högselius, "The Internationalization of the European Electricity
    Industry"; Högselius 및 Kaijser, *När folkhemselen blev internationell.*

19 Noreng, "State-owned Oil Companies" 논의 참조.

20 BP, *BP Statistical Review of World Energy 2017,* 38쪽.

21 해당 기업들의 공식 웹사이트 참조.

22 Högselius, *Red Gas,* 5-7장.

23 예: "Regeringen vill att Gotland säger nej till gasledningen", *Hela
    Gotland,* 2016년 12월 13일; "Efter UD-mötet: så ska Gotland få ersättning
    för Slite hamn", *Hela Gotland,* 2017년 1월 30일.

24 "Sinai Explodes into Violence after Years of Chronic Poverty and
    Alienation," *The Guardian,* 2012년 2월 14일.

25 "Rosebud Sioux Tribe Calls House Keystone XL Passage an 'Act of War',
    Vows Legal Action", *Indian Country* Today, 2014년 11월 17일.

26 예: "Will Keystone XL Ever See the Light of Day?" *OilPrice.com,* 2018년
    1월 24일.

27 Dawson, *Eco-nationalism*; Högselius, "Connecting East and West?"

28 Alexander Nikitin 인터뷰, 오슬로, 2007년 5월 8일.

29 Mitchell, *Carbon Democracy.*

30 Yergin, *The Prize,* 629-630쪽.

31 Molin, *Stenkol.*

32 Högselius, *Red Gas,* 192쪽.

33 예: Cantoni, *Oil Exploration, Diplomacy and Security in the Early Cold War*.

34 위와 동일; Robert 및 Paglia, "Science as National Belonging".

35 Yergin, *The Prize*.

36 예: Alter 및 Steinberg, "The Theory and Reality of the European Coal and Steel Community".

37 Fischer, *History of the International Atomic Energy Agency*.

38 Lagendijk, *Electrifying Europe*, 65쪽.

39 Högselius 외, *Europe's Infrastructure Transition*, 2장.

40 예: Klare, *Rising Powers, Shrinking Planet*, 133쪽.

41 Ciuta 및 Klinke, 서방-러시아 관계 및 독일 에너지 안보 문맥에서, "미디어와 정부 입장 사이의 명백한 괴리"를 지적함. Ciuta 및 Klinke, "Lost in Conceptualization", 323쪽.

3장

1 Eurostat, "Energy Production and Imports".

2 예시로, World Bank, "Net Energy Imports 1960-2015".

3 Hölsgens, "Resource Vulnerability and Energy Transitions in the Netherlands".

4 예시로, Gustafson, *The Wheel of Fortune*.

5 WISE Uranium Project 제공 통계 참조, www.wise-uranium.org/umkt.html.

6 2016년 원유 총 생산량은 하루 9,220만 배럴, 이 중 6,550만 배럴이 수출됨. BP, *BP Statistical Review of World Energy 2017*, 14, 24쪽.

7 2016년 천연가스 총 생산량은 3,552억 입방미터, 이 중 737억 입방미터가 파이프라인을 통해, 347억 입방미터가 액화천연가스(LNG) 형태로 수출됨. BP, *BP Statistical Review of World Energy 2017*, 28, 34쪽.

8 BP, *BP Statistical Review of World Energy 2017*, 29, 34쪽.

9 2016년 기준 미국은 여전히 순 천연가스 수입국이었으며, 캐나다로부터 820억 입방미터를 수입함. BP, *BP Statistical Review of World Energy 2017*,

34쪽.

10   IEA, *Coal Information*.

11   Rüdiger, "From Import Dependency to Self-Sufficiency in Denmark".

12   예시로, "Egypt Faces Budget Crisis Because of Rising Oil Prices", *The Arab Weekly*, 2018년 2월 4일.

13   "Latvia Plans to Boost Gas Storage Capacity to 2.8 bcm by 2025", *Reuters*, 2014년 10월 3일.

14   www.balticconnector.fi 참조.

15   예시로, "Unrest Grows amid Gas Rationing in Iran", *New York Times*, 2007년 6월 29일.

16   Van der Vleuten 및 Lagendijk, "Transnational Infrastructure Vulnerability: The Historical Shaping of the 2006 European 'Blackout'".

17   Magnus von Bonsdorff 인터뷰, 2006년 11월 10일.

18   본문에서 사용된 통계는 EURATOM Supply Agency, *Annual Report 2016* 참조.

19   Yergin, *The Prize*, 691-692쪽.

20   "US Refineries Fast Running Out of Flexibility on Crude", *Reuters*, 2014년 10월 9일; "Texas Flood: US Oil Exports Pour into Markets Worldwide", *Reuters*, 2018년 2월 8일.

21   Högselius, "The Saudi Arabia of the Far East?", 414쪽.

22   Högselius, *Red Gas*, 114-115, 157, 165쪽.

23   Vlček, "Critical Assessment of Diversification of Nuclear Fuel for the Operating VVER Reactors in the EU".

24   McPhee, "The Competition for the Ukrainian Nuclear Fuel Cycle".

25   Yergin, *The Prize*, 704쪽에서 인용.

26   IEA, *Luxembourg*, 6쪽.

27   예시로, Högselius, "Spent Nuclear Fuel Policies in Historical Perspective".

28   Yergin, *The Prize*.

29   예시로, Stent, *From Embargo to Ostpolitik*.

30 Izmestieva, "Integration of the European Coal Market and Russian Coal Imports".

31 "Uranbrytning blir förbjuden", *Svenska Dagbladet*, 2018년 5월 17일.

32 Kaijser 및 Högselius, "Under the Damocles Sword".

33 Cordovil, "De-electrifying the History of Street Lighting"; Del Curto 및 Landi, "Gas-Light in Italy".

34 Shulman, *Coal and Empire.*

35 Hölsgens, "Resource Vulnerability and Energy Transitions in the Netherlands".

36 Yergin, *The Prize*, 35장.

37 Plumwood, "Shadow Places and the Politics of Dwelling" 참조.

38 "Poland Needs a Strategy for Moving to a Lower-Emission Economy", OECD 보도자료, 2015년 4월 23일.

39 Camprubi, "Whose Self-Sufficiency?"

40 Tchalakov 외, "Bulgarian Power Relations"; Holmberg, "Survival of the Unfit"; Cantoni, "Second Galicia?"; Arapostathis 및 Fotopolous, "Transnational Energy Flows".

41 Kaijser 및 Högselius, "Under the Damocles Sword".

42 Tympas 외, "Border-Crossing Electrons".

43 WNA, "Nuclear Energy in Armenia".

44 Fitzmaurice, *Damming the Danube.*

45 Kaijser 및 Högselius, "Under the Damocles Sword".

46 Yergin, *The Prize*, 617쪽.

47 위와 동일, 694쪽.

48 이에 따라, 독일의 1차 에너지 소비에서 석탄 비율은 2010년 23.2%에서 2011년 25.3%로 증가함. 이는 신재생에너지의 급속한 성장과 병행하여 진행됨. *BP, Statistical Review of World Energy 2012*, 41쪽.

49 예시로, Karl, "Paradox of Plenty".

50 예시로, Mehlum 외, "Institutions and the Resource Curse".

51 *The Economist*, 2015년 1월 28일.

52 "The European Union Deepens Energy Relations with Brazil", EU 보도
    자료, 2007년 7월 5일.

53 브라질 바이오에탄올 수출량은 2008년에 정점을 기록함.

54 Lamers 외, "International Bioenergy Trade".

55 Vikström, "Specter of Scarcity", 2쪽에서 인용.

56 "China Looks to Export Surplus Energy to Germany", *Financial Times*,
    2016년 3월 30일.

57 예시로, Tagliapietra, *Energy Relations in the Euro-Mediterranean*.

58 최근 러시아의 LNG 수출 다변화 및 유럽의 LNG 수입 다변화를 위한 시
    설 건설 노력은 이러한 맥락에서 이해해야 함. 그럼에도 불구하고, 러시아
    와 유럽의 천연가스 상호 의존성은 당분간 지속될 전망.

4장

1   Duffield, *Fuels Paradise*, 33-41쪽.

2   Hölsgens, "Resource Vulnerability and Energy Transitions in the
    Netherlands".

3   Avango 외, "Swedish Explorers, In-Situ Knowledge and Resource-Based
    Business in the Age of Empire".

4   Rambousek, *Die ÖMV-Aktiengesellschaft*.

5   Murgescu, *Anything but Simple*.

6   Holmberg, *Survival of the Unfit*.

7   Tchalakov 및 Mitev, "Energy Dependence behind the Iron Curtain";
    Arapostathis and Fotopolous, "Transnational Energy Flows".

8   Camprubi, "Whose Self-Sufficiency?"

9   Tchalakov 외, "Bulgarian Power Relations," 140-141쪽.

10 Kaijser, "Striking Bonanza"; Hölsgens, "Resource Vulnerability and
    Energy Transitions in the Netherlands".

11 Högselius 외, *Europe's Infrastructure Transition*, 7장.

12 Högselius, "The Saudi Arabia of the Far East?"

13 Kaijser 및 Högselius, "Under the Damocles Sword"; Myllyntaus,

Electrifying Finland; Haller and Gisler, "Lösung für das Knappheitsproblem oder nationales Risiko?"

14 Arapostathis 및 Fotopolous, "Transnational Energy Flows".

15 Duffield, *Fuels Paradise*, 197쪽.

16 위와 동일, 7장.

17 Cantoni, "Second Galicia?"

18 Högselius 외, "Natural Gas in Cold War Europe".

19 Kuisma, "A Child of the Cold War".

20 Hölsgens, "Resource Vulnerability and Energy Transitions in the Netherlands".

21 Yergin, *The Prize*, 694쪽.

22 Sjölander 외, *Motorspriten kommer*, 6장.

23 Birkenfeld, *Der synthetische Treibstoff 1933–1945*.

24 Rüdiger, *From Import Dependency to Self-Sufficiency in Denmark*.

25 Camprubi, "Whose Self-Sufficiency?"

26 Fjaestad 및 Jonter, "Between Welfare and Warfare".

27 Fridlund, *Den gemensamma utvecklingen*.

28 Camprubi, "Whose Self-Sufficiency?"

29 Duffield, *Fuels Paradise*, 158-166쪽.

30 Beaubouef, *The Strategic Petroleum Reserve*.

31 Duffield, *Fuels Paradise*, 119쪽.

32 위와 동일, 154쪽. 독일 정부는 1970년에 800만 톤(약 6천만 배럴, 당시 25일치 수입량에 해당)의 석유 비축을 결정했으나, 실제 건설은 2년 후에 시작되었다.

33 "Council Directive of 20 December 1968 imposing an obligation on member states of the EEC to maintain minimum stocks of crude oil and/or petroleum products", 68/414/EEC.

34 Duffield, *Fuels Paradise*, 200쪽.

35 위와 동일, 169쪽.

36 Högselius 외, "Natural Gas in Cold War Europe," 50쪽.

37 Söderholm, "Fossil Fuel Flexibility," 81쪽.

38 Rüdiger, *From Import Dependency to Self-Sufficiency in Denmark*.

39 Högselius 외, "Natural Gas in Cold War Europe," 48쪽.

40 Duffield, *Fuels Paradise*, 173쪽.

41 Camprubi, "Whose Self-Sufficiency?"

42 Yergin, *The Prize*, 268-269쪽.

43 Kaijser 및 Högselius, "Under the Damocles Sword".

44 Rüdiger, *From Import Dependency to Self-Sufficiency in Denmark*.

45 Kaijser 및 Högselius, "Under the Damocles Sword".

46 Rüdiger, From Import Dependency to Self-Sufficiency in Denmark.

47 Hölsgens, "Resource Vulnerability and Energy Transitions in the Netherlands".

48 Åberg, "A Gap in the Grid".

49 Camprubi, "Whose Self-Sufficiency?"

50 Richter 및 Holz, "All Quiet on the Eastern Front?"

51 Arapostathis 및 Fotopoulos, "Transnational Energy Flows".

52 Duffield, *Fuels Paradise*, 140쪽.

53 위와 동일, 158쪽.

54 Klare, *Rising Powers, Shrinking Planet*, 73쪽부터.

55 Yergin, *The Prize*, 771쪽.

56 "US Warships Set to Begin Escorts of Gulf Tankers," *New York Times*, 1987년 7월 22일.

57 "China Seeks Oil Security with New Tanker Fleet," *Oil and Gas Journal*, 2006년 10월 9일.

58 Klare, *Rising Powers, Shrinking Planet*.

59 Klare, "Petroleum Anxiety and the Militarization of Energy Security," 47쪽.

60 "Blood for Uranium: France's Mali Intervention Has Little to Do with Terrorism," *Ceasefire*, 2013년 1월 17일.

61 Rahim, "Regional Issues and Strategic Responses," 96쪽.

62 Avango 외, "Swedish Explorers, In-Situ Knowledge and Resource-Based Business in the Age of Empire," 328쪽부터.

63 Nielsen 및 Knudsen, "Too Hot to Handle".

64 Camprubi, "Whose Self-Sufficiency?"

65 Hölsgens, "Resource Vulnerability and Energy Transitions in the Netherlands".

66 Tchalakov 및 Mitev, "Energy Dependence behind the Iron Curtain".

67 Leverett, "Resource Mercantilism".

68 Yergin, *The Prize*.

69 Schrafstetter 및 Twigge, "Spinning into Europe".

70 IEA, "Closing Oil Stock Levels in Days of Net Imports".

71 Högselius 외, "Natural Gas in Cold War Europe," 50쪽.

72 Haller, "Globale Geschäfte".

73 Cornell 외, "Geostrategic Implications of the Baku-Tbilisi-Ceyhan Pipeline"; Arapostathis and Fotopolous, "Transnational Energy Flows".

5장

1 Schrattenholzer 외, *Achieving a Sustainable Global Energy System*, 169쪽; IAEA, *IAEA Tools and Methodologies for Energy System Planning*, 7쪽; Storm van der Leeuwen, "Nuclear Power".

2 Yergin, *The Prize*, 628-629쪽; Duffield, *Fuels Paradise*, 205쪽.

3 Högselius, *Red Gas*.

4 예: "Australia's Proposed India Uranium Deal Given Cautious Green Light Despite 'Risks'", *The Guardian*, 2015년 9월 8일.

5 Smith Stegen, "Redrawing the Geopolitical Map", 89쪽.

6 Lilliestam and Ellenbeck, "Energy Security and Renewable Electricity Trade".

7 "Crimea Officials Say Ukraine Has Cut Off Power Again", *Reuters*, 2015년 12월 30일.

8 Yergin, *The Prize*, 620쪽.

9   Högselius, *Red Gas*, 67-68쪽에서 인용.

10   Hecht, "The Power of Nuclear Things", 22쪽.

11   "Oil Giant Exits Sudan", *BBC*, 2002년 10월 31일.

12   Yergin, *The Prize*, 572-573쪽.

13   Smith Stegen, "Redrawing the Geopolitical Map", 88쪽.

14   "A More Assertive Ukraine Returns to Russian Natural Gas", *Stratfor Worldview*, 2018년 2월 12일.

15   예: Cantoni, *Oil Exploration, Diplomacy and Security in the Early Cold War*, 5장.

16   Högselius 외, *Europe's Infrastructure Transition*, 2장.

17   Högselius, "The Saudi Arabia of the Far East?"

18   Mares 및 Martin, "Regional Energy Integration in Latin America".

19   Klare, *Rising Powers, Shrinking Planet*, 127쪽.

20   더 자세한 논의는 Stent, *From Embargo to Ostpolitik*; Högselius, *Red Gas*; Cantoni, *Oil Exploration, Diplomacy and Security in the Early Cold War* 참고.

21   예: Öhman, "Taming Exotic Beauties".

22   Yergin, *The Prize*, 412쪽.

23   Högselius, *Red Gas*.

24   Klare, *Rising Powers, Shrinking Planet*, 125쪽. (*New York Times* 인터뷰 인용). '카스피해' 파이프라인은 바쿠를 지나 트빌리시를 거쳐 튀르키에 지중해 연안 도시 제이한까지 연결됨.

25   Cioc, *The Rhine*, 67쪽.

26   Fitzmaurice, *Damming the Danube*.

27   Avango 외, "Swedish Explorers, In-situ Knowledge and Resource-based Business in the Age of Empire".

28   Klare, *Rising Powers, Shrinking Planet*, 1-8쪽.

29   Gazprom 공식 웹사이트 참조: www.gazprom.com.

30   Högselius 및 Kaijser, *När folkhemselen blev internationell*, 6장.

31   Högselius, *Red Gas*, 187쪽.

32   "Algerian LNG Cutoff (to US) not Tied to Arab Embargo", *Oil and Gas Journal*, 26 November 1973; "Algeria May Renegotiate LNG Pacts", *Oil and Gas Journal*, 1973년 12월 17일.

33   Högselius, *Red Gas*, 207-208쪽.

34   위와 동일.

35   Vikström, "Specter of Scarcity", 1-2쪽.

36   Klare, *Rising Powers, Shrinking Planet*, 123쪽.

37   Högselius, *Red Gas*, 7장.

38   Klare, *Rising Powers, Shrinking Planet*, 170쪽.

39   위의 책, 154-156쪽.

40   Haynes, "Al-Qaeda, Oil Dependence, and US Foreign Policy", 62쪽.

41   위와 동일, 69-70쪽.

42   Chapman, "Gulf Oil and International Security", 82쪽.

43   Do 외, "Terrorism, Geopolitics, and Oil Security".

6장

1   Svedberg, "Saint-Simon's Vision of a United Europe", 154-158쪽; Högselius 외, *Europe's Infrastructure Transition*, 24, 27, 60쪽.

2   Schönholzer, "Ein elektrowirtschaftliches Programm für Europa", 385쪽.

3   Gall, "Atlantropa".

4   Lagendijk 및 Van der Vleuten, "Inventing Electrical Europe".

5   Lagendijk, *Electrifying Europe*, 117쪽.

6   위와 동일, 165-167.

7   Lagendijk 및 Van der Vleuten, "Inventing Electrical Europe".

8   자세한 논의를 위해서는 Lagendijk, *Electrifying Europe*, 144쪽부터; Lagendijk and Van der Vleuten, "Inventing Electrical Europe" 참조.

9   Kaijser, "Transborder Integration of Electricity and Gas", 7-10쪽.

10   Lagendijk, *Electrifying Europe*, 151-152쪽.

11   Högselius, "Connecting East and West?", 249쪽부터; Holmberg, *Survival of the Unfit*.

12 Sistemnyi operator edinoi energeticheskoi sistemy, "Istoriya".

13 Tchalakov 외, "Bulgarian Power Relations"; Hegmann, "Die Entwicklung der Zusammenarbeit im RGW", 21쪽.

14 Sebitosi 및 Okou, "Rethinking the Power Transmission Model for Sub-Saharan Africa", 1448-1451쪽.

15 Gutierrez Ramirez, "Energy Integration".

16 "Declaration of 9th May 1950 delivered by Robert Schuman", *European Issue*, no. 204, 2011년 5월 10일.

17 Alter 및 Steinberg, "The Theory and Reality of the European Coal and Steel Community", 6쪽.

18 Högselius 외, *Europe's Infrastructure Transition*, 82-83쪽.

19 위와 동일.

20 Högselius 외, "Natural Gas in Cold War Europe".

21 Kaijser, "Striking Bonanza".

22 Högselius, *Red Gas*, 7장.

23 Mares 및 Martin, "Regional Energy Integration in Latin America".

24 위와 동일.; Kellogg, "Regional Integration in Latin America", 192쪽; "Colombia, Venezuela to Build 2,000-Mile Oil Pipeline", *Colombia Reports*, 2011년 10월 25일.

25 Mares 및 Martin, "Regional Energy Integration in Latin America", 57쪽.

26 위와 동일.

27 예를 들어, "Argentina Gradually Organizing Natural Gas Production and Consumption Priorities", *MercoPress*, 2018년 3월 16일; "Natural Gas to Become Prime Source of Energy in Latin America", *OilPrice.com*, 2018년 2월 27일.

28 Eran 외, "The Gas Deal with Egypt".

29 Högselius, *Red Gas*, 47쪽.

30 예를 들어, Nilsson and Filimonova, "Russian Interests in Oil and Gas Resources in the Barents Sea" 참조.

31 Fischer, *History of the International Atomic Energy Agency*, 20-21쪽.

32 위와 동일, 29쪽.

33 위와 동일, 60-61쪽.

34 위와 동일, 61-62쪽.

35 위와 동일, 63쪽.

36 Schrafstetter 및 Twigge, "Spinning into Europe", 260쪽에서 인용.

37 Högselius, "The Decay of Communism".

38 Högselius 외, *Europe's Infrastructure Transition*, 93쪽.

39 Hecht, "The Power of Nuclear Things", 10-20쪽.

40 이러한 개념에 대한 이론적 논의를 위해서는, 예를 들어 Loomba, *Colonialism/Postcolonialism*, 11쪽부터 참조. "비공식 식민주의(informal colonialism)"는 때때로 대체 개념으로 사용되기도 한다.

41 Högselius, "Connecting East and West?".

42 현재 발트해 국가들과 EU가 주도하는 이니셔티브를 통해 2025년까지 발트해 전력망을 서유럽 전력망과 동기화하는 방안이 추진되고 있다. 이를 위해서는 발트해 국가들이 러시아 및 벨라루스 전력망에서 분리되어야 한다. 이 프로젝트가 실현될지는 아직 미지수다. 예를 들어, "EU, 발트해 국가들과 협력하여 러시아 전력망에서의 분리 추진", *Reuters*, 2017년 6월 1일 참조.

43 Mathews 및 Tan, "Manufacture Renewables to Build Energy Security", 167쪽.

44 Mathews, "Biofuels", 3351쪽.

45 Lorenzo 및 Vazquez, "The Rise of Biofuels in IR", 909-910쪽.

46 Mano 외, "Gobitech and Asian Super Grid for Renewable Energies in Northeast Asia", 14쪽; "How Asia's Super Grid may open a brighter future for the region?", *Global Construction Review*, 2017년 6월 28일.

47 United Nations, *Multi Dimensional Issues in International Electric Power Grid Interconnections*, 107쪽.

서문

Bijker, Wiebe, Thomas P. Hughes, and Trevor Pinch, eds. *The Social Construction of Technological Systems: New Directions in the Sociology and History of Technology.* Cambridge, MA: MIT Press, 1987.

Black, Brian. *Crude Reality: Petroleum in World History.* Lanham, MD: Rowman & Littlefield, 2012.

Cronon, William. *Nature's Metropolis: Chicago and the Great West.* New York: Norton, 1991.

Dodds, Klaus. *Geopolitics: A Very Short Introduction.* Oxford: Oxford University Press, 2007.

Emsley, John. *Nature's Building Blocks: An A-Z Guide to the Elements.* Oxford: Oxford University Press, 2001.

Hecht, Gabrielle. "Colonial Networks of Power: The Far Reaches of Systems". *Annales Historiques de l'électricité 2* (2004): 147-157.

Högselius, Per, Anna Åberg, and Arne Kaijser. "Natural Gas in Cold War Europe: The Making of a Critical Infrastructure". In *The Making of Europe's Critical Infrastructure: Common Connections and Shared Vulnerabilities,* edited by Per Högselius, Anique Hommels, Arne Kaijser, and Erik van der Vleuten, 27-61. Basingstoke and New York: Palgrave Macmillan, 2013.

Högselius, Per, Arne Kaijser, and Erik van der Vleuten. *Europe's Infrastructure Transition: Economy, War, Nature.* Basingstoke and New York: Palgrave Macmillan, 2016.

Klare, Michael T. *The Race for What's Left: The Global Scramble for the World's Last Resources.* New York: Metropolitan, 2012.

Zimmermann, Erich. *World Resources and Industries: A Functional Appraisal of the Availability of Agricultural and Industrial Materials.* New York: Harper & Brothers, 1951.

1장

Ausfelder, Florian, Christian Beilmann, Martin Bertau, Sigmar Brauninger et al. "Energiespeicherung als Element einer sicheren Energieversorgung". *Chemie Ingenieur Technik* 87, 1-2 (2015): 17-89.

BP. *BP Statistical Review of World Energy 2017.* London: BP, 2017.

Cordovil, Bruno. "De-electrifying the History of Street Lighting: Energies in Use in Town and Country (Portugal, 1780s-1930s)". In *The Culture of Energy,* edited by Mogens Rüdiger, 30-81. Cambridge: Cambridge Scholars Publishing, 2008.

De Vries, Jan. *The European Economy in an Age of Crisis, 1600–1750.* Cambridge: Cambridge University Press, 1976.

Del Curto, Davide, and Angelo Landi. "Gas-Light in Italy between 1700s & 1800s: A History of Lighting". In *The Culture of Energy,* edited by Mogens Rüdiger, 2-29. Cambridge: Cambridge Scholars Publishing, 2008.

Högselius, Per. "Spent Nuclear Fuel Policies in Historical Perspective: An International Comparison". *Energy Policy* 37 (2009): 254-263.

Högselius, Per. *Red Gas: Russia and the Origins of European Energy Dependence.* Basingstoke and New York: Palgrave Macmillan, 2013.

Högselius, Per, Anique Hommels, Arne Kaijser, and Erik van der Vleuten, eds. *The Making of Europe's Critical Infrastructure: Common Connections and Shared Vulnerabilities.* Basingstoke and New York: Palgrave Macmillan, 2013.

Högselius, Per, Arne Kaijser, and Erik van der Vleuten. *Europe's Infrastructure Transition: Economy, War, Nature.* Basingstoke and New York: Palgrave Macmillan, 2016.

Hughes, Thomas P. "The Electrification of America: The System Builders".

Technology & Culture 20, 1 (1979): 124-161.

Hughes, Thomas P. *Networks of Power: Electrification in the Western World 1880–1930*. Baltimore, MD: Johns Hopkins University Press, 1983.

Hughes, Thomas P. *Rescuing Prometheus*. New York: Pantheon Books, 1998.

Hultgren, Åke, and Gunnar Olsson. "Uranium Recovery in Sweden: History and Perspective". *SKB Arbetsrapport* 93-42, August 1993.

Johnson, Corey, and Tim Boersma. "Energy (In)security in Poland: The Case of Shale Gas". *Energy Policy* 53 (2013): 389–399.

Kaijser, Arne, and Per Högselius. "Under the Damocles Sword: Managing Swedish Energy Dependence in the 20th Century". *Energy Policy,* 2019.

Kaijser, Arne, Arne Mogren, and Peter Steen. *Changing Direction: Energy Policy and New Technology*. Stockholm: National Energy Administration, 1991.Kander, Astrid, Paolo Malanima, and Paul Warde. Power to the People: Energy in Europe over the Last Five Centuries. Princeton, NJ: Princeton University Press, 2013.

Markusson, Nils, Simon Shackley, and Benjamin Evar, eds. *The Social Dynamics of Carbon Capture and Storage*. Abingdon: Routledge/Earthscan, 2012.

Klare, Michael T. *Rising Powers, Shrinking Planet: The New Geopolitics of Energy*. New York: Metropolitan Books, 2008.

Kunz, Andreas, and John Armstrong, eds. *Inland Navigation and Economic Development in Nineteenth-Century Europe*. Mainz: Verlag Philipp von Zabern, 1995.

Mathews, John. "Biofuels: What a Biopact between North and South Could Achieve". *Energy Policy* 35 (2007): 3550-3570.

Quader, A.K.M. Abdul. "Natural Gas and the Fertilizer Industry". *Energy for Sustainable Development* 7, 2 (2003): 40-48.

Radkau, Joachim. *Wood: A History*. Cambridge: Polity Press, 2012.

Rüdiger, Mogens. "From Import Dependency to Self-Sufficiency in Denmark, 1945-2000". *Energy Policy.*

Smil, Vaclav. Energy *at the Crossroads: Global Perspectives and Uncertainties.* Cambridge, MA: MIT Press, 2003.

Tchalakov, Ivan, Tihomir Mitev, and Ivaylo Hristov. "Bulgarian Power Relations: The Making of a Balkan Power Hub". In *The Making of Europe's Critical Infrastructures: Common Connections and Shared Vulnerabilities,* edited by Per Högselius, Anique Hommels, Arne Kaijser, and Erik van der Vleuten, 131-156. Basingstoke and New York: Palgrave Macmillan, 2013.

Thue, Lars. "Electricity Rules: The Formation and Development of the Nordic Electricity Regimes". In *Nordic Energy Systems: Historical Perspectives and Current Issues,* edited by Arne Kaijser and Marika Hedin, 213-238. Canton, MA: Science History Publications, 1995.

Thue, Lars. "Connections, Criticality, and Complexity: Norwegian Electricity in Its European Context". In *The Making of Europe's Critical Infrastructure: Common Connections and Shared Vulnerabilities,* edited by Per Högselius, Anique Hommels, Arne Kaijser, and Erik van der Vleuten, 213-238. Basingstoke and New York: Palgrave Macmillan, 2013.

Tomory, Leslie. "Building the First Gas Network, 1812-1820". *Technology & Culture* 52 (2011): 75-102.

Vikström, Hanna, Sven Davidsson, and Mikael Höök. "Lithium Availability and Future Production Outlooks". *Applied Energy* 10 (2013): 252-266.

Wasp, Edward J. "Progress with Coal Slurry Pipelines (Comparison with Unit Trains)". *Proceedings of the 8th Annual Front of Power Technology Conference,* Oklahoma State University, Stillwater, 1-2 October, 1975.

WNA. "World Uranium Mining Production". World Nuclear Association (accessed 29 May 2018).

Yergin, Daniel. *The Prize: The Epic Quest for Oil, Money and Power.* London: Simon and Schuster, 1991.

2장

Alter, Karen J., and David Steinberg. "The Theory and Reality of the

European Coal and Steel Community". Buffett Center for International and Comparative Studies, Working Paper No. 07-001, January 2007.

BP. *BP Statistical Review of World Energy 2017.* BP, 2017.

BP. "Our History". www.bp.com (accessed 18 May 2018).

Bridge, Gavin. "Energy (In)security: World-Making in an Age of Scarcity". *The Geographical Journal* 181, 4 (2015): 328-339.

Cantoni, Roberto. *Oil Exploration, Diplomacy and Security in the Early Cold War: The Enemy Underground.* Abingdon: Routledge, 2017.

Ciuta, Felix, and Ian Klinke. "Lost in Conceptualization: Reading the 'New Cold War' with Critical Geopolitics". *Political Geography* 29, 6 (2010): 323-332.

Dawson, Jane. *Eco-nationalism: Anti-nuclear Activism and National Identity in Russia, Lithuania, and Ukraine.* Durham, NC: Duke University Press, 1996.

Dodds, Klaus. *Geopolitics: A Very Short Introduction.* Oxford: Oxford University Press, 2007.

Fischer, David. *History of the International Atomic Energy Agency: The First Forty Years.* Vienna: IAEA, 1997.

Högselius, Per. "Connecting East and West? Electricity Systems in the Baltic Region". In *Networking Europe: Transnational Infrastructures and the Shaping of Europe, 1850–2000,* edited by Erik van der Vleuten and Arne Kaijser, 245-277. Sagamore Beach, MA: Science History Publications, 2006.

Högselius, Per. "The Internationalization of the European Electricity Industry: The Case of Vattenfall". *Utilities Policy* 17, 3 (2009): 258-266.

Högselius, Per. *Red Gas: Russia and the Origins of European Energy Dependence.* Basingstoke and New York: Palgrave Macmillan, 2013.

Högselius, Per. "The Saudi Arabia of the Far East? China's Rise and Fall as an Oil Exporter". *The Extractive Industries and Society* 2 (2015): 411-418.

Högselius, Per, and Arne Kaijser. *När folkhemselen blev internationell: elavregleringen i historiskt perspektiv.* Stockholm: SNS Förlag, 2007.

Högselius, Per, Arne Kaijser, and Erik van der Vleuten. *Europe's Infrastructure*

Transition: Economy, War, Nature. Basingstoke and New York: Palgrave Macmillan, 2016.

Klare, Michael T. *Rising Powers, Shrinking Planet: The New Geopolitics of Energy*. New York: Metropolitan Books, 2008.

Lagendijk, Vincent. *Electrifying Europe: The Power of Europe in the Construction of Electricity Networks*. Amsterdam: Aksant, 2008.

Millward, Robert. *Private and Public Enterprise in Europe: Energy, Telecommunications and Transport, 1830–1990*. Cambridge: Cambridge University Press, 2005.

Mitchell, Timothy. *Carbon Democracy: Political Power in the Age of Oil*. London: Verso Books, 2011.

Molin, Harry. *Stenkol: En skrift utgiven med anledning av Svenska Stenkolimportörers Förenings verksamhet 1902–1952*. Stockholm, 1952.

Noreng, Øystein. "State-owned Oil Companies: Western Europe". In *State-owned Enterprise in the Western Economies*, edited by Raymond Vernon and Yair Aharoni, 133–144. London: Routledge, 1981.

Peng, Wuyuan. "The Evolution of China's Coal Institutions". Working Paper No. 86, Freeman Spogli Institute of International Studies, Stanford University, 2009.

Roberts, Peder, and Eric Paglia. "Science as National Belonging: The Construction of Svalbard as a Norwegian Space". *Social Studies of Science* 46, 6 (2016): 894–911.

Shell. *Annual Report 2016*. The Hague: Shell, 2017.

Statoil.*Annual Report 2016*. Oslo: Statoil, 2017.

Stent, Angela. *From Embargo to Ostpolitik: The Political Economy of West German-Soviet Relations, 1955–1980*. Cambridge: Cambridge University Press, 1981.

Stern, Jonathan. *The Future of Russian Gas and Gazprom*. Oxford: Oxford University Press, 2005.

Yergin, Daniel. *The Prize: The Epic Quest for Oil, Money and Power*. London:

Simon and Schuster, 1991.

3장

Arapostathis, Stathis, and Yannis Fotopolous. "Transnational Energy Flows, Capacity Building and Greece's Quest for Energy Autarky, 1914-2010". *Energy Policy*, 2019.

BP. *BP Statistical Review of World Energy 2012*. BP, 2012.

BP. *BP Statistical Review of World Energy 2017*. BP, 2017.

Camprubi, Lino. "Whose Self-Sufficiency? Energy Dependency in Spain from 1939". *Energy Policy*, 2019.

Cantoni, Roberto. "Second Galicia? Poland's Shale Gas Rush through Historical Lenses". *Geological Society, London, Special Publications* 465 (2018): 201-217.

Cordovil, Bruno. "De-electrifying the History of Street Lighting: Energies in Use in Town and Country (Portugal, 1780s-1930s)". In *The Culture of Energy*, edited by Mogens Rüdiger, 30-81. Cambridge: Cambridge Scholars Publishing, 2008.

Del Curto, Davide, and Angelo Landi. "Gas-Light in Italy between 1700s & 1800s: A History of Lighting". In *The Culture of Energy*, edited by Mogens Rüdiger, 2-29. Cambridge: Cambridge Scholars Publishing, 2008.

EURATOM Supply Agency. *Annual Report 2016*. European Union, 2017.

Eurostat. "Energy Production and Imports". http://ec.europa.eu/eurostat/statisticsexplained/index.php/Energy_production_and_imports (accessed 25 January 2018).

Fitzmaurice, John. *Damming the Danube: Gabcikovo/Nagymaros and Post-Communist Politics in Europe*. Boulder, CO: Westview Press, 1995.

Gustafson, Thane. *The Wheel of Fortune: The Battle for Oil and Power in Russia*. Cambridge, MA: Harvard University Press, 2012.

Högselius, Per. "Spent Nuclear Fuel Policies in Historical Perspective: An International Comparison". *Energy Policy* 37 (2009): 254-263.

Högselius, Per. *Red Gas: Russia and the Origins of European Energy Dependence.* Basingstoke and New York: Palgrave Macmillan, 2013.

Högselius, Per. "The Saudi Arabia of the Far East? China's Rise and Fall as an Oil Exporter". *The Extractive Industries and Society* 2 (2015): 411–418.

Holmberg, Rurik. "Survival of the Unfit: Path-Dependence and the Estonian Oil Shale Industry". PhD thesis, Linkoping University, 2008.

Hölsgens, Rick. "Resource Vulnerability and Energy Transitions in the Netherlands since the Mid-nineteenth Century". *Energy Policy.*

IEA. *Luxembourg: Oil and Gas Security.* IEA, 2010.

IEA. *Coal Information: Overview.* IEA, 2017.

Izmestieva, Tamara. "Integration of the European Coal Market and Russian Coal Imports in the Late 19th and Early 20th Century". In *Integration of Commodity Markets in History,* edited by Clara Eugenia Núñez, 79-90. Proceedings of the Twelfth International Economic History Congress, Madrid, August 1998.

Kaijser, Arne, and Per Högselius. "Under the Damocles Sword: Managing Swedish Energy Dependence in the 20th century". *Energy Policy,* 2019.

Karl, Terry Lynn. *The Paradox of Plenty: Oil Booms and Petro-States.* Berkeley: University of California Press, 1997.

Lagendijk, Vincent, and Erik van der Vleuten. "Inventing Electrical Europe: Interdependencies, Borders, Vulnerabilities". In *The Making of Europe's Critical Infrastructures: Common Connections and Shared Vulnerabilities,* edited by Per Högselius, Anique Hommels, Arne Kaijser, and Erik van der Vleuten, 62-104. Basingstoke and New York: Palgrave Macmillan, 2013.

Lamers, Patrick, Carlo Hamelinck, Martin Jungerer, and André Faiij. "International Bioenergy Trade – A Review of Past Developments in the Liquid Biofuel Market". *Renewable and Sustainable Energy Reviews* 15 (2011): 2655-2676.

McPhee, Sarah L. "The Competition for the Ukrainian Nuclear Fuel Cycle: Rosatom, Westinghouse, and Implications for Nuclear Energy in the Near

Abroad". MA thesis, University of Washington, 2015.

Mehlum, Halvor, Karl Moene, and Ragnar Torvik. "Institutions and the Resource Curse". *The Economic Journal* 116 (2006): 1-20.

Plumwood, Val. "Shadow Places and the Politics of Dwelling". *Australian Humanities Review* 44 (2008): 139-150.

Rüdiger, Mogens. "From Import Dependency to Self-Sufficiency in Denmark, 1945-2000". *Energy Policy.*

Shulman, Peter. *Coal and Empire: The Birth of Energy Security in Industrial America.* Baltimore, MD: Johns Hopkins University Press, 2015.

Stent, Angela. *From Embargo to Ostpolitik: The Political Economy of West German–Soviet Relations, 1955–1980.* Cambridge: Cambridge University Press, 1981.

Tagliapietra, Simone. *Energy Relations in the Euro-Mediterranean: A Political Economy Perspective.* Basingstoke and New York: Palgrave Macmillan, 2017.

Tchalakov, Ivan, Tihomir Mitev, and Ivaylo Hristov. "Bulgarian Power Relations: The Making of a Balkan Power Hub". In *The Making of Europe's Critical Infrastructures: Common Connections and Shared Vulnerabilities,* edited by Per Högselius, Anique Hommels, Arne Kaijser, and Erik van der Vleuten, 131-156. Basingstoke and New York: Palgrave Macmillan, 2013.

Tympas, Aristotle, Stathis Arapostathis, Katerina Vlantoni, and Yannis Garyfallos. "Border-Crossing Electrons: Critical Energy Flows to and from Greece". In *The Making of Europe's Critical Infrastructures: Common Connections and Shared Vulnerabilities,* edited by Per Högselius, Anique Hommels, Arne Kaijser, and Erik van der Vleuten, 157-186. Basingstoke and New York: Palgrave Macmillan.

Van der Vleuten, Erik, and Vincent Lagendijk. "Transnational Infrastructure Vulnerability: The Historical Shaping of the 2006 European 'Blackout'". *Energy Policy* 38 (2010): 2042-2052.

Vikström, Hanna. "The Specter of Scarcity: Metal Shortages in Historical Perspective, 1870-2015". PhD thesis, KTH Royal Institute of Technology,

2017.

WNA. "Nuclear Energy in Armenia". www.world-nuclear.org/information-library/country-profiles/countries-a-f/armenia.aspx (accessed 29 May 2018).

World Bank. "Net Energy Imports 1960–2015". https://data.worldbank.org/indicator/EG.IMP.CONS.ZS (accessed 25 January 2018).

Yergin, Daniel. *The Prize: The Epic Quest for Oil, Money and Power*. London: Simon and Schuster, 1991.

4장

Åberg, Anna. "A Gap in the Grid. Attempts to Introduce Natural Gas in Sweden 1967–1991". PhD thesis, KTH Royal Institute of Technology, 2013.

Arapostathis, Stathis, and Yannis Fotopolous. "Transnational Energy Flows, Capacity Building and Greece's Quest for Energy Autarky, 1914–2010". *Energy Policy*, 2019.

Avango, Dag, Per Högselius, and David Nilsson. "Swedish Explorers, In-situ Knowledge and Resource-Based Business in the Age of Empire". *Scandinavian Journal of History* 43, 3 (2018): 324–347.

Beaubouef, Bruce A. *The Strategic Petroleum Reserve: US Energy Security and Politics, 1975–2005*. College Station: Texas A&M University Press, 2007.

Birkenfeld, Wolfgang. *Der synthetische Treibstoff 1933–1945: Ein Beitrag zur nationalsozialistischen Wirtschaftsund Rüstungspolitik*. Göttingen: Musterschmidt-Verlag, 1964.

Camprubi, Lino. "Whose Self-Sufficiency? Energy Dependency in Spain from 1939". *Energy Policy*, 2019.

Cantoni, Roberto. "Second Galicia? Poland's Shale Gas Rush through Historical Lenses". *Geological Society, London, Special Publications* 465 (2018): 201–217.

Cornell, Svante E., Mamuka Tsereteli, and Vladimir Socor. "Geostrategic Implications of the Baku-Tbilisi-Ceyhan Pipeline". *Oil, Gas & Energy Law* 4 (2006).

Duffield, John S. *Fuels Paradise: Energy Security in Europe, Japan, and the United States.* Baltimore, MD: Johns Hopkins University Press, 2015.

Fjaestad, Maja, and Thomas Jonter. "Between Welfare and Warfare: The Rise and Fall of the 'Swedish Line' in Nuclear Engineering". In *Science for Welfare and Warfare: Technology and State Initiative in Cold War Sweden,* edited by Per Lundin, Niklas Stenlås, and Johan Gribbe. Sagamore Beach: Science History Publications, 2010.

Fridlund, Mats. *Den gemensamma utvecklingen: Staten, storföretaget och samarbetet kring den svenska elkrafttekniken.* Stockholm: Symposion, 1999.

Haller, Lea. "Globale Geschäfte: Wie die ressourcenarme Schweiz zur Drehscheibe für den globalen Rohstoffhandel wurde". *NZZ Geschichte* 4 (2016): 80-95.

Haller, Lea, and Monika Gisler. "Lösung für das Knappheitsproblem oder nationales Risiko? Auf Erdölsuche in der Schweiz". *Berichte zur Wissenschaftsgeschichte* 37 (2014): 41-59.

Högselius, Per. *Red Gas: Russia and the Origins of European Energy Dependence.* Basingstoke and New York: Palgrave Macmillan, 2013.

Högselius, Per. "The Saudi Arabia of the Far East? China's Rise and Fall as an Oil Exporter". *The Extractive Industries and Society* 2 (2015): 411-418.

Högselius, Per, Anna Åberg, and Arne Kaijser. "Natural Gas in Cold War Europe: The Making of a Critical Infrastructure". In *The Making of Europe's Critical Infrastructure: Common Connections and Shared Vulnerabilities,* edited by Per Högselius, Anique Hommels, Arne Kaijser, and Erik van der Vleuten, 27-61. Basingstoke and New York: Palgrave Macmillan.

Holmberg, Rurik. "Survival of the Unfit: Path-Dependence and the Estonian Oil Shale Industry". PhD thesis, Linkoping University, 2008.

Hölsgens, Rick. "Resource Vulnerability and Energy Transitions in the Netherlands since the Mid-Nineteenth Century". *Energy Policy.*

IEA. "Closing Oil Stock Levels in Days of Net Imports". www.iea.org/netimports(accessed 25 January 2018).

Kaijser, Arne. "Striking Bonanza: The Establishment of a Natural Gas Regime in the Netherlands". In *Governing Large Technical Systems*, edited by Olivier Coutard, 38-57. London: Routledge, 1999.

Kaijser, Arne, and Per Högselius. "Under the Damocles Sword: Managing Swedish Energy Dependence in the 20th century". *Energy Policy*, 2019.

Klare, Michael T. *Rising Powers, Shrinking Planet: The New Geopolitics of Energy*. New York: Metropolitan Books, 2008.

Klare, Michael T. "Petroleum Anxiety and the Militarization of Energy Security". In *Energy Security and Global Politics: The Militarization of Resource Management*, edited by Daniel Moran and James A. Russell, 39-61. London and New York: Routledge, 2009.

Kuisma, Markku. "A Child of the Cold War: Soviet Crude, American Technology and National Interests in the Making of the Finnish Oil Refining". *Historiallinen Aikakauskirja* 2 (1998): 136-142.

Lagendijk, Vincent. *Electrifying Europe: The Power of Europe in the Construction of Electricity Networks*. Amsterdam: Aksant, 2008.

Leverett, Flynt. "Resource Mercantilism and the Militarization of Resource Management: Rising Asia and the Future of American Primacy in the Persian Gulf". In *Energy Security and Global Politics: The Militarization of Resource Management*, edited by Daniel Moran and James A. Russell, 211-242. London and New York: Routledge, 2009.

Murgescu, Bogdan. "Anything but Simple: The Case of the Romanian Oil Industry". In *History and Culture of Economic Nationalism in East Central Europe*, edited by Helga Schultz and Eduard Kubu, 231-250. Berlin: Berliner Wissenschafts-Verlag, 2006.

Myllyntaus, Timo. *Electrifying Finland: The Transfer of a New Technology into a Late Industrialising Economy*. London: Macmillan, 1991.

Nielsen, Henry, and Henrik Knudsen. "Too Hot to Handle: The Controversial Hunt for Uranium in Greenland in the Early Cold War". *Centaurus* 55 (2013): 319-343.

Rahim, Saad. "Regional Issues and Strategic Responses: The Gulf States". In *Energy Security and Global Politics: The Militarization of Resource Management,* edited by Daniel Moran and James A. Russell, 95-111. London and New York: Routledge, 2009.

Rambousek, Herbert. "Die ÖMV-Aktiengesellschaft: Entstehung und Entwicklung eines nationalen Unternehmens der Mineralölindustrie". PhD thesis, Wirtschaftsuniversitat Wien, 1977.

Richter, Philipp M., and Franziska Holz. "All Quiet on the Eastern Front? Disruption Scenarios of Russian Natural Gas Supply to Europe". *Energy Policy* 80 (2015): 177-189.

Rüdiger, Mogens. "From Import Dependency to Self-Sufficiency in Denmark, 1945-2000". *Energy Policy.*

Schrafstetter, Susanna, and Stephen Twigge. "Spinning into Europe: Britain, West Germany and the Netherlands - Uranium Enrichment and the Development of the Gas Centrifuge, 1964-1970". *Contemporary European History* 11, 2 (2002): 253-272.

Sjölander, Annika Egan, Helena Ekerholm, Jenny Eklöf et al. *Motorspriten kommer! En historia om etanol och andra drivmedel.* Möklinta: Gidlunds förlag, 2014.

Söderholm, Patrik. "Fossil Fuel Flexibility in West European Power Generation and the Impact of System Load Factors". *Energy Economics* 23 (2001): 77-97.

Tchalakov, Ivan, and Tihomir Mitev. "Energy Dependence behind the Iron Curtain: The Bulgarian Experience". *Energy Policy.*

Tchalakov, Ivan, Tihomir Mitev and Ivaylo Hristov. "Bulgarian Power Relations: The Making of a Balkan Power Hub". In *The Making of Europe's Critical Infrastructures: Common Connections and Shared Vulnerabilities,* edited by Per Högselius, Anique Hommels, Arne Kaijser and Erik van der Vleuten, 131-156. Basingstoke and New York: Palgrave Macmillan, 2013.

Yergin, Daniel. *The Prize: The Epic Quest for Oil, Money and Power.* London:

Simon and Schuster, 1991.

5장

Avango, Dag, Per Högselius and David Nilsson. "Swedish Explorers, In-situ Knowledge and Resource-based Business in the Age of Empire". *Scandinavian Journal of History* 43, 3 (2018): 324–347.

Cantoni, Roberto. *Oil Exploration, Diplomacy and Security in the Early Cold War: The Enemy Underground.* Abingdon: Routledge, 2017.

Chapman, Duane. "Gulf Oil and International Security: Can the World's Only Superpower Keep the Oil Flowing?" In *Energy Security and Global Politics: The Militarization of Resource Management,* edited by Daniel Moran and James A. Russell, 75–94. London and New York: Routledge, 2009.

Cioc, Mark. *The Rhine: An Eco-biography, 1815–2000.* Seattle: University of Washington Press, 2003.

Do, Quy-Toan, Jacob N. Shapiro et al. "Terrorism, Geopolitics, and Oil Security: Using Remote Sensing to Estimate Oil Production of the Islamic State". *Energy Research & Social Science,* 2018.

Duffield, John S. *Fuels Paradise: Energy Security in Europe, Japan, and the United States.* Baltimore, MD: Johns Hopkins University Press, 2015.

Fitzmaurice, John. *Damming the Danube: Gabcikovo/Nagymaros and Post-Communist Politics in Europe.* Boulder, CO: Westview Press, 1995.

Haynes, Peter. "Al-Qaeda, Oil Dependence, and US Foreign Policy". In *Energy Security and Global Politics: The Militarization of Resource Management,* edited by Daniel Moran and James A. Russell, 62–74. London and New York: Routledge, 2009.

Hecht, Gabrielle. "The Power of Nuclear Things". *Technology & Culture* 51, 1 (2010): 1–30.

Högselius, Per. *Red Gas: Russia and the Origins of European Energy Dependence.* Basingstoke and New York: Palgrave Macmillan, 2013.

IAEA. *IAEA Tools and Methodologies for Energy System Planning and Nuclear*

Energy System Assessments. Vienna: IAEA, 2009.

Klare, Michael T. *Rising Powers, Shrinking Planet: The New Geopolitics of Energy.* New York: Metropolitan Books, 2008.

Lilliestam, Johan, and Saskia Ellenbeck. "Energy Security and Renewable Electricity Trade – Will Desertec Make Europe Vulnerable to the 'Energy Weapon?'" *Energy Policy* 39 (2011): 3380-3391.

Mares, David, and Jeremy Martin. "Regional Energy Integration in Latin America: Lessons from Chile's Experience with Natural Gas". *Third World Quarterly* 33, 1 (2012): 55-70.

Öhman, Maybritt. "Taming Exotic Beauties: Swedish Hydropower Constructions in Tanzania in the Era of Development Assistance, 1960s-1990s". PhD thesis, KTH Royal Institute of Technology, 2007.

Schrattenholzer, Leo, Asami Miketa, Keywan Riahi and Richard Alexander Roehrl. *Achieving a Sustainable Global Energy System: Identifying Possibilities Using Long-term Energy Scenarios.* Cheltenham and Northampton, MA: Edward Elgar/IIASA, 2004.

Smith Stegen, Karen. "Redrawing the Geopolitical Map: International Relations and Renewable Energies". In *The Geopolitics of Renewables,* edited by Daniel Scholten, 75-96. Cham: Springer, 2018.

Stent, Angela. *From Embargo to Ostpolitik: The Political Economy of West German-Soviet Relations, 1955–1980.* Cambridge: Cambridge University Press, 1981.

Storm van Leeuwen, Jan Willem. "Nuclear Power: The Energy Balance". www.stormsmith.nl (accessed 25 February 2012).

Vikström, Hanna. "The Specter of Scarcity: Metal Shortages in Historical Perspective, 1870-2015". PhD thesis, KTH Royal Institute of Technology, 2017.

Yergin, Daniel. *The Prize: The Epic Quest for Oil, Money and Power.* London: Simon and Schuster, 1991.

6장

Alter, Karen J., and David Steinberg. "The Theory and Reality of the European Coal and Steel Community". *Buffett Center for International and Comparative Studies, Working Paper* No. 07-001, January 2007.

Eran, Oden, Elai Rettig and Ofir Winter. "The Gas Deal with Egypt: Israel Deepens its Anchor in the Eastern Mediterranean". *INSS Insight,* No. 1033, 12 March 2018.

Fischer, David. *History of the International Atomic Energy Agency: The First Forty Years.* Vienna: IAEA, 1997.

Gall, Alexander. "Atlantropa: A Technological Vision of a United Europe". In *Networking Europe: Transnational Infrastructures and the Shaping of Europe, 1850–2000,* edited by Erik van der Vleuten and Arne Kaijser, 99–128. Sagamore Beach, MA: Science History Publications, 2006.

Gutierrez Ramirez, Javier. "Energy Integration: The Central American Experience in Designing and Implementing the Regional Electricity Market". Report to the OECD, www.oecd.org/aidfortrade/casestories/casestories-2017 (accessed 2 May 2018).

Hecht, Gabrielle. "The Power of Nuclear Things". *Technology & Culture* 51, 1 (2010): 1–30.

Hegmann, Margot. "Die Entwicklung der Zusammenarbeit im RGW". *Zeitschrift für Geschichtswissenschaft* 19 (1971): 15–53.

Högselius, Per. "Connecting East and West? Electricity Systems in the Baltic Region". In *Networking Europe: Transnational Infrastructures and the Shaping of Europe, 1850–2000,* edited by Erik van der Vleuten and Arne Kaijser, 245–277. Sagamore Beach, MA: Science History Publications, 2006.

Högselius, Per. "The Decay of Communism: Managing Spent Nuclear Fuel in the Soviet Union". *Risk, Hazards and Crisis in Public Policy* 1, 4 (2010).

Högselius, Per, Anna Åberg and Arne Kaijser. "Natural Gas in Cold War Europe: The Making of a Critical Infrastructure". In *The Making of Europe's Critical Infrastructure: Common Connections and Shared Vulnerabilities,* edited by Per Högselius, Anique Hommels, Arne Kaijser and Erik van der Vleuten, 27-61. Basingstoke and New York: Palgrave Macmillan, 2013.

Högselius, Per, Arne Kaijser and Erik van der Vleuten. *Europe's Infrastructure Transition: Economy, War, Nature.* Basingstoke and New York: Palgrave Macmillan, 2016.

Kaijser, Arne. "Trans-Border Integration of Electricity and Gas in the Nordic Countries, 1915-1992". *Polhem: Tidskrift för teknikhistoria* 15 (1997): 4-43.

Kaijser, Arne. "Striking Bonanza: The Establishment of a Natural Gas Regime in the Netherlands". In *Governing Large Technical Systems,* edited by Olivier Coutard, 38-57. London: Routledge, 1999.

Lagendijk, Vincent. *Electrifying Europe: The Power of Europe in the Construction of Electricity Networks.* Amsterdam: Aksant, 2008.

Loomba, Ania. *Colonialism/Postcolonialism.* Second edition. London and New York: Routledge, 2005.

Lorenzo, Cristian, and Patricio Yamin Vazquez. "The Rise of Biofuels in IR: The Case of Brazilian Foreign Policy Towards the EU". *Third World Quarterly* 37, 5 (2016): 902-916.

Mares, David, and Jeremy Martin. "Regional Energy Integration in Latin America: Lessons from Chile's Experience with Natural Gas" *Third World Quarterly* 33, 1 (2012): 55-70.

Mathews, John, and Hao Tan. "Manufacture Renewables to Build Energy Security". *Nature* 513 (11 September 2014): 166-168.

Mathews, John. "Biofuels: What a Biopact between North and South Could Achieve." *Energy Policy* 35 (2007): 3550-3570.

Mano, Shuta, Bavuudorj Ovgor, Zafar Samadov, Martin Prudlik et al. "Gobitech and Asian Super Grid for Renewable Energies in Northeast Asia". *Energy Charter Secretariat and the Energy Economics Institute of the Republic of Korea,* 2014.

Nilsson, Annika E., and Nadezhda Filimonova. "Russian Interests in Oil and Gas Resources in the Barents Sea". Stockholm Environmental Institute,

Working Paper 2013-05, 2013.

Schönholzer, Ernst. "Ein elektrowirtschaftliches Programm für Europa". *Schweizerische Technische Zeitschrift* 23 (1930): 385–397.

Schrafstetter, Susanna, and Stephen Twigge. "Spinning into Europe: Britain, West Germany and the Netherlands – Uranium Enrichment and the Development of the Gas Centrifuge, 1964–1970". *Contemporary European History 11,* 2 (2002): 253–272.

Sebitosi, A.B. and R. Okou. "Rethinking the Power Transmission Model for Sub- Saharan Africa". *Energy Policy* 38 (2010): 1448–1454.

Sistemnyi operator edinoi energeticheskoi sistemy. "Istoriya". www.so-ups.ru/index.php?id=925 (accessed 15 May 2014).

Sörgel, Herman. *Die drei großen "A": Großdeutschland und italienisches Imperium, die Pfeiler Atlantropas.* München: Piloty & Loehle, 1938.

Svedberg, The. "Saint-Simon's Vision of a United Europe". *European Journal of Sociology* 35, 1 (1994): 145–169.

Tchalakov, Ivan, Tihomir Mitev and Ivaylo Hristov. "Bulgarian Power Relations: The Making of a Balkan Power Hub". In *The Making of Europe's Critical Infrastructures: Common Connections and Shared Vulnerabilities,* edited by Per Högselius, Anique Hommels, Arne Kaijser and Erik van der Vleuten, 131–156. Basingstoke and New York: Palgrave Macmillan, 2013.

United Nations. *Multi Dimensional Issues in International Electric Power Grid Interconnections.* New York: United Nations, 2006.

Balmaceda, Margarita. *The Politics of Energy Dependency: Ukraine, Belarus, and Lithuania between Domestic Oligarchs and Russian Pressure, 1992–2012.* Toronto, ON: University of Toronto Press, 2013.

Black, Brian. *Crude Reality: Petroleum in World History.* Lanham, MD: Rowman & Littlefield, 2012.

Dawson, Jane. *Eco-nationalism: Anti-nuclear Activism and National Identity in Russia, Lithuania, and Ukraine.* Durham, NC: Duke University Press, 1996.

Dodds, Klaus. *Geopolitics: A Very Short Introduction.* Oxford: Oxford University Press, 2007.

Duffield, John S. *Fuels Paradise: Energy Security in Europe, Japan, and the United States.* Baltimore, MD: Johns Hopkins University Press, 2015.

Fischer, David. *History of the International Atomic Energy Agency: The First Forty Years.* Vienna: IAEA, 1997.

Hecht, Gabrielle. *Being Nuclear: Africans and the Global Uranium Trade.* Cambridge, MA: MIT Press, 2012.

Högselius, Per. *Red Gas: Russia and the Origins of European Energy Dependence.* Basingstoke and New York: Palgrave Macmillan, 2013.

Högselius, Per, Anique Hommels, Arne Kaijser, and Erik van der Vleuten, eds. *The Making of Europe's Critical Infrastructure: Common Connections and Shared Vulnerabilities.* Basingstoke and New York: Palgrave Macmillan, 2013.

Högselius, Per, Arne Kaijser and Erik van der Vleuten. *Europe's Infrastructure Transition: Economy, War, Nature.* Basingstoke and New York: Palgrave Macmillan, 2016.

Hughes, Thomas P. *Networks of Power: Electrification in the Western World 1880–1930*. Baltimore, MD: Johns Hopkins University Press, 1983.

Klare, Michael T. *The Race for What's Left: The Global Scramble for the World's Last Resources*. New York: Metropolitan, 2012.

Lagendijk, Vincent. *Electrifying Europe: The Power of Europe in the Construction of Electricity Networks*. Amsterdam: Aksant, 2008.

Mares, David, and Jeremy Martin. "Regional Energy Integration in Latin America: Lessons from Chile's Experience with Natural Gas". *Third World Quarterly* 33, 1 (2012): 55–70.

Mitchell, Timothy. *Carbon Democracy: Political Power in the Age of Oil*. London: Verso, 2011.

Moran, Daniel, and James A. Russell, eds. *Energy Security and Global Politics: The Militarization of Resource Management*. London and New York: Routledge, 2009.

Scholten, Daniel, ed. *The Geopolitics of Renewables*. Cham: Springer, 2018.

Shulman, Peter. *Coal and Empire: The Birth of Energy Security in Industrial America*. Baltimore, MD: Johns Hopkins University Press, 2015.

Yergin, Daniel. *The Prize: The Epic Quest for Oil, Money and Power*. London: Simon and Schuster, 1991.

에너지 지정학

무기 혹은 평화, 어떻게 에너지는 우리 삶에 개입하는가

초판 1쇄 발행 2026년 1월 16일

지은이 페르 회그셀리우스 **옮긴이** 권효재
펴낸이 김현종
기획총괄 배소라 **출판본부장** 안형태
편집 최세정 진용주 황정원 김수진 장진경
디자인 조주희 김연주 **마케팅** 김예리 신잉걸
방송사업·미래전략본부 정태준 문상철 이주리 백범선 남궁주철 김대준

펴낸곳 (주)메디치미디어
출판등록 2008년 8월 20일 제300-2008-76호
주소 서울특별시 중구 중림로7길 4
전화 02-735-3308 **팩스** 02-735-3309
이메일 medici@medicimedia.co.kr **홈페이지** medicimedia.co.kr
페이스북 medicimedia **인스타그램** medicimedia
유튜브 medici_media

ISBN 979-11-5706-516-5 (93340)